조선시대의 한글 편지, 언간(諺簡)

이 책은 2010~2011년 한국학중앙연구원 한국문화심층연구로 수행한 결과물임
(AKSR2010-M01)

조선시대의 한글 편지

언간 諺簡

황 문 환

역락

✻
머 리 말

본서는 한국학중앙연구원에서 한국문화심층연구 모노그래프(monograph) 과제로 수행한 연구 결과물을 바탕으로 한 것이다.(연구 기간 : 2010.8.13~2012.5.31) 초고가 마련된 후 바로 출판 준비에 들어가려 했으나 2013년 6월 저자가 관여한 『조선시대 한글편지 판독자료집』(역락)이 출간됨에 따라 초고에 포함된 판독문을 전반적으로 재점검하고 일부 내용과 사진을 수정, 보완하였다. 이러한 과정을 거치면서 당초 예정보다 출판 일정이 늦어져 이제야 출판을 하게 된 것이다.

언간 자료는 원본 접근이 어려운 데다 판독(判讀)이 특히 어려워 그동안 일부 전공 분야에서만 활용되는 경향이 있었다. 그러나 2000년대 들어 대규모 역주 사업이 진행되고 최근 데이터 베이스(Data Base) 구축까지 추진되면서 언간 자료는 이제 방대한 자료 결집과 함께 다방면의 연구로 활성화될 시점을 눈앞에 두고 있다. 본서는 바로 이러한 시점에 부응하여 언간 자료 일반에 대한 입문서(入門書)로 기획되었다. 언간 자료에 대한 접근성이 개선되고 활용도가 높아질수록 언간 자료 일반에 대한 이해와 조망을 돕는 일 또한 중요하다고 판단한 것이다.

언간 자료에 대한 독보적 연구로는 단연 고(故) 김일근(金一根) 교수의 『諺簡의 硏究』(1986/1991)를 들 수 있다. 이 연구를 통하여 '언간(諺簡)'이 학술 용어로 일반화되었을 뿐 아니라 언간 자료가 학술 연구에 적극적으로 활용되는 계기도 비로소 마련되었다. 그러나 이 연구의 주된 목표는 당시까지 발굴된 언간 자료를 고증하고 소개하여 '자료집성(資料集成)'을 이루는 데 있었다. 때문에 언간 자료 일반에 대한 논의는 주제가 상당히 제한되어 폭넓은 이해를 원하는 입문 단계의 독자들에게 아쉬움이 있었다. 본서는 바로 이러한 아쉬움을 보완하기 위해 집필되었다. 본서에서는 김일근(1986/1991)에서 이루어진 주요 성과를 계승하면서도 언간의 '구성과 격식'(3장), '명명과 소개'(4장), '특성과 가치'(5장) 등 입문 단계에서 요청될 만한 주제에 대하여 논의를 새롭게 확대하고 심화하는 데 주력하였다. 특히 3장 '언간의 구성과 격식'에서는 기존에 논의된 바가 거의 없었던 만큼 집필 원고를 새로 마련하면서 사진 자료를 풍부히 활용하여 가능한 한 상세하고 친절한 기술이 될 수 있도록 노력하였다.

기존의 성과를 계승하고 보완하는 입장을 취했지만 출판을 막상 앞두고 보니 여러 가지 허술한 점이 드러나는 것을 피할 수 없다. 당장 언간 자료에 자주 등장하는 용어(투식어)부터 다루지 못한 점이 마음에 걸린다. 언간의 여러 격식(格式) 가운데 적절한 용어를 가려쓰는 중요성이야 더 말할 나위가 없는 것이지만 이번 집필에는 포함되지 못하였다. 이외에 언간 자료를 조사·정리하거나 판독하는 방법 등도 입문서에서 당연히 기대될 내용이라 하겠으나 출판 기일을 더 이상 미룰 수 없는 사정상 이번에는 다룰 기회를 갖지 못하였다. 출판 기한에 묶이지 않고 좀더 시간적 여유를 갖게 된다면 향후 반드시 보완되어야 할 과제라 하겠다.

여러 모로 미흡하지만 본서가 마련되기까지 실로 많은 분들의 도움이 있었다. 이종덕 선생님(한국학중앙연구원 어문생활사연구소 전임연구원)과 김효경 선생님(국립중앙도서관 연구원)은 원고 내용을 집필하는 데 귀중한 조언과 도움을 아끼지 않으셨다. 두 분께서 이루어 놓은 연구 성과를 바탕으로 하지 않았다면 본서의 출판이

기획 단계부터 어려움을 겪었을 것이다. 조정아 선생(한국학대학원 박사과정)과 김춘월 선생(한국학대학원 박사과정)은 초고를 꼼꼼히 읽고 비판적 독자로서 역할을 다해 주었을 뿐 아니라 교정 진행과 색인 작성에도 참여하여 품이 많이 들 수밖에 없는 작업을 기꺼이 감당해 주었다. 역락 출판사의 이대현 사장님은 독자 범위가 제한되기 마련인 기초학문 서적의 출판을 흔쾌히 맡아 주셨다. 뿐만 아니라 사진 자료가 많아 편집이 어려울 수밖에 없음에도 불구하고 전체 사진을 모두 컬러로 실어 본서의 가치가 한층 높아지도록 세심한 배려를 아끼지 않으셨다. 한국학중앙연구원의 연구행정실과 출판실에서는 연구과제 수행과 출판 작업이 원활하게 진행될 수 있도록 힘써 도와 주셨다. 끝으로 본서의 출판을 승인해 주신 출판위원회와 본서의 출판을 위해 심혈을 기울여 주신 역락 출판사 관계자 여러분의 수고도 빼놓을 수 없다. 특히 출판 업무를 총괄하여 보잘것없는 원고 뭉치를 어엿한 책자로 만들어 주신 권분옥 편집장님께 이 자리를 빌려 심심한 감사의 말씀을 드린다.

2015년 11월

황 문 환

차례

제1장
서론(序論)

제1장 서론(序論)

　조선시대의 한글 편지, 곧 '언간(諺簡)'은 붓글씨로 씌어진 필사(筆寫) 자료 가운데 특히 해독(解讀)하기 어려운 자료로 꼽힌다. 사람마다 독특하게 흘려쓴 글씨체 때문에 우선 판독(判讀) 자체가 쉽지 않을 뿐 아니라 판독이 어렵게 이루어지더라도 고어(古語)로 된 난해한 어구(語句)가 많아 판독문의 내용을 제대로 파악하기 어렵기 때문이다. 이러한 이유로 인하여 그동안 언간 자료를 소개하거나 연구하는 일은 국어국문학 분야, 특히 고어를 직접 다루는 고전문학(古典文學)이나 국어사(國語史) 분야에서 주로 이루어졌다. 다른 분야에서는 판독 자체가 쉽지 않은데다가 고어 지식마저 뒷받침되지 못해 언간 자료에 대한 연구가 원천적으로 제한될 수밖에 없었다.

　여기에 더하여 언간 자료는 원본을 수집하고 정리하는 일 자체부터가 개별 연구자에게 만만치 않은 부담으로 작용하였다. 언간 원본을 실사(實査)하기 위해서는 우선 소장처(所藏處)를 일일이 방문하여 열람 및 촬영 허가를 받아야 한다. 그뿐 아니라 열람한 자료를 정리하기 위해서는 원본의 형태와 내용에 대한 서지상(書誌上) 고증(考證) 작업이 반드시 뒷받침되어야 한다. 발수신자의 신원(身元)을 밝히는 일만 하더라도 족보(族譜) 등 다양한 문헌 자료를 바탕으로 해당 가문(家門)의 인적 관계를 이해하고 분석하는 능력이 필수적인데 오늘날 특정 분야의 연구자가 이러한 서지학적 능력까지 온전히 갖추기란 여간 어려운 일이 아니다. 이러한 어려움 때문에 일생동안 언간 자료의 집대성(集大成)을 목표로 노력한 김일근(金一根, 1986)에서조차 근 30년 동안 발굴, 소개한 언간의 총 수효는 불과 300건에 미치지 못하였다. 언간 자료를 수집하고 정리하는 데 얼마나 많은 시간과 노력이 드는지 그 어려움을 단적으로 보여 주는 실례(實例)라 하겠다.

그러나 1990년대 이후에는 언간 자료에 대한 역주(譯註) 작업이 본격화되고 이에 따라 연구 여건이 크게 변모하였다. 조항범(趙恒範, 1998)을 비롯하여 국어학자가 주도하는 역주 작업의 결과물이 속속 출간되자 판독의 신뢰성이나 현대어역의 정확성이 높아져 언간 자료가 널리 활용되는 계기가 되었다. 더욱이 2000년대 중반 이후에는 한국연구재단(구 학술진흥재단)의 후원 아래 대규모 언간 역주사업의 결과물이 출판되기 시작하였다.(한국학중앙연구원 2005a~c, 2009a~g) 최근에는 언간 자료를 이용한 어휘사전과 서체사전 편찬은 물론 언간 자료의 종합화를 위한 데이터 베이스(Data Base) 구축 작업까지 진행되었다. 언간 자료를 연구하고 활용하는 범위가 이제는 학계를 넘어 일반에까지 널리 확대될 계기가 마련된 것이다.(자세한 내용은 '4.2.2. 언간 자료의 종합화' 부분을 참조) 이에 따라 1980년대만 하더라도 판독문을 활용할 수 있는 언간 자료의 수효가 기껏해야 400건을 넘지 못했던 것이 대규모 역주 사업이 완료된 최근에는 무려 2,700여 건을 상회하는 수준까지 이르게 되었다.(황문환 2013a : 41) 이들 언간은 원본 사진과 비교가 가능하여 판독의 객관성 면에서 이미 상당한 신뢰도를 확보한 자료이기도 하다. 결국 언간 자료는 방대한 자료 결집과 함께 다방면의 연구로 활성화될 시점(時點)을 바로 눈앞에 두었다 해도 과언이 아니다.

본서(本書)는 바로 이러한 시점(時點)에 부응하기 위하여 기획되었다. 개별 언간을 손쉽게 접하고 활용하는 기회가 많아질수록 언간 자료 일반에 대한 이해와 조망이 요청되고 이를 위한 입문서(入門書)가 필요한 시점이 되었다고 판단한 것이다. 물론 이러한 입문서 역할은 이미 김일근(金一根, 1986/1991)을 통하여 충실히 수행되어 왔다. 김일근(1986/1991)에서는 '언간(諺簡)'을 학술 용어로 정착시키는 한편, 언간 자료의 학술적 가치를 한국학 분야에 새롭게 부각시키는 데 선도적인 역할을 수행하였다. 그러나 김일근(1986/1991)은 부제(副題)를 '한글서간의 연구와 자료집성'이라고 한 데서 보듯이 저자가 직접 발굴, 소개해 온 언간 자료를 집대성(集大成)하는 데 주된 목표를 두고 있었다. 자료 목록과 원문(곧 판독문)을 소개한 '자료편'이 책의 절반을 차지하고 자료의 서지 사항을 밝힌 '현존 언간의 고증과 분석'이 '연구편'의 핵심 부분을 이루고 있는 데서 이러한 '집대성'의 목표를 여실히 볼 수 있다. '집대성'의 목표 때문에 언간 자료 일반에 대한 다양한 논의는 어쩔 수 없이 제한될 수밖에 없었다. 김일근(1986/1991)에서는 언간의 '개념(槪念)'을 정립하면서(Ⅰ장), 문헌상에 등장하는 언간 실용의 기록을 필자별, 내용별로 분류하고(Ⅱ장), 언간 자료가 지니는 학술적 가치를 '언간의 제학적(諸學的) 고찰'(Ⅳ장)에서 다루는 정도로 한정된 논의를 진행하였다. 언간의 구성(構成)과 격식(格式), 자료 특성(特性) 등은 언간 자료 전반을 이해하는 데 핵심적인 사항이지만 이들에 대해서는 다룰 기회를 제대로 갖지 못하였다. '언간의 제학적 고찰' 역시 언간의 자료적 특성을 바탕으로 여러 분야의 연구 전망을 구체적으로 논의하는 데까지 나아가지는 못하였다.

이에 본서에서는 김일근(1986/1991)의 연구 성과를 계승하면서도 기존에 논의되지 못했거나 소략한 논의에 그쳤던 사항으로 논의 범위를 적극 확대하여 입문서(入門書)의 역할에 보다 충실히 부응하고자 하였다. 이를 위하여 본서에서는 다음과 같이 순서를 정하여 논의를 진행하기로 하였다. 우선 2장에서는 '언문'과 '언간'의 실용 범위를 확인하면서 '언간'의 개념을 재정립하는 데 주력한다. 3장에서는 김일근(1986/1991)에서 거의 다루지 못한 언간의 구성(構成)과 격식(格式)에 대하여 논의한다. 언간의 구성을 내지(內紙)와 봉투(封套)로 나누어 각각에 적용된 격식(格式)을 실물 자료와 함께 자세히 논의할 것이다. 4장에서는 언간 자료의 명명(命名)과 소개 문제를 논의한다. 언간의 소개 실태를 살펴보면서 현존하는 언간의

자료 현황도 궁중 언간과 민간 언간으로 나누어 간략히 소개할 것이다. 5장에서
는 언간 자료의 특성과 가치에 대하여 논의한다. 판본(版本) 자료나 여타의 필사
(筆寫) 자료와 비교할 때 언간 자료가 갖는 특성을 논하고 이러한 특성이 국어사
를 비롯하여 다양한 분야에 어떠한 기여를 할 수 있을지 구체적 사례를 통해 점
검하고 음미해 볼 것이다. 6장에서는 결론을 겸하여 본서에서 논의되지 못한 과
제를 간략히 언급한다.

이상과 같은 내용을 보다 효과적으로 서술하기 위하여 본서에서는 아래와 같
은 입장을 일관되게 유지하고자 하였다.

첫째, 기존 논의를 존중하여 김일근(1986/1991)에서 논의된 사항을 가능한 한 모
두 포괄한다. 김일근(1986/1991)에서 비록 간단한 언급만으로 그친 경우라도 일단
언급된 내용을 먼저 소개하고 필요에 따라 논의 내용을 보완해 가는 방식을 취
할 것이다. 예컨대 한글 편지를 지칭하는 용어로 김일근(1986/1991)에서는 '언간
(諺簡)'을 사용하여 일반적인 학술 용어로 정착시켰다. 본서에서도 '언간'이라는
용어를 수용하지만 그 지시 범위는 편지류에만 국한하여 김일근(1986/1991 : 14)에
서 언문으로 된 전교(傳敎)나 소지(所志)까지 포괄했던 입장까지 따르지는 않을 것
이다.

둘째, 서술 내용에 언간 원본의 사진이나 그림 등 이미지 자료를 적극 활용한
다. 본문 가운데 언간의 판독문(判讀文)을 소개할 경우 그 언간은 가능한 한 원본
의 사진이나 영인 자료를 함께 소개하여 독자의 이해를 돕도록 한다. 특히 3장에
서는 언간의 구성과 격식을 다루어야 하는 논의 목적상 가능한 한 실제의 사진
자료와 짝을 지워 서술하는 방식을 적극 활용할 것이다.

셋째, 본서에서 사용하는 개별 언간의 명칭(名稱), 번호(番號), 판독문(判讀文) 등
은 『조선시대 한글편지 판독자료집』(2013, 역락, 이하 『판독자료집』으로 약칭)의 내용

에 기초한다. 『판독자료집』은 저자(著者)가 연구책임자로 참여한 '조선시대 한글 편지의 수집·정리 및 어휘·서체 사전의 편찬 연구'(한국연구재단, 2008.7~2010.6)의 결과물 중 하나를 이른다. 이 자료집은 총 1,465건에 달하는 언간의 판독문을 집대성(集大成)한 것인데 판독이 여러 차례 이루어졌을 경우 판독 차이를 일일이 대비하여 정리하는 한편 해당 언간 자료에 대한 '간략 해제'와 '논저 목록'을 덧붙여 두었다.(자세한 내용은 '4.2.2. 언간 자료의 종합화' 참조) 현존 언간을 집대성한 만큼 각 언간에 관한 상세한 세부 사항은 『판독자료집』에 미루고 본서에서는 언간의 명칭 정도만 간략히 언급한다. 본서의 언간 명칭 다음에는 언제나 『판독자료집』의 약칭(略稱)이 [ ] 안에 병기(並記)되므로 독자들은 이 약칭을 통해 『판독자료집』의 상세 내용을 손쉽게 참조할 수 있을 것이다.

제2장
조선시대의 언문(諺文)과 언간(諺簡)

제2장 조선시대의 언문(諺文)과 언간(諺簡)

‘언간(諺簡)’은 특별히 조선시대에 한글로[1] 씌어진 편지를 이른다. 이러한 명칭은 당시의 한글이 ‘언문(諺文)’으로 불리면서[2] ‘문자(文字)’, ‘진서(眞書)’ 등으로 지칭된 한문(漢文)과 대비된 현실을 반영하는 것이다. 조선시대에 ‘언문’과 ‘한문’은 문자 사용상 일종의 이중체계(diglossia)를 이루는 가운데 사용 계층과 영역 등 여러 면에서 차이가 뚜렷하였다.(이영경 2014) 2장에서는 조선시대에 ‘언문’이 지닌 지위와 그에 따른 ‘언간’의 실용 범위를 구체적으로 점검하면서 ‘언간’이라는 명칭이 갖는 의의도 함께 음미하기로 한다.

2.1. 조선시대 언문(諺文)의 지위[3]

주지하는 바와 같이 세종 대 ‘훈민정음(訓民正音)’의 창제로 우리말은 전면적인

---

1) 현재의 ‘한글’은 20세기 들어 정착한 명칭이다. ‘한글’이라는 명칭은 ‘한나라글[韓國文]’에서 ‘나라’가 생략된 약칭(고영근 1983) 또는 ‘韓文’에서 ‘文’을 ‘글’로 훈독한 명칭(김주필 2013) 정도로 이해되고 있다.

2) 홍기문(1946 : 하46~48)에 따르면 ‘언문’의 ‘언(諺)’ 자(字)는 “속언(俗言)” 내지 “전언(傳言)”의 의미로 쓰여 평가절하적 뉘앙스를 지니는 “조속(粗俗)”의 의미와는 거리가 멀다. 우리말을 ‘언어(諺語)’로 지칭하는 것에 짝하여 언문(諺文)은 “우리말에 쓰는 문자(文字)”를 지칭하기 위해 사용된 것으로 해석된다. 최근 이상훈·백채원(2014 : 206~207)에서는 일본의 문자를 지칭할 때도 ‘언문(諺文)’이 사용된 예를 보고하여 주목된다.

3) 이하의 내용은 황문환(2010a : 75~82)을 바탕으로 일부 내용을 수정 보완한 것이다.

표기가 가능하게 되었다. 그러나 '훈민정음'의 실제 사용 범위는 퍽 한정되어 종래의 한문을 대신하기보다는 한문 서적의 언해나 한자음 정리 등 한문을 보완하는 역할에 그쳤다.(안병희 1985 : 805~820, 남풍현 1996 : 25~26) 이러한 현실을 반영하여 당시의 한글은 '훈민정음'(흔히 '정음'으로 약칭)이라는 정식 명칭보다 '언문'으로 불리는 것이 일반적이었다.[4] 또한 '언문'으로 작성된 문서가 정당한 문서로 인정되지 않은 데서 보듯이 '언문'은 공적(公的)인 영역에서 사용이 극히 제한되었다. 1894년 고종(高宗)이 '법률과 칙령은 국문을 기본으로 하되 한문 번역을 붙이거나 국한문을 혼용하거나 한다[法律勅令 總以國文爲本 漢文附譯 或混用國漢文]'는 칙령(勅令)을 내리기까지 한글은 조선시대 내내 '국문(國文)'으로서의 공식성을 인정받지 못한 채 사용되어 왔다.

'언문'의 실용 범위에 제약이 있었던 현실은 바로 '언간'에 적용되는 것이기도 하다. 이러한 제약은 무엇보다 언간을 주고받은 사람의 성별(性別)에서 뚜렷이 드러난다. 15세기 후반 이래로 숱한 언간이 현전하지만 남성 간에 주고받은 언간은 찾아보기 어렵다. 이는 남성 간에는 한문 간찰이 오간 때문이나 남성이 공적인 영역을 독점했던 당시의 현실을 감안하면 '언문'이 공식성을 인정받지 못했던 사실과 상통한다. 결국 조선시대에는 언간의 발신자나 수신자 어느 한쪽으로 반드시 여성이 관여하는 특징을 보인다고 할 수 있다.

이러한 사용자의 성별(性別) 특징으로 인하여 종래 '언간'은 '내간(內簡)'으로 일컬어지기도 하였다. 그러나 이러한 명칭이 단순히 부녀자만을 상대로 하거나 부녀자끼리만 주고받은 편지로 오해되어서는 안 된다. 이른 시기의 언간에 해당하

---

4) 홍기문(1946 : 하46~48)에서는 '정음'과 '언문' 두 명칭의 차이를 다음과 같이 요약하였다. "그 문자(文字) 자체(自體)가 성음(聲音)을 정확(正確)히 표시(表示)하는 점(點)에 잇서서 정음(正音)이요 우리말에 사용(使用)되는 점(點)에 잇서서 언문(諺文)이다. 요(要)컨댄 정음(正音)은 문자(文字)의 본질(本質)을 표시(表示)하는 이름이요 언문(諺文)은 그 용처(用處)를 표시(表示)하는 이름이다."

는 16, 17세기의 것만 보더라도 수신자는 왕이나 사대부를 비롯하여 한글 해독 능력이 있는 하층민에 이르기까지 거의 전 계층의 남성이 될 수 있었기 때문이다. 한문 간찰이 사대부 계층 이상 남성만의 전유물이었다면 언간은 특정 계층에 관계없이 남녀 모두의 공유물이었다고 할 수 있다.(백두현 2001 : 201~207)

2.2. 조선시대 언간(諺簡)의 실용 범위

2.2.1. 언간 실용의 단계적 확산

'언간'이 특정 계층과 관계없이 폭넓게 실용되었다고 하지만 그것은 '언문'이 그러했던 것과 마찬가지로 왕실에서 양반층으로, 다시 중인층을 포함한 평민이나 하층민으로 단계적 확산을 거친 결과였다.(백두현 2001 : 199~207) 왕실에서 일찍부터 언간이 자주 왕래한 것은 실록(實錄)에서 확인되지만(김일근 1986/1991 : 18~28) 현존하는 언간을 놓고 보면 사대부가의 것이 왕실 언간보다 시기상 앞선다. 이는 초기의 왕실 언간이 현재 별로 전하지 않은 탓이나 그 근본 원인은 궁중과 민간 사이에 서로의 필적(筆蹟)이 남는 것을 금기로 삼은 데 있었다고 할 수 있다.(김일근 1986/1991 : 151~152) 가령 왕후(王后)와 친가(親家) 사이를 보면, 친가의 서신이 궁중에 들었을 때 왕후는 그 서신의 여백에 쓴 답장을 친가에 반송하여 민간의 필적이 궁중에 남지 않도록 했고, 왕후의 서신이 친가에 가면 친가에서는 그 서신을 정중히 모아 세초(洗草, 물에 씻어 필적을 없애 버림)함으로써 외경(畏敬)을 표해야 했던 것이다.(자세한 내용은 후술 4.3.1. 참조)

현존하는 사대부가의 언간으로서 초기의 것은 1977년 충북 청주 순천김씨의 묘에서 출토된 '순천김씨묘 출토 언간(順天金氏墓出土諺簡)'을 들 수 있다.[5] 이들 언간이 씌어진 연대는 임진왜란 전 16세기 중후반에 해당하는데, 여기서는 189건에 해당하는 적잖은 언간이 부모와 자식간, 부부간, 장모와 사위간, 시부모와 며느리간, 남매간 등에 오갔음이 실증된다.(조항범 1998a : 7~15) '훈민정음'이 창제되고 채 1세기가 지나지 못한 16세기 중후반에 이미 지방의 사대부가에서 언문 내지 언간 사용이 보편화된 현실을 여실히 볼 수 있는 것이다. 이후 17세기부터는 현전하는 언간이 양적으로 크게 늘어 유명 가문(家門)에 언간첩(諺簡帖)의 형태로 전하는 것만도 적지 않은데 이는 후대에 언간 사용이 그만큼 활발하였음을 말해 준다.

후대로 갈수록 언간 사용이 확대된 사실은 언간의 서체(書體) 변모에서도 확인된다. 16세기 후반의 초기 언간[자료 2-01]과 [자료 2-02])을 보면 남녀 공히 한문 서체를 투박하게 모방한 효빈체(效顰體)를 사용하여 낱낱의 글자가 떨어져 있고 흘려 쓴 예도 거의 보이지 않는다. 그러나 후대로 가면 여필(女筆)[자료 2-03])은 세로획의 위치가 일정한 이른바 궁중의 '궁체(宮體)'에6) 가까운 서체로 정착하고, 남필(男筆)[자료 2-04] 역시 여러 글자에 걸쳐 흘려 쓴 극도의 초체(草體)를 보여 주기에 이른다. 이러한 서체 변모는 남녀 공히 초기에 비해 후대로 갈수록 언간 사용에 익숙해진 현실을 단적으로 보여 주는 것이다.

사대부 계층을 넘어 평민층 및 그 이하로 언간 사용이 확대된 양상은 분명히 드러나지 않는다. 17세기부터는 하층민에 대한 언간 사용이 실증되기는 하지만 (후술 2.2.2. 참조) 현전하는 언간이 워낙 간헐적이어서 확대 양상을 면밀히 파악하

---

5) 최근 무관(武官)이었던 나신걸(羅臣傑, 1461~1524)이 자신의 아내에게 보낸 언간이 아내 신창맹씨(新昌孟氏)의 무덤에서 발견되었다. 배영환(2012 : 214~220)에서 '신창맹씨묘출토언간'으로 명명된 이 편지는 1490년대에 씌어진 것으로 추정되었는데 추정이 맞다면 현전하는 최고(最古)의 언간에 해당된다.

6) 이른바 '궁체'는 조형(造形)의 중심축이 중성 ㅣ에 놓이면서 세로획의 위치가 일정한 양상을 주된 특징으로 한다.(윤양희・김세호・박병천 1994 : 72~92)

기는 쉽지 않다. 그러나 19세기부터 등장하는 방각본(坊刻本) 『언간독(諺簡牘)』([자료 2-05])의 존재는 언간 사용이 대폭 일반화된 양상을 여실히 보여 준다. 『언간독』은 각종 언간에 사용되는 대표적 규식(規式)을 모아 놓아 편지 쓰기의 교과서 구실을 해 오던 책이다.7) 방각본 『언간독』의 상편(上篇)에는 부자간(父子間), 형제간(兄弟間)을 비롯하여 친구간(親舊間), 상고간(商賈間) 등 남성간의 언간 규식이 대거 소개되었는데 이들은 모두 예전에 한문 간찰에서나 볼 수 있었던 규식에 해당한다.8) 그럼에도 이러한 책이 ('방각본'이라는) 상업적 목적으로 간행되었다는 사실은 남성간에도 언간을 주고받아9) 언간 사용이 그만큼 폭넓게 확산된 현실을 반영한다고 보아야 할 것이다. 또한 19세기 후반에 이르면 『언간독』의 내용을 증보(增補)한 『징보언간독(增補諺簡牘)』([자료 2-06])이 방각본(坊刻本)으로 널리 유통되는데 이 또한 언간 사용이 이전보다 확산된 현실을 반영한다. 『징보언간독』에 증보된 내용 중에는 이른바 '고목(告目)'과 '답배[答牌]'의 규식이 포함되어 있기 때문이다. 이들 규식이 주로 상전과 노비 사이의 주종간(主從間)에 오가는 언간의 것인 점을 감안하면 언간 사용이 하층민에게까지 보편화된 현실을 반영하는 것으로 보아 무리가 없을 것이다.10)

---

7) 방각본 이전에는 필사본으로 전하는 것들도 적지 않다. 이들은 실제 오고간 언간 가운데 전범(典範)이 될 만한 것을 선별하여 성책(成冊)한 것이다. 이에 대해서는 성병희(1986 : 49~51) 참조.
8) 이들 남성간 언간은 한문 간찰의 규식(規式)을 모아 놓은 『후사류집(候謝類輯)』의 목록과 일치하는 점이 지적되었다.(김봉좌 2004 : 16~22) 따라서 남성간 언간 규식은 (창작이 아니라 언해와 유사하게) 한문 간찰의 영향을 받았을 가능성이 농후하다. 그렇다 하더라도 남성간 언간이 『언간독』에 수록된 자체는 당시의 수요를 일정 부분 반영한 측면이 크다고 해야 할 것이다.
9) 실제 19세기 후반의 것으로, 형제간 등 남성간에 오간 언간이 여러 건 보고된 바 있다. 이에 대해서는 김일근 · 황문환(1999c : 58~64) 및 한국학중앙연구원 편(2005a : 176~179) 참조.
10) 실제 19세기 후반의 것으로, 노비가 상전에게 보낸 '고목' 성격의 언간이 여러 건 보고된 바 있다. 이에 대해서는 김일근(1986/1991 : 94~95, 243~244) 및 한국학중앙연구원 편(2005a : 456~473) 참조.

(1) 초기 언간의 서체

a. 여성 언간

판독 나는 의심 업시 이대 인노이
다 형데부니 이대 겨쇼셔

[자료 2-01] 죽산안씨(竹山安氏)
언간11)

b. 남성 언간

판독 엇흐여 내 모매 죄앙이 사히
셔 병 둔 나는 사랏고 병 업던 그디
는 빅년히로 홀 언약글 져볼고 엄홀
히 일됴애 어드러 가신고

[자료 2-02] 안민학(安敏學) 언간12)

─────────────

11) <죽산안씨 언간[죽산안씨-1](1571년) : 죽산안씨(어머니) → 정철과 정황(아들들)>.
12) <안민학 언간(1576년) : 안민학(남편) → 현풍곽씨(아내)>, 안병석 개인 소장. 언간의 서지 사항과 판
    독문에 대하여는 구수영(1979), 홍윤표(2013 : 145~163) 참조. 내용상 '애도문'으로 구별하기도 하나
    여기서는 언간에 넣어 다루었다.

(2) 후대 언간의 서체

a. 여성 언간

b. 남성 언간

왕뇌의 편지도 아니 〃 다른
일은 담디 아니코 언문 아니 쓰기는
비홧는다 답 〃 도 아니ᄒ냐 글이나
챡실히 닑고 나둔니기나 아니ᄒᆞᆫ다

[자료 2-03] 완산이씨(完山李氏) 언간[13)

산치는 더러 잇나 보디 여긔 샤
룸은 슌젼 먹지 아니ᄒ오니 고이훈 풍
속이옵

[자료 2-04] 김정희(金正喜) 언간[14)

---

13) <완산이씨 언간[자손보전-05](1705~1731년) : 완산이씨(어머니) → 맹숙주(아들)>, 숙명여대 도서관
소장.
14) <추사 김정희 언간[추사-21](1841년) : 김정희(남편) → 예안이씨(아내)>, 국립중앙박물관 소장.

(3) 『언간독』과 『징보언간독』

[자료 2-05] 방각본 『언간독(諺簡牘)』(19세기) 권말(卷末) 부분

설명 『언간독』은 '아모님젼 답샹스리'(답장) 규식으로 끝나 있으나 『징보언간독』에는 '고목ᄒᆞ는 법'과 '답비디ᄒᆞ는 법' 규식이 더 추가된 것을 볼 수 있다.(점선 표시 부분 참조)

[자료 2-06] 방각본 『징보언간독(增補諺簡牘)』(1886) 권말(卷末) 부분

2.2.2. 남성간의 언간 실용

조선시대 언간의 실용 범위에 성별(性別) 제약이 있었다고 하지만 남성간에도 언간이 적극적으로 실용된 경우가 예외적으로 존재한다. 이미 언급된 주종간(主從間)에 오간 언간이나 외교상 목적을 위해 오간 언간이 바로 그러하다.

주종간에 오간 언간은 이미 17세기 이른 시기부터 상전이 노비에게 보낸 이른 바 배지[牌旨] 성격의 언간이 여러 건 보고된 바 있다.[15] 다음 (4)에 예시한 것은 1692년 상전인 송규렴(宋奎濂)이 노비에게 보낸 배지인데, 수신자 표시를 '빅쳔노 긔튝이'라 하여 수신자가 기축(己丑)년에 태어난 노비 신분의 인물임을 충분히 짐작하게 한다.

이러한 배지 성격의 언간은 17세기 이후로도 꾸준히 이어지지만 언간 실물이 워낙 간헐적으로 발견될 뿐이어서 주종간에 언간이 얼마나 실용되었는지 그 정확한 실상을 파악하기는 어렵다. 그러나 앞서 언급하였듯이 언간 규식을 모아 놓은 『징보언간독(增補諺簡牘)』에 주종간의 언간 규식이 수록된 점은 음미할 만하다. 주종간의 언간 실용이 그만큼 활발히 이루어져 온 반증(反證)으로 해석될 수 있을 것이다.

---

15) 자세한 내용은 정승혜(1999 : 77~85)와 백두현(2003c : 235~238), 백두현(2015b : 141~142) 참조.

(4) 상전이 노비에게 보낸 언간의 예

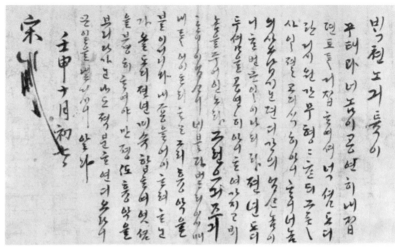

판독 빅천 노 긔튝이

무태라 너 놈이 공연히 내 집 뎐토롤 거집ᄒ여셔 넉 셤 도디란 거시 원간 무
형〃ᄒᄂ디 그롤사 일졀 고디식히 아니ᄒ니 너 놈의 사오납기ᄂ 뎐디간의 업슨 놈
이니 ᄒᆞᆫ 번 큰일이 나리라 (…중략…) 나도 격분ᄒ연 디 오라니 큰일을 낼 거시
니 알라

【 백천(白川) 노(奴) 긔튝(己丑)이에게

다름 아니라 네 놈이 일부러 내 집 뎐토(田土)를 속여 차지하고서 넉 셤 도디란 것이 원래
별것 아닌데 그것을 전혀 사실 그대로 하지 아니하니 네 놈의 사납기ᄂ(=나쁘기ᄂ) 천지
간에 없는 놈이라, 한번 큰일이 날 것이다. (…중략…) 나도 분을 쌓은 지 오래되어 큰일
을 낼 것이니 (그리) 알라.】

[자료 2-07] 송규렴(宋奎濂) 언간[16]

---

16) <송규렴 언간[선찰-9-010](1692년) : 송규렴(상전) → 긔튝이(노비)>, 대전역사박물관 소장.

외교상 목적으로 실용된 언간은 18세기 후반~19세기초 조선과 일본 역관(譯官)들 사이에 작성된 언간을 예로 들 수 있다. 이들 언간은 정승혜(2012a)에서 '대마도(對馬島) 종가문고소장(宗家文庫所藏) 조선통사(朝鮮通事)의 언간(諺簡)'으로 명명되면서 72건의 존재가 알려진 것들이다.17) 정승혜(2012a : 123)에 따르면 이들 언간은 "주로 1811년 신미통신사행(辛未通信使行)이 이루어지기까지 일본과의 '역지통신협상(易地通信協商)'의 과정에서 협상의 당사자였던 조선 통사(通事)들이 일본 통사(通詞)들에게 보낸 개인적인 편지들"이다.(자세한 내용은 후술 4.3.2. 참조) 다음 (5)에 예시한 언간은 1798년 역관 박준한(朴俊漢)이 작성한 것인데 일이 진행되는 과정을 일본측 대통사(大通詞)인 오다 이쿠고로(小田幾五郎)에게 훈도(訓導)를 통해 은밀히 알려 주는 내용으로 되어 있다.

역관의 언간처럼 언간 실물이 전하는 것은 아니지만 한일(韓日) 관계 못지않게 한중(韓中) 관계에서도 언간이 적극적으로 실용되었을 것으로 추정되는 사례가 전한다. 다음 (6)은 1796년 동지부사(冬至副使) 이형원(李亨元)이 의주부윤(義州府尹) 심진현(沈晉鉉)에게 보낸 언간의 내용을 후대에 재록(再錄)한 것이다.18) 여기서 보면 편지가 도중에 없어질 것을 염려하여 언문으로 썼음을 밝히고 언문 편지를 받는 즉시 내용을 한문으로 번역하여 조정에 전달할 것을 당부하고 있다. 실제로 이 언간의 내용이 한문으로 번역되어 승정원(承政院)에 보고된 사실은 조선왕조실록(朝鮮王朝實錄)의 같은 해 3월 6일자 기사에도 나온다. 외교상의 기밀(機密) 유지를 위해 의도적으로 언간이 실용된 사례를 여기서 확인해 볼 수 있다 하겠다.

---

17) 최근까지 조사·발굴이 어어진 결과 각서(覺書) 등 다른 문서류와 함께 최근 長崎縣教育委員會(2015)에 보고서로 정리, 소개된 바 있다.
18) 언간 내용 자체는 한국학중앙연구원 장서각에 소장된 『太上皇傳位文蹟』 권1의 1~3장에 실려 전한다. 청구기호 : K2-3521, 마이크로필름 : MF35-722.978.

(5) 외교적 목적으로 실용된 언간의 예

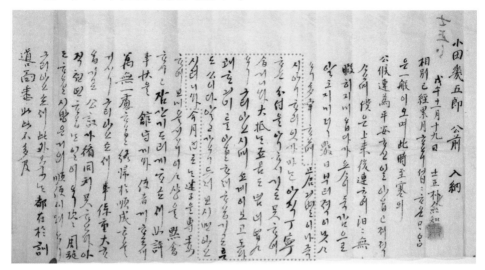

판독 (…상략…) 므슴 긔별이나 즉시 아니ᄒ리잇가마는 아직 丁寧ᄒ온 分付을 아니ᄒ시기로 못
ᄒ여ᅀ거니와 大抵는 죠곰도 넘녀 업ᄉ오니 그리 아오시며 쇼계이노 고도와 쾌훈 긔미를 아옵고
ᄒ려 ᄒ옵기로 훈도公이 다 알고 가오니 드러 보시면 아오시려니와 (…하략…)

【(…상략…) 무슨 기별(奇別)이 있으면 즉시 안 하겠습니까마는 아직 확실한 분부(分付)를 안 하시기에 못 하
였습니다. 대체로는 조금도 염려 없사오니 그리 아시고, 서계(書契)의 일은 쾌(快)한 기미를 알고 하려 하기
에 훈도 공(訓導公)이 다 알고 가니 들어 보시면 아시려니와 (…하략…)】

[자료 2-08] 박준한(朴俊漢) 언간[19] (점선 표시가 판독 부분)

---

19) <박준한 언간(1798년) : 박준한(조선 통사) → 오다 이쿠고로(일본 통사)>, 일본 대마역사민속자료관
소장. 언간의 서지 사항과 판독문에 대하여는 정승혜(2012a : 115~117) 및 長崎縣教育委員會(2015 :
23, 47~48, 304~305) 참조 이 자료는 대마역사민속자료관에서 제공해 주신 것이다. 자료 제공에
협조를 아끼지 않으신 야마구치 카요(山口華代) 선생님께 이 자리를 빌려 깊이 감사드린다.

(6) 외교상 기밀(機密) 유지에 활용된 언간의 예

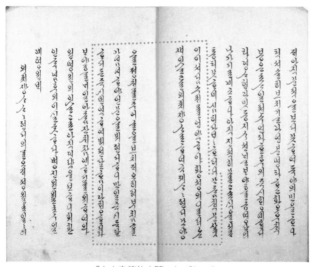
『太上皇傳位文蹟』 1：3b∼4a

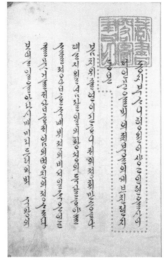
『太上皇傳位文蹟』 1：1a

판독 동지부스 니형원이 샹고 인편을 사 어더 언문으로 뻐 의쥐부윤의게 브친 편지 등본
(⋯중략⋯) 무춤 칙문 사룸이 이셔 딤수리롤 언약ᄒᆞ야 황셩의 니르러 온 재 잇는고로 의쥐 쟝스
로 ᄒᆞ여곰 제 스〃 편디 모양으로 졍치롤 주어 글을 브치디 오히려 부침홀가 넘녀ᄒᆞ야 언문으로
뻐 편디ᄒᆞ니 만일 즉시 득달ᄒᆞ거든 즉시 번역ᄒᆞ여 뻐 젼달홈이 다힝ᄒᆞ디라 (⋯하략⋯)

【동지부사(冬至副使) 이형원(李亨元)이 상고(商賈, 상인) 인편(人便)을 사 어더(=구하여) 언문(諺文)으로 의주부
윤(義州府尹, 沈晉賢)에게 부친 편지 등본(謄本)
(⋯중략⋯) 마침 책문(柵門) 사람이 있어 짐수레를 언약(言約)하여 황성(皇城)에 이르러 온 자(者)가 있는고로
의주(義州) 장사아치로 하여금 제 사사(私私, 개인) 편지 모양으로 정채(情債, 아쉬운 청을 하며 주는 돈)를
주어 글을 부치되 여전히 부침(浮沈, 편지가 도중에서 없어짐)할까 염려(念慮)하여 언문(諺文)으로 편지하니
만일 즉시 득달(得達, 도착)하거든 즉시 번역(飜譯)하여 전달(轉達)함이 다행한지라. (⋯하략⋯)】

[자료 2-09] 이형원(李亨元) 언간[20] (점선 표시가 판독 부분)

---

20) <이형원 언간(1796년) : 이형원(동지부사) → 심진현(의주부윤)>. 언간의 자세한 서지 사항과 판독문
　 에 대하여는 황문환(2013b) 및 이현희(2014 : 34∼36) 참조.

2.3. 조선시대 언간의 명칭

조선시대의 한글 편지가 '언간'으로 불리게 된 것은 김일근(1959a~c, 1986/199
1 : 16)의 일관된 노력에서 비롯되었다고 해도 과언이 아니다. 앞서 언급한 것처
럼 한글 편지에 대한 명칭으로는 '내간(內簡)'이 일찍부터 쓰였지만 이 '내간'이
"부녀자의 편지"라는 오해를 불러일으키는 점 때문에 김일근(1959a~c)에서 제안
된 '언간'이라는 명칭이 오늘날은 보다 보편화되기에 이르렀다. 그러나 '언간'이
라는 명칭 자체는 정작 조선시대 당시의 문헌에 그리 빈번하게 등장하는 명칭이
아니다. 조선왕조실록(朝鮮王朝實錄)에 '諺簡'이라는 명칭이 한자(漢字)로 표기되어
등장하기는 하나 다른 한자 표기 명칭에 비해 압도적인 빈도로 쓰인 것도 아니
고, 언간 자료 자체에서는 아예 '언간'이라는 명칭이 한글로 표기되어 사용되지
도 않았다. 아래에서는 조선시대 당시 한글 편지를 가리키는 명칭으로 어떠한
명칭이 사용되었는지 간략히 검토하고 이러한 과정에서 오늘날 '언간'이라는 명
칭이 갖는 상대적 이점(利點)을 음미해 보기로 한다.

2.3.1. 조선왕조실록(朝鮮王朝實錄)에 등장하는 한자 표기 명칭

실록(實錄)에서 언간과 관련된 한자 명칭을 찾아보면 아래와 같이 '諺簡, 諺札,
諺書, 諺狀, 諺單' 등 여러 예를 확인할 수 있다.(김일근 1986/1991 : 18~48, 김슬옹
2005)

가. 諺簡, 諺札

이들 예는 기원적으로 서사(書寫) 재료를 가리키다가 현재는 "편지"를 의미하는

한자 앞에 '諺'자가 결합하여 이루어진 명칭이다. 김효경(2005 : 10)에 따르면 '簡, 牘, 札'은 "종이가 발명되기 이전에 가장 보편적인 서사 재료"로서, '簡'은 "대나무"를, '牘'은 "나무"를, '札'은 "얇게 그리고 작게 만든 표딱지 같은 간독"을 각각 가리킨다. 실록(實錄)에는 '諺牘'만 빼고 '諺簡, 諺札'의 예가 등장하는데 그 일부를 예시하면 아래와 같다.21)

(7) 諺簡

成俊承三殿諺簡還以啓 命內官安仲敬 開讀于賓廳 令宰相聽之
〈성종 13년(1482) 8월 16일(임자)〉

【성준이 삼전(三殿)의 '諺簡'을 받들어 가지고 돌아와서 아뢰니, 내관(內官) 안중경(安仲敬)에게 명하여 빈청(賓廳)에서 펴 가지고 읽게 하여, 재상들로 하여금 듣게 하였다.】

蕾英院興淸二人 暗置諺簡於飯中 相通曰
〈연산군 12년(1506) 7월 28일(을사)〉

【뇌영원(蕾英院)의 홍청(興淸) 두 사람이 몰래 밥 속에 '諺簡'을 넣어 암통하기를】

臣爲靖國功臣 父將追贈 母當喜慶 厥後臺諫 以公議啓請還削 臣母憫憫 通諺簡于宰相家 請還授事
〈중종 2년(1507) 8월 27일(무술)〉

【신이 정국 공신(靖國功臣)이 되었으니 신의 아비는 장차 추증(追贈)될 것이므로 어미는 당연히 기뻐하고 경사스러워 하였는데 그 후 대간(臺諫)의 공의(公議)로 계청(啓請)하여 도로 깎였습니다. 그래서 신의 어미가 민망히 여기어 '諺簡'으로 재상가를 통하여서 되돌려 받을 일을 간청하였던 것입니다.】

---

21) 실록 원문의 현대어역은 국사편찬위원회 홈페이지에서 제공한 것을 참조하였다. 현대어역을 【 】안에 제시하되 언간과 관련된 한자 명칭은 원문의 한자를 그대로 옮겨 두었다.(이하 마찬가지)

庚午年倭亂時 永登浦萬戶梁智孫妾及從女三人 被虜在對馬島 通諺簡求還
〈중종 9년(1514) 4월 4일(정유)〉

【경오년 왜란(倭亂) 때에, 영등포 만호 양지손(梁智孫)의 첩과 수종하던 여자 3인이, 포로되어 대마도(對馬島)에 있으면서 '諺簡'을 보내어 돌아오기를 희망하니】

身以宗室之親 不勝憐悶 借飯米三斗於忠清水使處 兄弟作諺簡入送 臨海復書稱謝
〈광해군 즉위년(1608) 2월 21일(무인)〉

【저는 종실의 지친으로서 그 말을 듣고 안타까움을 견딜 수 없어 충청 수사(忠淸水使)에게 반미(飯米) 서 말을 빌어오고 형제가 '諺簡'을 지어 함께 들여보냈더니, 임해가 감사하다는 답서를 보내어 왔습니다.】

外直羅將金益光 願爲通書 且給紙筆 果書數行書以付之 翌日傳一張諺簡 以爲
〈숙종 32년(1706) 11월 26일(경진)〉

【외직 나장(外直羅將) 김익광(金益光)이 통서(通書)하기를 원하고 또 지필(紙筆)을 주었으므로 과연 두어 줄의 글을 써서 주었더니, 이튿날 한 장의 '諺簡'을 전하였는데 이르기를】

(8) 諺札

宮中有灼鼠之變 上命鞫問內人 未得其狀 后以諺札 付推官 卽辨決置罪
〈중종 25년(1530) 9월 7일(계사)〉

【궁중(宮中)에서 작서(灼鼠)의 변이 있게 되자 상이 나인(內人)들을 국문하도록 하였으나 실상을 알아내지 못했었는데, 왕후께서 '諺札'을 추관(推官)에게 보내어 즉각 결단하여 죄에 처하게 하시므로】

頃日 使命過去之時 淑儀使女奴 持諺札告飢 聞者莫不墮淚
〈선조 26년(1593) 7월 11일(계해)〉

【얼마 전에 사명(使命)이 이곳을 지날 적에 숙의(淑儀)가 종을 시켜 '諺札'을 보내어 기아(飢餓)를 호소했는데, 듣는 이마다 눈물을 흘리지 않는 자가 없었습니다.】

此乃明聖王后諺札也 庚申年先正復還朝 明聖王后特降御札 使金錫衍傳宣矣

〈영조 2년〈1726〉 7월 5일〈을미〉〉

【이는 곧 명성 왕후(明聖王后)의 '諺札'입니다. 경신년에 선정(先正)이 다시 조정으로 돌아왔을 때에 명성 왕후께서 특별히 어찰을 내리시어 김석연(金錫衍)으로 하여금 전선(傳宣)하게 했던 것입니다.】

就囚之後 忽於食床 有一紙小諺札 見其皮封 乃是老母之書也 書中辭意 渠未及見之

〈순조 1년〈1801〉 8월 16일〈경신〉〉

【갇히게 된 뒤 어느 날 식상(食床)에 조그마한 '諺札' 한 장이 있기에, 그 피봉(皮封)을 보니 이것이 노모의 서찰이었으나 서찰 가운데 쓰인 사의(辭意)를 제가 미처 보지는 못했습니다.】

　실록에 출현하는 빈도상으로는 '諺簡'(50회)과 '諺札'(69회)이 대략 엇비슷하다. 그러나 '諺簡'은 '諺札'에 비해 다소 등장 시기가 빠르고 숙종 대 이후에는 사용된 예가 발견되지 않는 특징을 볼 수 있다.22) 또한 '諺簡'은 발신자가 남성일 경우에도 자주 쓰인 반면 '諺札'은 대부분 발신자가 여성인 경우에 국한하여 쓰인 경향도 발견된다.

나. 諺書, 諺狀, 諺單

　이들 예는 앞서 (7), (8)과 달리 '諺' 다음의 글자가 "편지"의 의미와 직접 관련이 없는 글자로 이루어진 명칭이다. '諺書'의 '書'는 "문자"를 의미하기 때문에

---

22) '諺簡'과 '諺札'의 출현 빈도를 왕대 별로 보이면 다음과 같다.
- '諺簡'(50) : 성종(5), 연산군(6), 중종(13), 명종(5), 선조(3), 선조수정(2), 광해군일기(중초본)(4), 광해군일기(정초본)(4), 인조(1) 숙종(7)
- '諺札'(69) : 중종(2), 선조(1), 광해군일기(중초본)(4), 광해군일기(정초본)(4), 인조(1), 현종개수(1), 숙종(36), 숙종보궐정오(1), 경종(4), 경종수정(1), 영조(9), 정조(3), 순조(2)

'諺書'는 결국 '諺文'과 상통하여[23] "언문 내지 언문으로 씌어진 것" 일체를 폭넓게 지시한다. 따라서 '諺書'가 문맥상 자주 "언문 편지"를 가리킨다 하더라도 그것이 반드시 '諺書'의 기본 의미로 쓰인 것이라고는 할 수 없다. 한편 '諺狀, 諺單'에 보이는 '狀, 單'은 각각 문서의 종류와 관련된 글자라 할 수 있다. '狀'은 '書狀', '單'은 '單子'를 각각 가리킬 가능성이 있기 때문에 '諺狀, 諺單'의 명칭 역시 기원상으로 보자면 "언문 편지"만을 지시하기 위한 독립적 명칭이라 할 수 없다.

(9) 諺書

咀呪諺札之凶謀　實我朝數百年以來　所未有之大變　而與擁立之謀　相爲表裏　(…중략…) 嗚呼　永慶之謀危宗社者　㼁也　悌男之謀爲擁立者　㼁也　咀呪諺書　兇謀狼藉者　亦以㼁也

〈광해군 6년(1614) 2월 25일(정미)〉

【저주와 언찰(諺札) 등 흉악한 음모는 실로 수백년 이래 우리 조정에는 없었던 큰 변란으로 옹립 (擁立)의 역모와 서로 표리(表裏)가 됩니다. (…중략…) 아, 영경(永慶)이 종묘 사직을 위태롭게 한 역모도 의(㼁)가 원인이었고, 제남(悌男)이 음모하여 옹립하려 했던 자도 의(㼁)이며, 저주와 '諺書'에 낭자한 흉악한 음모도 의(㼁)가 원인이었습니다.】

卽者　有人到開陽門外　急呼門內軍士　以一封諺書傳給曰　此承旨家書　有急遽事　卽速傳納

〈인조 8년(1630) 1월 2일(임오)〉

---

23) 다음에 등장하는 '諺書'의 예가 바로 그러하다.
　　迎接都監啓　焰硝走回人等兩款査問文書　皆以諺書飜譯　勅使親自監封出送　依此撰出文書云矣上曰　知道
〈현종 7년(1666년) 7월 15일(갑오)〉
【영접 도감이 아뢰기를, "유황과 도망온 자에 관한 두 건의 조사 문서를 모두 '諺書'로 번역하여, 칙사가 친히 감봉(監封)하여 보내면서 이대로 문서를 작성하라고 하였습니다."하니, 상이 알았다고 하였다.】

【조금 전에 어떤 사람이 개양문(開陽門) 밖에 와서 문 안에 있는 군사를 급히 불러 한 통의 봉함된 '諺書'를 건네주며 말하기를 '이것은 승지의 집에서 보낸 편지인데, 급한 일이 있어서 그러니 바로 속히 전해 들이라.' 하였는데】

且王子家 雖有諺書問候之事 豈有直奏上前之事乎

〈숙종 27년(1701) 10월 18일(신미)〉

【또 왕자의 집에서 비록 '諺書'로 문안하는 일이 있다 하더라도 어찌 주상 앞에 곧바로 주달하는 일이 있겠습니까?】

(10) 諺狀, 諺單

仍令崔再齡 用諺文書一狀 以與之曰 (…중략…) 汝須持此 訴于巡使 及其狀見黜 又以眞書書狀與之 而吾不肯從 吾之脫衰服呈諺狀 亦李大憲所使也

〈숙종 15년(1689) 4월 18일(갑신)〉

【이어 최재령(崔再齡)을 시켜 언문(諺文)으로 된 편지 한 장을 주면서 말하기를 '(…중략…)너는 모쪼록 이것을 가지고 순찰사(巡察使)에게 가서 호소하라.' 하였습니다. 그 서장(書狀)이 받아들여지지 않자 또 진서(眞書)로 된 서장(書狀)을 주었습니다만 내가 따르지 않았습니다. 나에게 최복(衰服)을 벗고 '諺狀'을 올리게 한 것도 이대헌(李大憲)이 시킨 것입니다.】

臣曾請文忠公鄭夢周子孫錄用 而其奉祀孫鄭鎬身死 祠宇無托 只有年老婦人呈諺單 以攝祀爲請 誠可慘然

〈영조 19년(1743) 2월 5일(기축)〉

【신이 일찍이 문충공(文忠公) 정몽주(鄭夢周)의 자손을 녹용(錄用)할 것을 청했습니다. 그런데 그 봉사손(奉祀孫)인 정호(鄭鎬)가 죽어 사우(祠宇)를 맡길 데가 없어졌습니다. 단지 늙은 부인(婦人)이 '諺單'을 올려 대신 제사지낼 것을 청하고 있으니, 참으로 딱한 일입니다.】

위 (7)~(10)의 예만 놓고 보자면 "조선시대의 한글 편지"를 가리키는 한자 표기 명칭으로는 '諺簡'이나 '諺札'이 유력한 후보가 될 수 있다. '簡'이나 '札' 모두 직접 "편지"를 의미할 뿐 아니라 '諺'으로 '언문(諺文)'이라는 표현 수단을 명확히 할 수 있기 때문이다. 그러나 '諺札'이 '諺簡'에 비해 사용 영역상 (발신자가 여성인 경우에 집중되는 등) 다소 제한이 따르는 경향까지 감안한다면 '諺簡'을 보다 유력한 후보로 택하여 무리가 없지 않을까 한다.

2.3.2. 언간 자료에 등장하는 한글 표기 명칭

언간 자료에도 언간을 지칭하는 명칭이 다양하게 나타난다. '諺札, 諺簡'과 같이 실록(實錄)에서 볼 수 있던 한자 명칭이 한글로 적힐 경우도 예상해 볼 수 있지만 그러한 경우는 거의 발견되지 않는다. 아래에서는 언간 자료에 등장하는 한글 명칭을 소개하고 그것의 어원(語源)이나 용법(用法)상의 특징을 간략히 살펴보기로 한다.

가. 편지, 언문 편지

'편지'는 한자어 '片紙'("길이가 짧은 종이")나 '便紙'("인편으로 오간 종이")를 한글로 적은 명칭에 해당한다. '片紙/便紙'는 한문 간찰도 포함하여 간찰 일반을 지칭하는 명칭이어서 한글 편지를 특별히 지칭할 때는 '언문 편지'라는 명칭을 쓰기도 하였다. 이때 한문 간찰은 '진셔 편지'로 지칭되어 '언문 편지'와 구별되었다.

(11) 편지

싱워니 옷도 아니 받고 편지도 아니ᄒ더라 ᄒ니 블샹히
〈채무이 언간[순천김씨묘-001](1550~1592년) : 채무이(남편) → 순천김씨(아내)〉

사롬 오와눌 편지 보ᄋᆸ고 잠깐 우연ᄒ오시다 ᄒ니 깃브오며
〈청주한씨 언간[선세언적-06](1629~1671년) : 청주한씨(아내) → 박빈(남편)〉

은산이롤 보내며 편지 ᄲᅥᆺ더니 하니 오나눌 뎌그니 보고 반기며
〈안동김씨 언간[선찰-9-040](1670~1701년) : 안동김씨(어머니) → 송상기(아들)〉

그적긔 우종이 가올 적 편지 알외ᄋᆸ더니 보ᄋᆸ신가 ᄒ오며 그ᄉ이 긔운이나 엇더
ᄒᆸ신잇가
〈송병하 언간[송준길가-22](1687년) : 송병하 → 미상〉

명녜동은 갓가오니 즈로 년신ᄒ고 어든 거시면 보내시고 하 극진히 ᄒ시니 고맙
ᄉᆞᆸ고 일면 안심티 아니ᄒ외 편지 맛다 보내ᄂ
〈배천조씨 언간[송준길가-13](1640~1682년) : 배천조씨(어머니) → 미상(아들)〉

뇽산 올 적과 두 가지 편지과 이번 금정 편의 ᄒᆫ 편지 다 낫 〃 즈시 보고
〈임영 언간[창계-17](1683~1686년) : 임영(남동생) → 나주임씨(막내누나)〉

편지 석 쟝 초ᄉᆞ일 낭쳥집으로 어더 보고 답장 부치고
〈연산서씨 언간[선세언적-20](1795년) : 연산서씨(어머니) → 박종순(아들)〉

그ᄉ이 봉셔나 ᄒ쟈 ᄒ야도 편지 ᄒᆫ 댱도 ᄲᅥᆨ 일위여 ᄡᅳ디 못ᄒ여 못고 ᄆᆞ옴의만
굼거이 디니엿ᄂ
〈순원왕후 언간[순원어필-1-03](1849년) : 순원왕후(재종누나) → 김흥근(재종동생)〉

(12) 언문 편지

언문 편지를사 ᄡᅳ랴 ᄒ니 주슐이 고슈ᄒ이여 못 다 뎍을시
〈임영 언간[창계-14](1649~1696년) : 임영(동생) → 나주임씨(막내누나)〉

cf. 진셔 편지예 잠깐 그리 말 줄을 범논ᄒ여 긔별ᄒᄂ
〈임영 언간[창계-11](1683~1686년) : 임영(동생) → 나주임씨(막내누나)〉

편지예 무슨 긴훈 말을 흐엿스면 낭핇다 호철 어미 편지도 보들 못흐엿다 <u>언문 편</u>
<u>지</u> 한 쟝을 보게나 <u>편지</u> 훈 쟝을 쓰고 나면 샹긔를 대단이 흐며 만신지졀이 쫏는 둣
흐기의 그러흐다

〈김진화 언간〔김성일가-070〕(1849년) : 김진화(시아버지) → 진성이씨(며느리)〉

위의 예에서 보듯이 '편지'는 오늘날과 마찬가지로 '보다, 쓰다, 부치다, 흐다'
등의 서술어와 어울려 쓰이는 경우가 많지만 '맕다("맡다"), 알외다' 등과 어울려
쓰인 생소한 경우도 발견된다. '편지'라는 명칭은 한글 편지를 가리키는 여러 명
칭 중 조선시대 전반에 걸쳐 가장 빈번하게 사용된 명칭에 해당된다.

나. 유무, 유모, 우무, 이무

'유무'는 한자어 '有無'의 한글 표기로 추정되는 명칭이다. '유무'는 언간 자료
에서 '편지' 다음으로 빈번히 사용된 명칭에 해당하지만 대개 18세기 이전의 언
간 자료에 등장하는 것이 특징이라 할 수 있다. 한자어라는 인식이 일찍부터 흐
려진 듯 이미 16세기의 언간 자료에서부터 '우무'나 '이무'로 표기된 예가 발견
된다.

(13) 유무, 유모

싱원 이번 <u>유무</u> 아니타 흐시고 <u>유무</u> 말라 흐니 몯흐노라 엇디 〃 <u>유무</u>도 아니코
칙녁도 아닌다

〈신천강씨 언간〔순천김씨묘-008〕(1550~1592년) : 신천강씨(어머니) → 순천김씨(딸)〉

가뎍 올 제 온 <u>유무</u> 보고 됴히 이시니 어미 깃브미로다

〈신천강씨 언간〔순천김씨묘-055〕(1550~1592년) : 신천강씨(어머니) → 김여물(아들)〉

이 내 <u>유무</u> 보시고 내 꾸메 즈셰 와 니르소

〈이응태묘 출토 언간[이응태묘-01](1586년) : 미상(아내) → 이응태(남편)〉

궃둑 ᄆᆞᆷ 경업슨디 자내 편챠는 <u>유무</u> 보니 더옥 ᄆᆞᆷ 둘 ᄃᆡ 업서 ᄒᆞᄂᆡ

〈곽주 언간[진주하씨묘-016/곽씨-4](17세기 전기) : 곽주(남편) → 진주하씨(아내)〉

오예 안부 사롬은 어제 가 ᄃᆞ녀 오돗데 쟝모 <u>유무</u> 가니 게셔도 편ᄒᆞ시더라 ᄒᆞᄂᆡ

〈곽주 언간[진주하씨묘-055/곽씨-51](17세기 전기) : 곽주(남편) → 진주하씨(아내)〉

고령 아즈미 <u>유무</u> 몯ᄒᆞ오니 큰아기시믜 <u>유무</u> 서 보내쇼셔 아무 것도 업ᄉᆞ와 녀느 쳥어 ᄒᆞᆫ 갓 보내ᄋᆞᆸ노이다

〈현풍곽씨 언간[진주하씨묘-109/곽씨-138](17세기 전기) : 현풍곽씨(딸) → 진주하씨(어머니)〉

셔보기 온다마다 완노라 ᄒᆞ고 ᄒᆞ고 <u>유뮈</u>나 드리고 션믈ᄒᆞ니 귀ᄒᆞ오이다

〈현풍곽씨 언간[진주하씨묘-158/곽씨-127](1620년) : 현풍곽씨(딸) → 진주하씨(어머니)〉

옥쳔 <u>유무</u> 아니 보내엿거든 이 <u>유무</u> ᄒᆞᆫ번의 보내여라 볼셔 뎐ᄒᆞ엿거든 가ᄂᆞᆫ 사룸의 일티 말고 보내여라

〈배천조씨 언간[선세언독-12](1662~1664년) : 배천조씨(어머니) → 미상(아들)〉

<u>유무</u>룰 막 쓰노라 ᄒᆞ니 슈경이 오나ᄂᆞᆯ <u>유무</u> 보고 깃거ᄒᆞ노라

〈안동김씨 언간[선찰-9-051](1700년) : 안동김씨(어머니) → 송상기(아들)〉

김 감역 ᄃᆡᆨ 사룸이 가ᄂᆞᆫ 길희 <u>유무</u>룰 맛드니 다룬 ᄃᆡ 못ᄒᆞ고 대강 뎍노라

〈배천조씨 언간[송준길가-01-2](1667년) : 배천조씨(어머니) → 송병하(아들)〉

혹 인편 이셔도 여러 곳 답쟝 골몰ᄒᆞ여 <u>유무</u> 못 ᄒᆞᄋᆞᆸ고 미일 혼ᄒᆞᄋᆞᆸ더니 <u>유모</u> 보ᄋᆞᆸ고 내〃 그만ᄒᆞ시니 깃브ᄋᆞ오나 무슨 츈양을 그리 오래 가 ᄂᆞ려 아니 오ᄋᆞᆸ

〈이동표 언간[이동표가-36](1684~1700년) : 이동표(적자) → 미상(서모)〉

(14) 우무, 이무

댱모 뫼ᄋᆞᆸ고 과셰 됴히 ᄒᆞ소 ᄌᆞ식둘게 <u>우무</u> 스디 몯ᄒᆞ여 몯ᄒᆞᄂᆡ 됴히 이시라 ᄒᆞ소

〈김성일 언간[김성일-01](1592년) : 김성일(남편) → 안동권씨(아내)〉

나룰 사란ᄂᆞᆫ 쟈그로 혜디 마라 비록 얼구리 안자셔도 졍시□ 일코 <u>이무</u> 댱을 서도 바미나 나지나 ᄆᆞᆷ 뎡ᄒᆞᆫ 저글 어더야 스디 슬커든 쉬염 스노라

〈신천강씨 언간[순천김씨묘-144](1550~1592년) : 신천강씨(어머니) → 순천김씨(딸)〉

제2장 조선시대의 언문(諺文)과 언간(諺簡) 43

면화는 어히업스니 내 쟈근 져구리도 몰히여 니번노라 바느질 바차 이무도 즈시 몯ᄒ노라

〈신천강씨 언간[순천김씨묘-131] (1550~1592년) : 신천강씨(어머니) → 순천김씨(딸)〉

다. 글월, 글시

'글월'이나 '글시'는 한자어가 아니라 고유어를 표기한 예에 해당한다. '글월'은 '글+발'의 합성어가 '글발 > 글왈 > 글왈/글월'의 변화를 겪은 어형으로 『표준 국어대사전』에 의하면 "적어 놓은 글" 또는 "써 놓은 글자의 생김이나 형식"을 의미한다. '글시' 역시 '글 # 스[書]- + -이(명사파생접미사)'의 구성에 소급하여 "쓴 글자의 모양" 정도를 의미한다. 결국 편지에 적은 글이나 (그 글에 쓰인) 글자의 모양을 가리키던 말이 "편지" 자체를 의미하게 되었다고 할 수 있는데 '글월'이나 '글시'는 특히 궁중 언간에만 주로 사용된 경향이 있어 주목된다. 등장 시기상으로는 '글시'가 '글월'보다 뒤늦어 '글시'는 특히 19세기 후반의 명성황후 언간에 집중적으로 사용된 예를 볼 수 있다.

(15) 글월

글월 보고 됴히 이시니 깃거ᄒ노라 어제 냥식 죡 보내엿더니 본다 면즈등 이 수대로 보내노라

〈효종대왕 언간[숙명-05] (1652~1659년) : 효종(아버지) → 숙명공주(딸)〉

글월 보고 무스ᄒ니 깃거ᄒ며 보는 돗 든〃 반기노라

〈인선왕후 언간[숙명-14] (1652~1674년) : 인선왕후(어머니) → 숙명공주(딸)〉

여러 날 글시도 못 보니 섭섭ᄒ여 ᄒ더니 글월 보고 보는 돗 몬내 〃 든〃 반기나

〈인선왕후 언간[숙휘-20] (1660년) : 인선왕후(어머니) → 숙휘공주(딸)〉

(16) 글시

　글시 보고 야간 무탈흔 일 든 〃 흐며 예는 샹후 문안 만안흐오시고 동궁 졔졀 터
평 〃 흐시니 츅슈 〃 흐며 나는 흔가지다
〈명성황후 언간[명성황후-066] (1882~1895년) : 명성황후(고모) → 민영소(조카)〉

　글시 보고 든 〃 흐다 여긔는 졍원 당호의셔 실화가 되여 너모 놀나더니 즉시 잡히
여 그만흐니 만힝이다
〈명성황후 언간[명성황후-132] (1882~1895년) : 명성황후(고모) → 민영소(조카)〉

라. 뎌그니, 뎌그시니, 뎍ᄉ오시니

　이들 예는 "書"를 의미하는 동사 '뎍다'가 참여하여 이루어진 고유어에 해당한
다. '뎌그니'는 '뎍- + -은(관형사형) # 이(의존명사)'의 구성에 소급하는 것으로
"편지"의 의미로 사용된 예는 사연 첫 머리에 등장하는 경우가 대부분이다. "적
은 것" 정도를 의미하는 통사적 구성이 "편지"를 지칭하는 표현으로 굳어졌다고
볼 수 있다. 발신자가 존대할 인물일 때에는 '-시-'나 '-ᄉ오시-'를 추가하여
'뎌그시니', '뎍ᄉ오시니'로 등장하는데, '뎍ᄉ오시니'는 편지에 따라 '뎍ᄉ오신
것' 혹은 '뎍ᄉ오심'의 꼴이 대신 쓰이기도 하였다.

(17) 뎌그니

　새히예 됴히 잇는다 졍일 뎌그니 보고 본 듯 든 〃 흐디
〈임일유 언간[총암공-04] (1611~1683년) : 임일유(아버지) → 나주임씨(딸)〉

　사롬 오나놀 뎌그니 보고 편히 디내니 깃거흐노라
〈안동김씨 언간[선찰-9-084] (1699년) : 안동김씨(어머니) → 송상기(아들)〉

(18) 뎌그시니

관인 돈녀올 적 뎌그시니 보옵고 반갑습기 ㄱ이업ᄉ오나
〈안동권씨 언간[선세언독-14](1678~1697년) : 안동권씨(장모) → 송병하(사위)〉

(19) 뎍ᄉ오시니, 뎍ᄉ오신 것, 뎍ᄉ오심

a. 뎍ᄉ오시니

뎍ᄉ오시니 보옵고 친히 뵈옵ᄂ 듯 든〃 반갑ᄉ와 ᄒ오며 나도 못 뵈완 디 둘포
되오니 섭〃 ᄒ오미 아무라타 업ᄉ와 ᄒ옵ᄂ이다
〈숙종대왕 언간[숙휘-09](1674~1696년) : 숙종(조카) → 숙휘공주(고모)〉

긔별 모ᄅ와 ᄉ모 극ᄒ옵다니 급챵이 오와눌 뎍ᄉ오시니 보옵고 반갑ᄉ오며
〈청주한씨 언간[선세언적-05](1629~1673년) : 청주한씨(아내) → 박빈(남편)〉

날이 ᄎ온ᄃ 의복이 엷ᄉ오니 넘녀 깁ᄉ더니 평안이 도라오오시니 든〃 ᄒ오며 뎍
ᄉ오시니도 밧ᄌ와 보왓습
〈밀양박씨 언간[송준길가-048](1727~1736년) : 밀양박씨(아내) → 송요화(남편)〉

사름 오옵ᄂ되 뎍ᄉ오시니 보옵고 든〃 반갑ᄉ오며
〈김노경 언간[추사가-22](1791~1793년) : 김노경(남편) → 기계유씨(아내)〉

b. 뎍ᄉ오신 것

쥬야 답답 넘녀 아무라타 못ᄒ올 ᄎ 하인 오오며 듕노의셔 뎍ᄉ오신 것 보오니 젼
쥬거지는 평안히 가시다 ᄒ오니 든〃 경ᄉ 층냥 업ᄉ오나
〈여강이씨 언간[김성일가-037](1848년) : 여강이씨(아내) → 김진화(남편)〉

c. 뎍ᄉ오심

넘녀 측냥 못ᄒ올 ᄎ 하인 닷치오며 뎍ᄉ오심 밧ᄌ와 신긔 반갑ᄉ오며
〈여강이씨 언간[김성일가-028](1847년) : 여강이씨(아내) → 김진화(남편)〉

마. 봉서

'봉서'는 한자어 '封書'를 한글로 적은 명칭이다. 한자어 '封書'는 원래 "겉봉을 봉한 편지"를 의미하여 (남에게 보이지 않도록 한 만큼) 봉하지 않은 편지에 비하면 당연히 예의를 차린 편지에 해당한다. 한자어 '封書' 자체는 한문 간찰에도 적용되어 경우에 따라서는 "임금이 종친이나 근신(近臣)에게 사적으로 내리던 서신"(『표준 국어대사전』)을 의미하기도 하였다. 언간 자료에 나타나는 '봉서'는 극히 일부 언간을 제외하면 용례 대부분이 19세기 궁중 언간에서 발견되는 것이 특징이다. 후대의 증언(證言)에 따르면 궁중에서 왕실 인물과 주고받는 편지를 특별히 '봉서'라 하여 구별하였을 가능성이 있다.24)(이에 대한 자세한 내용은 후술 4.3.1. 참조)

(20) 봉서

【봉투】 채 셔방 찍 봉서 / 【내지】 됴히 이시니 깃게라 〃
　　　　　〈김훈 언간〔순천김씨묘-125〕(1550～1592년) : 김훈(아버지) → 순천김씨(딸)〉

봉서 보고 듕츄 과량ᄒᆞ더 년ᄒᆞ야 잘 디내ᄂᆞᆫ 일 알고 든 〃 깃브며
　　　　　〈신정왕후 언간〔신정왕후-01〕(1875～1890년) : 신정왕후(시외숙모) → 연안김씨(생질부)〉

일졀 편지도 못ᄒᆞ엿더니 오늘이야 덕ᄂᆞᆫ다 각 집 봉서 던ᄒᆞ여라
　　　　　〈순원왕후 언간〔순원봉서-29〕(1848년) : 순원왕후(재당고모) → 김병주(재종질)〉

밤이 죠용ᄒᆞ기 봉서 쓰더니 이 말ᄀᆞ디 ᄒᆞ더 벗ᄂᆡ
　　　　　〈순원왕후 언간〔순원봉서-01〕(1850년) : 순원왕후(재종누나) → 김흥근(재종동생)〉

---

24) 덕온공주(德溫公主, 순조 3녀)의 손녀인 사후당(師候堂) 윤백영(尹伯榮, 1888～1986) 여사가 아래와 같이 증언(證言)한 내용을 참조할 수 있다.(밑줄 저자)

님군이 친족의게 ᄒᆞᄂᆞᆫ 편지도 봉서라 하고 신하 부인이 황후나 태자비게 하는 편지도 봉서라 하나니 사사집은 어른게 하는 편지는 샹셔라 하고 아래 사람게 하는 편지는 하셔라 하는대 님군게는 셔로 봉서라 양반 부인들이 샹궁들하고 하는 편지는 서로 글월이라 하나니 [출처 : 윤백영(1967), 궁듕녜법 풍속과 전하는 말삼, 7～8.(단국대 도서관 소장. 도서번호 : S0640366)]

그스이 봉셔나 ᄒᆞ쟈 ᄒᆞ야도 편지 ᄒᆞᆫ 댱도 뼈 일위여 쓰디 못ᄒᆞ여 못고 ᄆᆞᆷ의만 굼거이 디닉엿닉

<순원왕후 언간[순원어필-1-03](1849년) : 순원왕후(재종누나) → 김흥근(재종동생)>

봉셔 밧ᄌᆞ와 보옵고 긔후 태평ᄒᆞ오신 일 아옵고 든〃 츅슈ᄒᆞ오며 어마님 안녕ᄒᆞ 오시오닛가

<명성황후 궁녀 언간[명성궁녀-33](1883~1895년) : 미상 → 민영소>

경향이 머온들 엇지 그리 일댱 봉셔을 아니시니 전일 밋든 비 안닌가 ᄒᆞᄂᆞ이다

<순명효황후 언간[순명효황후-09](1897년) : 순명효황후(세자의 어머니) → 김상덕(세자의 스승)>

바. 술이, 스리

'술이, 스리'는 '숣[白]- + -이(명사파생접미사)'에 기원을 둔 것으로 '숣ᄫᅵ > 술 이 > 스리'의 변화를 겪은 어형에 해당한다. 본래 "사룀" 정도를 의미하여 사연 말미의 발신자 표시 다음에 나타나는 것이 일반적이지만 아래에서 보듯이 "편 지"를 지칭하는 예도 17세기 이른 시기부터 발견된다. 어휘적 경어(敬語) '숣-'이 관여한 만큼 특별히 "아랫사람이 윗사람에게 올리는 편지"를 가리키는 데 쓰인 것이 특징이다.25)

(21) "사룀"의 의미

ᄂᆞ일노 건너가오리이다 졋ᄉᆞ와 이만 병슐 뉴월 초일〃 ᄌᆞ식 형챵 술이

<곽형창 언간[진주하씨묘-014 / 곽씨-110](1646년) : 곽형창(아들) → 진주하씨(어머니)>

---

25) 봉투나 편지의 첫머리에 주로 등장하는 '샹술이, 샹스리'의 '술이, 스리'도 마찬가지라 할 수 있다. 한문 간찰에서는 '上白是'로 등장하는 데 이때 '白是'는 '술이'의 이두식 표현에 해당한다.

알외올 말숨 하감ᄒᆞᆸ심 젓사와 이만 알외오며 내 〃 긔톄후 쾌츠 여샹ᄒᆞᆸ신 문
안 복튝ᄒᆞᆸᄂᆞ이다 병오 삼월 스무날 외손부 술이

〈김셩일가 언간[김셩일가-120] (1846년) : 미상(외손부) → 김진화(외조부)〉

식은 엇지히셔 죵 복은 업다 힝도 이려케 업ᄂᆞᆫ 것 쳠 보와숩ᄂᆞ이다 계ᄉᆞ 시월 초
ᄉᆞ일 식 술이

〈은진송씨 언간[송병필가-40] (1893년) : 은진송씨(첫째 딸) → 전주이씨(어머니)〉

(22) "편지"의 의미

a. 술이

쟝모ᄭᅴᄂᆞᆫ 죠희 업서 술이도 몯 알외ᄋᆞ오니 전ᄎᆞ로 엿줍고 사롬 즉시 아희 시작ᄒᆞ
며 보낼 일 졈 ᄉᆞᆸ소

〈곽주 언간[진주하씨묘-096 / 곽씨-30] (17세기 전기) : 곽주(남편) → 진주하씨(아내)〉

아마도 아희돌 드리고 몸이나 편히 겨소 쟝모ᄭᅴᄂᆞᆫ 밧바 술이도 몯 덕숩뇌 전ᄎᆞ로
알외ᄋᆞ소

〈곽주 언간[진주하씨묘-102 / 곽씨-6] (17세기 전기) : 곽주(남편) → 진주하씨(아내)〉

어제 쇠돌 가올 적 술이 알외와숩더니 감ᄒᆞ오신가 ᄒᆞᆸᄂᆞ이다

〈여흥민씨 언간[송준길가-68] (1757년) : 여흥민씨(며느리) → 송요화(시아버지)〉

임셩의게 술이ᄂᆞᆫ 바다 가뇌

〈임영 언간[창계-03] (1683년) : 임영(남동생) → 나주임씨(막내누나)〉

b. 스리

프실셔와 드락바회셔 스리 알외엿ᄉᆞ더니 다 보ᄋᆞᆸ시니잇가

〈이동표 언간[이동표가-30] (1685년) : 이동표(아들) → 순천김씨(어머니)〉

알외옴 디번 이만 알외ᄋᆞᆸᄂᆞ이다 비온 스리 죄롭ᄉᆞ오이다

〈김셩일가 언간[김셩일가-153] (1883년) : 미상(조카며느리) → 미상(큰아버지)〉

2.3.3. '언간(諺簡)' 명칭의 이점

이상에서 실록(實錄)과 언간 자료를 중심으로 조선시대의 한글 편지를 가리키는 한자 명칭과 한글 명칭을 살펴보았다. 서론에서 언급하였듯이 본서에서는 김일근(1959a~c, 1986/1991)을 계승하여 '언간(諺簡)'이라는 명칭을 택하기로 한다. 물론 '언간'이라는 명칭은 한글 명칭으로 쓰인 적이 거의 없어 일상성(日常性)을 갖춘 쉬운 명칭이라고는 할 수 없다. 그럼에도 불구하고 '언간'이라는 명칭을 계승하고자 하는 것은 다음과 같은 이점을 고려하였기 때문이다.

첫째, 한글이 조선시대 내내 '언문'으로 불렸던 점을 반영할 수 있다. 언문으로 씌어진 편지가 '언간'으로 불리는 것은 당시 '언문'의 지위(地位)와 직결되는 자연스러운 명명(命名)일 수 있다. '언간'의 실용 범위는 곧 '언문'의 실용 범위와 상통(相通)하기 때문에 '내간(內簡)'과 같이 "부녀자 간의 편지"라는 오해를 초래할 위험성도 자연스레 피할 수 있다.

둘째, '언간'이 '언문'과 관련됨으로써 시기상의 상하한(上下限)도 자연스레 설정될 수 있다. 한글이 '언문'으로 불린 시기는 한글이 창제된 때(1443년)부터 한글이 '국문(國文)'의 지위를 획득하게 된 때(1894년)까지 조선시대 거의 전 범위에 걸친다. 따라서 '언간'이라는 명칭은 앞에 굳이 '조선시대'라는 수식어를 부가하지 않더라도 "조선시대의 한글 편지"를 자연스레 가리킬 수 있는 이점이 따른다.

이상의 이점을 감안하여 본서에서는 '언간'이라는 명칭을 택한다. 그러나 명칭 자체는 김일근(1959a~c, 1986/1991)의 입장을 계승하더라도 개념상의 정의(定義)까지 그대로 가져오는 것은 아니다. 김일근(1986/1991 : 14)에서 '언간'은 언문으로 된 고문서(古文書)나 유서(遺書), 제문(祭文)까지 포함하여 '언간'을 아래와 같이 폭넓게 정의하고 있기 때문이다.(밑줄 저자)

諺簡의 槪念은, 甲午更張 以前에 씌어진 國文 專用 및 漢字 混用의 書簡 一切를 指稱하는 것이다. 俠義的으로는 個人間의 私的인 書簡이고, <u>廣義的으로는 公的 性格을 띤 傳教・懿旨・呈狀・所志・白活 等 古文書의 領域에 屬하는 것과 遺書・祭文까지 包括하는 것인바</u>, 本書에서는 廣義를 取한다. (김일근 1986/1991 : 14)

그러나 본서에서는 오늘날 '서간(書簡)'이나 '간찰(簡札)'이라 할 때 '簡'이 "편지"의 의미로 국한되어 쓰이는 점을 중시하고자 한다. 물론 고문서나 유서, 제문도 발수급(發受給) 관계를 전제로 한 낱장 자료인 점에서 공통될 수 있다. 그러나 그렇다 하더라도 이들 자료는 편지와 달리 공적(公的)인 성격을 띠는 경우가 많고 그에 따라 지켜야 할 서식(書式)도 크게 다를 수밖에 없다. 때문에 본서에서는 '언간'이라는 명칭을 "편지"에 국한하여 사용하고 위와 같이 광의(廣義)의 개념은 계승하지 않기로 한다.

언간의 구성(構成)과 격식(格式)

제3장 언간의 구성(構成)과 격식(格式)

언간은 오늘날 편지가 그러하듯이 사연(辭緣)을 적는 내지(內紙)와 그것을 담는 봉투(封套)로 구성되는 것이 일반적이다. 언간에서는 반드시 특정한 수신자가 전제되는 만큼 발신자는 (단순히 뜻만 통하면 되는 것이 아니라) 수신자를 상대로 항상 적절한 예법(禮法)을 고려할 필요가 있었다.(김일근 1986/1991 : 11) 이에 따라 언간의 내지와 봉투는 사연을 적는 위치부터 특정한 부호나 용어의 사용에 이르기까지 일정한 격식(格式)을[1] 갖추어야 했다. 아래에서는 가능한 한 현존 언간의 실물(實物)을 통해 봉투와 내지 각각에 적용된 격식을 자세히 설명하기로 한다.

3.1. 봉투(封套)

3.1.1. 봉투의 종류

현존하는 언간은 내지(內紙)만 전하고 봉투가 따로 없는 경우가 많다. 전래(傳來) 과정에서 원래 있던 봉투가 사라졌을 수도 있지만 언간은 대부분 친족 관계에

---

1) 일상 언어에서 '격식(格式)'은 "격에 맞는 일정한 방식"(『표준 국어대사전』)을 의미한다. 여기서는 특히 편지를 쓸 때 지켜야 할 여러 방식을 폭넓게 가리키기 위한 명칭으로 사용한다. '서식(書式)'이나 '규식(規式)'도 비슷한 의미를 지닐 수 있지만 이들 용어는 문서를 꾸미는 방식에 국한되는 경향이 있어 채택하지 않았다.

있는 인물 사이에 오갔기 때문에 애초부터 봉투 없이 수수(授受)되었을 가능성도
있다. 이에 비해 한문 간찰은 친족이 아닌 인물 사이에 오간 것이 많아 사연 내
용을 남에게 보이지 않기 위한 봉투 사용이 보다 빈번하였다. 이에 따라 한문 간
찰에서는 오늘날 봉투가 내지와 함께 전하는 경우를 비교적 쉽게 접할 수 있다.

봉투가 자주 사용된 한문 간찰의 경우 봉투의 종류는 크게 봉투가 하나인 단
봉(單封)과 봉투가 둘인 중봉(重封)으로 나뉜다. 중봉(重封)은 "먼 지방을 왕복할 경
우나 특별히 상대방을 존경해야 할 경우"에 사용되는데 아래 (1)과 같이 혼례를
거행하는 과정에서 발생하는 예장(禮狀)에서 중봉의 예를 많이 볼 수 있다.(김효경
2005 : 54) 다만 중봉은 (1c)에서 보듯 단봉을 다시 싸는 형식으로 되어 있기 때문
에 단봉처럼 본래 장방형으로 제작된 것과는 모습이 다르다.

(1) 중봉(重封)으로 된 한문 간찰의 예

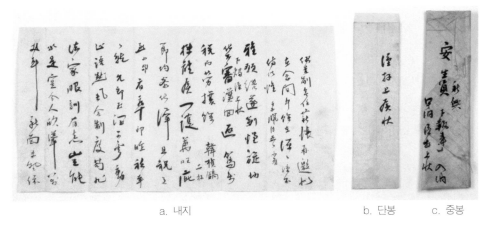

a. 내지   b. 단봉   c. 중봉

[자료 3-01] 한정호(韓禎鎬) 간찰2) (김효경 2005 : 54)

---

2) 한정호가 안 생원(安生員)에게 보낸 한문 간찰(국립전주박물관 소장). 사진 자료는 김효경 선생님께서
제공해 주신 것이다. 자료 제공과 함께 3장의 내용을 집필하는 데 여러 모로 도움을 아끼지 않으신

한문 간찰에 준하여 언간의 봉투도 단봉과 중봉으로 나누어 볼 수 있다. 그러나 언간에서 중봉이 사용된 경우는 드물어 실물로 전하는 예를 거의 찾아볼 수 없다. 아래 예시에서 보듯이 규장각에 소장된 순원왕후(純元王后)의 언간에서 내지(2a)를 넣는 데 쓰인 봉투(2b)와 그것을 다시 싼 종이(2c)를 통해 중봉의 예를 드물게 확인할 수 있을 뿐이다.

(2) 중봉(重封)으로 된 언간의 예

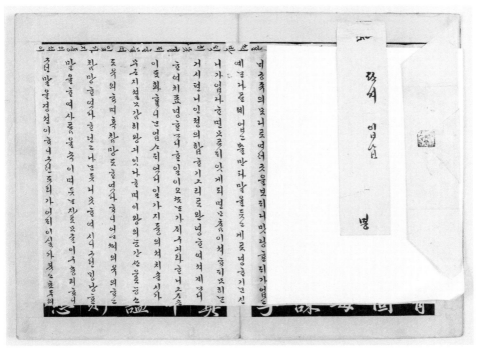

a. 내지   b. 단봉   c. 중봉

[자료 3-02] 순원왕후(純元王后) 언간3)

선생님께 이 자리를 빌려 깊이 감사드린다.

단봉의 경우 봉투를 별도로 만들기는 하지만 이 봉투는 내지에 맞추어 만드는 것이 일반적이었다. 먼저 내지에 사연을 다 적고 나서 그것을 일정한 간격으로 세로로 접은 후, 그 내지를 담을 봉투는 접힌 내지의 크기에 맞추어 만들었다. 다음 (3)의 예는 현존하는 명헌왕후(明憲王后) 언간을[4] 통해 내지를 접어 봉투에 넣기까지 과정을 순차적으로 보인 것이다. 이러한 과정을 밟았기 때문에 오늘날 전하는 언간 실물을 보면 사연을 적은 내지가 봉투와 거의 같은 크기로 접혀 있는 것을 볼 수 있다.

(3) 내지를 접어 봉투에 넣는 과정

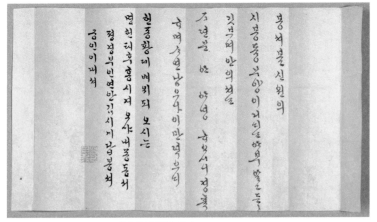

a. 내지가 펼쳐진 모습

b. 접힌 내지가
봉투에 들어간 모습

---

3) <순원왕후 언간[순원어필-2-01](1843년) : 순원왕후(재종누나) → 김흥근(재종동생)>. 서울대 규장각 소장.

4) 이 언간은 헌종(憲宗)의 배위(配位)인 명헌왕후(明憲王后)가 동서인 연안김씨(延安金氏)에게 보내는 내용을 궁인(宮人)이 대서(代書)한 것이다.(황문환 2012b : 179) 이 언간은 현재 단국대학교 석주선기념박물관에 소장되어 있는데 사진 자료는 박물관 연구원으로 계시는 이명은 선생님께서 제공해 주신 것이다. 이 자리를 빌려 언간 자료를 열람하고 사진 자료를 이용할 기회를 주신 이명은 선생님께 깊은 감사 말씀을 드린다.

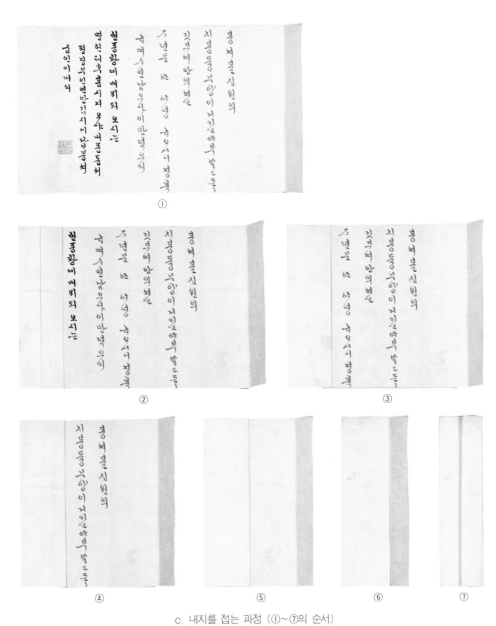

c. 내지를 접는 과정 （①～⑦의 순서）

[자료 3-03] 명헌왕후(明憲王后) 언간[5]

단봉의 경우 한문 간찰에서는 별도의 봉투를 만들지 않고 내지가 봉투를 겸하도록 하는 경우가 있다. 다음 (4)의 예에서 보듯이 "내지에 사연을 쓰고 다 접은 다음 그 접은 곳이 곧바로 보통의 피봉[=봉투]처럼 똑같이 중간을 기점으로 하여 좌우에 수급자와 발급자에 대한 사항을 쓰고 아래 봉함처에 해당하는 곳에 착명하고 근봉류의 글자를"(김효경 2005 : 53) 쓰는 것이다. 이러한 방식을 사용하면 최종적으로 (4c)와 같은 모양이 만들어지는데 이것은 상하단의 봉함처(封織處)만 없을 뿐 별도의 종이를 사용하여 만든 봉투와 거의 다름없는 모습을 갖추게 된다.

(4) 내지가 봉투를 겸한 한문 간찰의 예

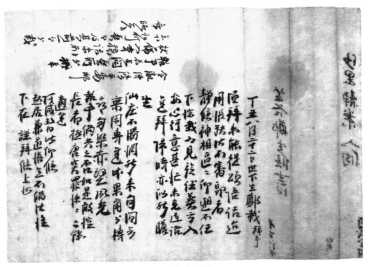

a. 내지 앞면

---

5) <명헌왕후 언간(19세기 후반) : 명헌왕후(동서) → 연안김씨(동서)>. 언간의 서지 사항과 판독문에 대하여는 황문환(2012b : 179) 참조.

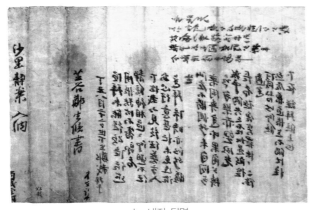

b. 내지 뒷면   c. 내지를 활용한 봉투

설명 (a)에서 접힌 자국이 보이는 대로 내지를 접어 가면 결국 (c)와 같은 모습이 된다. 중앙선을
기점으로 할 때 '芝谷 鄭生 候書'(발신자 표시)가 왼쪽에, '沙里 靜案 入納'(수신처 표시)이
오른쪽에 오고, '省式謹封'이 하단 중앙에 나타난 모습을 볼 수 있다.

[자료 3-04] 정재(鄭栽) 간찰6)

　이렇게 내지가 봉투를 겸하도록 하는 방식은 "상대방과 서로 격식을 따지지
않거나 거리 또는 친분이 가까운 사람, 급하게 간찰을 상대방에게 보낼 때"(김효
경 2005 : 51) 주로 활용되었다. 한문 간찰에 비해 언간은 (친밀함이 전제되는) 친족
간에 주고받는 경우가 대부분이므로 위와 같이 내지가 봉투를 겸하는 방식이
훨씬 빈번하였다. 다음 (5)는 남편이 아내에게 보낸 언간의 예인데 앞서 (4)의 한
문 간찰과 거의 동일한 방식이 적용된 것을 볼 수 있다.

---

6) 지곡(芝谷)에 사는 정재(鄭栽, 1720~1788)가 1757년 8월 22일 사리(沙里)로 보낸 한문 간찰이다. 국립
중앙도서관 소장(자료 번호 [규-1141]).

(5) 내지가 봉투를 겸한 언간의 예

a. 내지 앞면

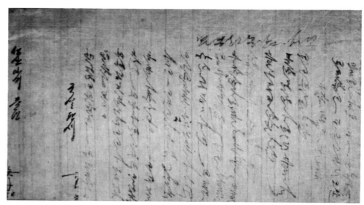

b. 내지 뒷면

c. 내지를 활용한 봉투

설명 (a)에서 접힌 자국이 보이는 대로 내지를 접어 가면 결국 (c)와 같은 모습이 된다. 중앙선을 기점으로 할 때 '국실 평서'(발신자 표시)가 왼쪽에, '선산 아니 즉뎐'(수신처 표시)이 오른쪽에 오고, 발신자의 착명(着名)이 아랫 부분에 횡(橫)으로 걸쳐지는 모습을 볼 수 있다.

[자료 3-05] 송익흠(宋益欽) 언간7) (박부자 2014c : 70)

---

7) <송익흠 언간[송준길가−60](1726~1757년) : 송익흠(남편) → 여흥민씨(아내)>, 대전역사박물관 소장.

내지를 위해 봉투를 별도로 만들 경우에는 내지 크기에 맞추기도 하지만 내지
의 절반 내지 그 이하의 크기로 보다 작게 만들기도 하였다. 이때는 세로로 접힌
내지를 상하 중간이 되는 위치에서 다시 반으로 접고 이 크기에 맞춰 봉투를 만
드는 경우가 많았다. 이렇게 만든 봉투는 세로로 긴 장방형(長方形)의 원래 모양
(6a, 6b) 대신 아래에서 보듯이 (가로 폭은 변함없이) 세로 길이가 절반으로 된 반(半)
장방형 모양(6c)을 띈다. 경우에 따라서는 내지를 세로로 다시 한번 접고 봉투를
이에 맞춰 더욱 소형(6d)으로 만들기도 하였는데 초기로 올라갈수록 종이가 귀한
사정을 반영하여 이러한 반 장방형 내지 소형 봉투가 보다 자주 사용되었을 것
으로 추정된다.

(6) 봉투의 여러 모양
　　a. 장방형 봉투

내지　　　　　　　　　　　　　　봉투

설명 내지 뒷면에 '보아 즉던'(수신자 표시)과 '힝등 츌'(발신자 표시)이 적혀 봉투를 겸할 수 있도
　록 되어 있다. 그럼에도 별도의 봉투가 마련되어 '보아 즉던'(수신자 표시)과 '송촌 츌'(발신자
　표시) 및 착명(着名, 발신자 송익흠의 이름자 중 '益'을 변형)이 나타난 것을 볼 수 있다.

[자료 3-06] 송익흠(宋益欽) 언간[8]

---

8) <송익흠 언간[송준길가-59](1755~1757년) : 송익흠(남편) → 여흥민씨(아내)>, 대전역사박물관 소장.

b. 장방형 봉투

내지   봉투

（설명） 봉투에 '본가 즉뎐'(수신자 표시)과 '긔쳑 상장'(발신자 표시) 및 착명(着名, 김정희의 자 '元春'), '근봉'이 나타난 것을 볼 수 있다.

[자료 3-07] 김정희(金正喜) 언간[9]

c. 반 장방형 봉투

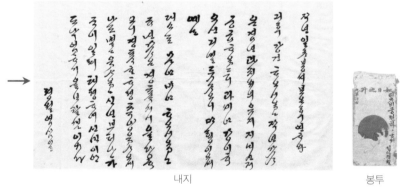

내지   봉투

（설명） 내지의 중간에 상하로 반을 접었던 흔적이 보인다.(→ 표시 위치)

[자료 3-08] 순명효황후(純明孝皇后) 언간[10]

---

9) <김정희 언간[추사-15](1829년) : 김정희(남편) → 예안이씨(아내)>, 국립중앙박물관 소장.
10) <순명효황후 언간[순명효황후-06](1902년경) : 순명효황후(세자의 어머니) → 김상덕(세자의 스승)>,

d. 소형 봉투

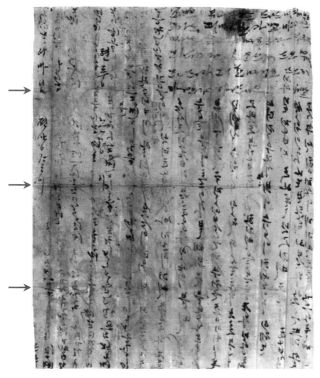

[자료 3-09] 현풍곽씨(玄風郭氏) 언간의[11] 내지(뒷면)

[자료 3-10] 현풍곽씨
(玄風郭氏) 언간의[12] 봉투

설명 오른쪽은 봉투를 펼쳐 놓은 것이다. 접으면 중앙선을 기점으로 '어마님전 샹술이'(수신자 표시)가 오른쪽에, '논공이'(발신자 표시)가 왼쪽에 나타난다. 딸이 보낸 다른 언간에 보면 내지가 상하로 여러 번 접혔던 흔적이 뚜렷하게 남아 있는데(→ 표시 위치) 이 내지를 다시 봉투에 넣었다면 이러한 소형 봉투에 넣었을 것으로 추정된다.

한국학중앙연구원 장서각 소장.

11) <현풍곽씨 언간[진주하씨묘-133/곽씨-130](1623년) : 현풍곽씨(딸) → 진주하씨(어머니)>, 국립대구박물관 소장. 내지 크기 : 36.0×27.9cm (세로×가로)

12) <현풍곽씨 언간["진주하씨묘 출토 언간" 025](17세기 전기) : 현풍곽씨(딸) → 진주하씨(어머니)>. 국립대구박물관 소장. 봉투 크기 : 12.0×10.2cm (세로×가로, 펼친 상태의 크기)

기존 연구에서는 별도로 봉투가 만들어진 경우를 별봉(別封), 내지가 봉투를 겸하도록 된 경우를 자봉(自封)이라 하여 봉투의 종류를 구분하기도 하였다.(김일근 1986/1991, 이종덕 2010 등) 이러한 구분을 수용한다면 언간의 봉투는 대략 아래와 같이 분류해 볼 수 있을 것이다.

```
            ┌단봉(單封) ┌별봉(別封) : 별도로 봉투를 만든 경우
      봉투 │          └자봉(自封) : 내지가 봉투를 겸한 경우
            └중봉(重封) : 단봉을 거듭한(다시 싼) 경우
```

3.1.2. 봉투의 구성과 격식

한문 간찰의 경우 봉투는 크게 ① 수신자, ② 발신자, ③ 봉함(封緘), ④ 착명(着名) 등 네 부분으로 구성된다.(김효경 2005 : 89) 언간의 봉투도 언문으로 적힐 뿐 구성 요소는 마찬가지라 할 수 있는데 우선 한문 간찰을 예로 들어 봉투의 구성 요소를 도식화하면 대략 다음 (7)과 같다. 이하에서는 번호로 표시된 각 구성 요소와 관련하여 봉투에 적용되는 격식을 간략히 설명하기로 한다.

(7)의 도식에서 ①과 ②는 편지의 수신자(혹은 수신처)와 발신자(혹은 발신처)를 밝혀 주는 부분이다. 도식에서 보듯이 중앙선을 기준으로 오른쪽에는 수신자, 왼쪽에는 발신자를 적는 경우가 보통인데 발신자는 수신자보다 낮게 적어 즉 우존(右尊)을 하는 것이 원칙이었다. 중앙선을 기준으로 수신자와 발신자가 나뉘는 것은 봉투의 제작 과정과 밀접한 관련이 있다. 봉투는 종이 하나를 가지고 제작하기 때문에 마지막에 중앙을 기준으로 양끝이 겹치게 되는데 이것이 바로 수신자와 발신자를 구분하는 기준선이 되는 것이다.

(7) 봉투 도식 (김효경 2005 : 55)

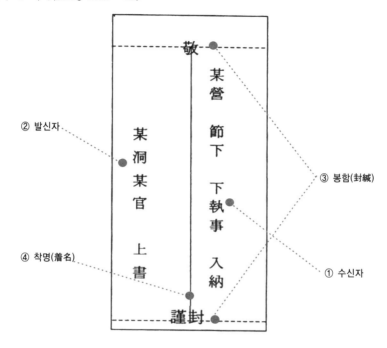

③은 봉투를 제작하는 과정에서 위쪽과 아래쪽에 각각 종이가 접히는 부분이다. 이곳을 소위 봉함처(封緘處)라고 하는데 이곳에 특별한 글자를 쓰거나 발신자의 인장(印章)을 찍었다. 도식에서는 '敬'이라는 글자가 나타났지만 언간에서는 글자를 쓸 경우 "삼가 봉함"의 의미로 '근봉(謹封)'을 주로 적고 수신자가 손아래이면 '근봉' 대신 '봉'만 적는 것이 원칙이었다. 인장은 봉투의 상단 봉함처에 찍는 경우가 많은데 이러한 '봉함인(封緘印)'은 "다른 사람이 볼 수 없도록 하기 위해서이며, 또 하나는 발신자를 표시하는 일종의 신표와 같은 역할을 하기 위해서"(김효경 2005 : 84) 사용되었다.

④는 봉투의 하단 봉함처에 착명(着名), 곧 이름을 둔 부분이다. 박세채(朴世采, 1631~1695)의 『南溪集』에 의하면 "시속(時俗)에 그 이름자의 본획(本劃)을 생략하

거나 변화시켜 서신(書信)의 봉함처에 쓰는 것을 착명(着名)이라고 한다"라고 하였
는데, 이에 따르면 착명은 이름자를 바탕으로 만드는 것임을 알 수 있다.(박준호
2003 : 230)

앞의 도식 (7)에서 예시한 ① 수신자, ② 발신자, ③ 봉함(封緘), ④ 착명(着名)
등 네 부분은 아래와 같은 추사(秋史) 김정희(金正喜) 언간의 봉투에서 그 예를 쉽
게 확인할 수 있다. 이 봉투는 추사가 부인 예안이씨(禮安李氏)에게 보낸 언간의
것인데, 아래에서 중앙선을 기준으로 오른쪽에는 '본가 즉뎐'이라는[13] 수신자 표

(8) 봉투의 격식과 그 실례 (언간)

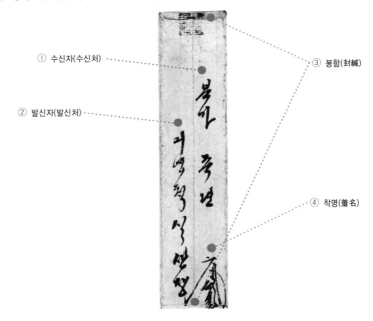

① 수신자(수신처)
② 발신자(발신처)
③ 봉함(封緘)
④ 착명(着名)

[자료 3-11] 김정희(金正喜) 언간[14]

---

13) '본가 즉뎐'은 '本家卽傳'을 표기한 것으로, 수신처 본가(本家)에 편지를 쓴 즉시 당일(當日)로 전한
다는 의미이다.

시가, 왼쪽에는 (오른쪽보다는 낮게) '긔칙 샹장'이라는[15] 발신자 표시가 적혀 있다. 또한 봉투 상단의 봉함처에는 네모난 봉함인이 찍히고 하단의 봉함처에는 '근봉'과 함께 '元春'(추사의 字)이라는 착명이 나타난 것을 볼 수 있다.

물론 모든 봉투가 이렇듯 네 부분을 모두 갖추어 나타나는 것은 아니다. ②가 생략되고 ①만이 표시되는가 하면 ③의 봉함인이나 ④의 착명(着名)이 아예 표시되지 않은 경우도 많다. 위에 예시한 추사 언간만 하더라도 부부간(夫婦間)이라는 동일한 관계 속에 사용된 봉투임에도 불구하고 아래 (9)와 같이 다양한 경우가 나타나는 것을 볼 수 있다.

(9) 간소화된 봉투의 예

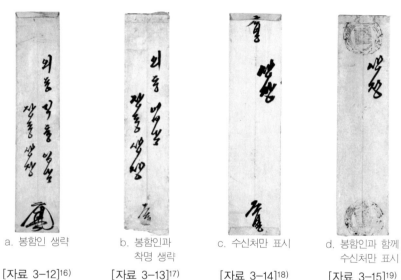

a. 봉함인 생략	b. 봉함인과 착명 생략	c. 수신처만 표시	d. 봉함인과 함께 수신처만 표시
[자료 3-12][16]	[자료 3-13][17]	[자료 3-14][18]	[자료 3-15][19]

---

14) <김정희 언간[추사-17](1828년) : 김정희(남편) → 예안이씨(아내)>, 국립중앙박물관 소장.
15) '긔칙 샹장'은 '箕冊上狀'을 표기한 것으로, 기영(箕營) 곧 평양 감영의 칙실(冊室)에서 보낸 편지를 의미한다.
16) <김정희 언간[추사-12](1828년) : 김정희(남편) → 예안이씨(아내)>, 국립중앙박물관 소장.

봉함처에 사용되는 도장이나 착명은 경우에 따라 내지에 나타날 수도 있다. 도장이나 착명은 결국 발신자를 드러내는 일종의 신표와 같은 역할을 하기 때문에 내지에 나타날 경우 발신 일자 다음 발신자를 표시하는 부분에 잘 나타난다.

   (10) 도장이나 착명이 내지에 나타난 경우

      a. 내지에 사용된 도장의 예 (왕실 언간)

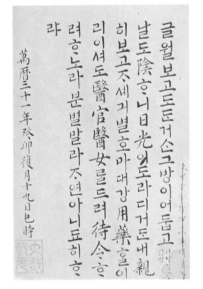

> 설명 발신일자 아래에 '大哉乾元'이라는 글귀의 네모난 도장이 찍혔다.

[자료 3-16] 선조대왕(宣祖大王) 언간[20]

---

17) <김정희 언간[추사-13](1828년) : 김정희(남편) → 예안이씨(아내)>, 국립중앙박물관 소장.
18) <김정희 언간[추사-20](1840년) : 김정희(남편) → 예안이씨(아내)>, 국립중앙박물관 소장.
19) <김정희 언간[추사-06](1818년) : 김정희(남편) → 예안이씨(아내)>, 국립중앙박물관 소장.
20) <선조대왕 언간[선조-01](1603년) : 선조(아버지) → 정숙옹주(딸)>, 서울대 규장각 소장.

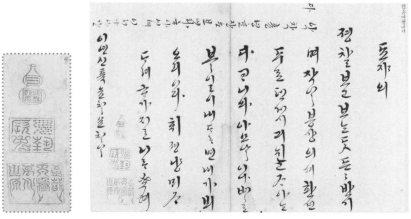

'大哉乾元'이 새겨진 호리병 모양 도장 아래 '尤執厥中', '至哉太極萬化之源'이라는
글귀의 네모난 도장이 연이어 찍혔다.

[자료 3-17] 현종대왕(顯宗大王) 언간[21]

b. 내지에 사용된 도장의 예 (역관 언간)

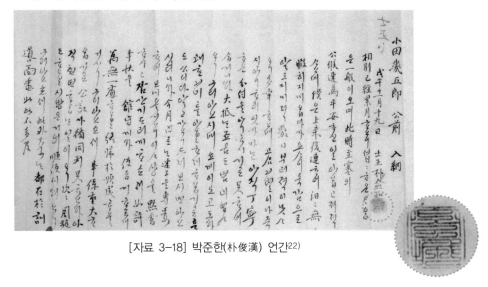

[자료 3-18] 박준한(朴俊漢) 언간[22]

---

21) <현종대왕 언간[숙명-10](1661년) : 현종(남동생) → 숙명공주(누나)>, 국립청주박물관 소장.

c. 내지에 사용된 착명의 예

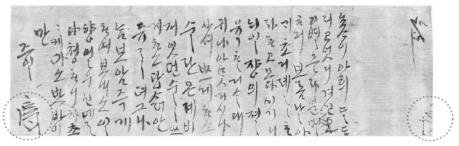

설명 이름자 '澍'를 변형한 착명이 봉투(자봉)와 내지 양쪽에 쓰였다.

[자료 3-19] 곽주(郭澍) 언간[23]

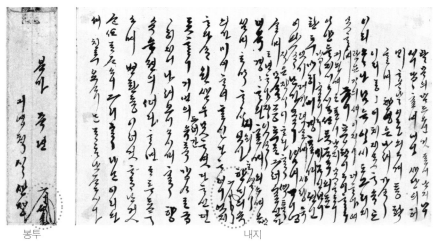

봉투   내지

설명 '元春'이라는 호를 이용한 착명이 봉투와 내지 양쪽에 쓰였다.

[자료 3-20] 김정희(金正喜) 언간[24]

22) <박준한 언간(1798년) : 박준한(조선 통사) → 오다 이쿠고로(일본 통사)>, 일본 대마역사민속자료관
    소장. 언간의 자세한 서지 사항과 판독문에 대하여는 長崎縣敎育委員會(2015 : 23, 47~48, 304~
    305) 참조.
23) <곽주 언간[진주하씨묘-057/곽씨-55](17세기 전기) : 곽주(남편) → 진주하씨(아내)>, 국립대구박물
    관 소장.

위에서 (10a)는 내지에 도장이 사용된 경우이다. 왕실 언간에서만 도장이 사용된 것을 볼 수 있는데 선조대왕 언간에서는 발신 일자 아래에 네모난 도장 1개가, 현종대왕 언간에서는 발신 일자 옆에 3개의 도장이 연이어 찍힌 것을 볼 수 있다. (10b)는 18세기 후반에 활약한 역관(譯官) 박준한의 언간이다. 발신자를 '士正 朴僉知'라 한 아래에 네모난 도장이 찍혀 있다. 이와 같이 발신자 성명 아래 다시 도장을 찍는 것은 당시 역관들의 언간에 자주 등장한다.

(10a), (10b)와 달리 (10c)는 비슷한 위치에 착명(着名)이 사용된 경우이다. 두 경우 모두 발신 일자 다음에 발신자 표시를 대신하여 나타나고 있는데 이러한 착명은 특히 남편이 아내에게 보낸 언간에 집중적으로 나타나는 것이 특징이다. 예시 자료에서는 동일한 모습의 착명이 (각각 자봉과 별봉의) 봉투 부분에도 등장하는 것을 관찰할 수 있다.

---

24) <김정희 언간[추사-17](1828년) : 김정희(남편) → 예안이씨(아내)>, 국립중앙박물관 소장.

3.2. 내지(內紙)

3.2.1. 내지의 구성

한문 간찰의 경우 사연을 적는 내지는 내용상 크게 세 부분으로 구성된다고 보는 것이 보통이다.(심경호 2006 : 337)

① 전문(前文) : 칭호와 존숭어 (받는 사람에 대한 칭호와 존숭어)
　　　　　　　 인사어 (존경의 뜻, 정중한 태도, 겸손의 말을 표시)
② 본문(本文) : 주된 내용을 서술
③ 후문(後文) : 진중어 (자중자애를 권함)
　　　　　　　 청안어 (기원의 뜻을 말함)
　　　　　　　 월일
　　　　　　　 성명

위의 구성은 특히 친구간의 한문 간찰에 나타나는 것이지만 전체적인 구성은 여느 언간의 경우에도 비슷하게 적용해 볼 수 있다. 아래는 사대부가에서 남편이 아내에게 보낸 언간인데 위 ①~③의 구분에 준하여 내용을 나누어 보면 대략 다음 (11)과 같다.

①은 안부를 묻는 전문(前文) 부분에 해당한다. 여기서 전문이 시작하는 부분의 위치에 주목할 필요가 있다. 내지의 오른쪽 끝에서 바로 시작하는 것이 아니라 의도적으로 여백을 두고 내지의 위쪽 끝에서도 어느 정도 여백을 두고 시작하기 때문이다. 이는 사연을 쓰기 전에 미리 내지가 봉투를 겸할, 곧 자봉(自封)을 할 여지를 감안한 것일 수도 있고 사연이 넘치거나 추기(追記)를 해야 할 경우를 대비하여 그에 필요한 여백을 예비한 것일 수도 있다.

②는 본문(本文) 부분에 해당한다. 위에 예시한 언간에서는 본문의 사연이 그리 길지 않아 내지 앞면만 사용하고 있지만 사연이 긴 경우는 미리 남겨 둔 여백을 활용하거나 내지의 뒷면까지 활용하여 사연을 적는 경우도 보인다.(여백을 활용하는 방식에 대하여는 사연을 적는 순서와 관련한 격식에서 자세히 설명할 것이다.)

③은 후문(後文) 부분에 해당한다. 편지 쓰기를 마치는 결어(結語) 다음에 우측 여백으로 돌아와 발신 일자와 발신자('가옹')가 표시되고 그 아래에는 발신자의 착명(着名)이 나타난 것을 볼 수 있다.[25] 다만 발신 일자가 시작하는 위치는 사연의 각 행이 시작되는 위치보다 훨씬 낮은데 이는 고문서 작성 시 작성 일자를 이른바 말행(末行)에 위치시키는 것과 동궤의 것이라 할 수 있다.(사연의 각 행 첫머리가 시작하는 부분은 고문서의 평행(平行)에 해당한다.)

(11) 내지의 구성

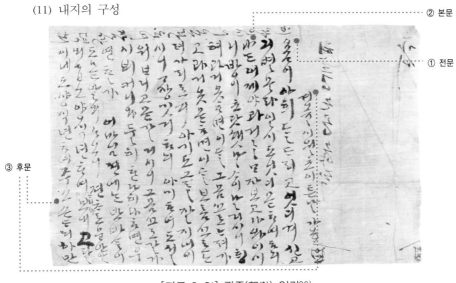

② 본문
① 전문
③ 후문

[자료 3-21] 곽주(郭澍) 언간[26]

---

25) 결국 착명(着名)은 봉투의 봉함처와 내지의 발신자 표시 아래 두 군데에서 관찰된다고 할 수 있다.

3.2.2. 내지의 격식

봉투와 마찬가지로 내지의 사연을 작성하는 데에도 여러 가지 격식이 존재한다. 우선 사연을 적어 나갈 때 여백을 활용하는 순서에 대략적인 격식이 존재하였다.('순서 격식') 또한 발신자가 수신자에 대하여 존대(尊待)나 겸양(謙讓)을 표시하고자 할 때 행이나 글자의 위치에 변화를 주는 등 일정한 격식을 따라야 했고, ('대우 격식') 교정 등을 위하여 부호를 사용하는 경우에도 부호의 모양과 위치에 일정한 격식이 존재하였다.('부호 격식') 아래에서는 이들 격식이 적용된 사례를 언간 실물을 통해 직접 확인하면서 격식의 구체적 내용(곧 종류와 기능)을 설명해 나가기로 한다.

가. 순서 격식

한문 간찰이든 언간이든 여백을 활용하여 사연을 적어 나갈 때 그 순서는 시계 반대 방향으로 돌아가며 여백을 활용하는 이른바 회문식(回文式) 순서를 취한다.(김효경 2005 : 98) 가령 낱장 종이의 앞면만을 이용하여 사연을 적을 경우, 왼쪽 끝(①)에서 마무리되지 못했을 때에는 본문의 위 여백(②→③)으로 올라가 사연을 이어 적고, 그래도 사연이 남으면 시작할 때 남겨 두었던 오른쪽 여백(④)에 이어 적으며, 그래도 사연이 마무리되지 않으면 이미 써 두었던 앞면의 행간(行間) 사이사이(⑤)에까지 이어 적는 것이다. 때문에 아래와 같은 한문 간찰에서 사연을 다 읽으려면 종이(=내지)를 90도씩 시계 반대 방향으로 돌려가며 ①→②→③ →④→⑤의 순서대로 읽어 나가야 사연의 끝 부분에 이르게 된다.(⑤의 끝에 발

---

26) <곽주 언간[진주하씨묘-152/곽씨-15](1610년) : 곽주(남편) → 진주하씨(아내)>, 국립대구박물관 소장.

신 일자('十月 卄六日')와 발신자('在植') 표시가 나타나는 것을 볼 수 있다.)

(12) 한문 간찰의 회문식 순서

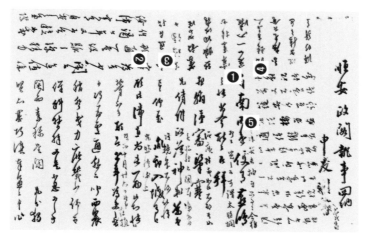

설명 사연을 읽으려면 ①~⑤의 순서로 돌려가며 읽어 가야 한다.

[자료 3-22] 신재식(申在植) 간찰27) (김효경 2005 : 103)

이러한 회문식 여백 활용은 종이가 극히 귀했던 사정 속에 가능한 한 낱장 형태로 사연을 마치려 했던 노력을 반영하는 것이다.(김효경 2005 : 97) 언간에서도 이러한 노력은 예외가 아니어서 다음 (13)과 같이 회문식 순서가 적용된 다양한 사례를 볼 수 있다.

_____

27) 신재식(申在植)이 순안(順安) 수령에게 보낸 한문 간찰로서 사진 자료는 김효경 선생님께서 제공해 주셨다.

(13) 언간에 보이는 회문식 여백 활용의 예

　　a. 여백 활용 ①～⑤

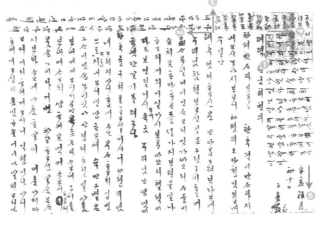

[자료 3-23] 김노경(金魯敬) 언간[28]

　　b. 여백 활용 ①～④

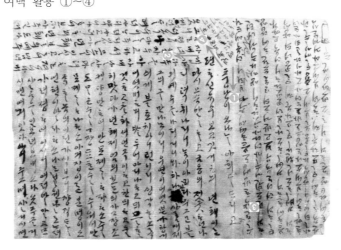

[자료 3-24] 곽주(郭澍) 언간[29]

---

28) <김노경 언간[추사가-26](1791년) : 김노경(아들) → 해평윤씨(어머니)>, 국립중앙박물관 소장.

c. 행간 활용 ①~④

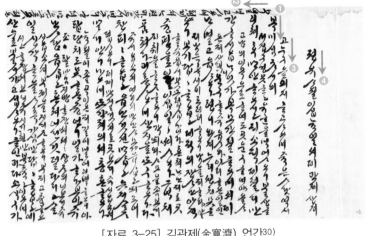

[자료 3-25] 김관제(金寬濟) 언간30)

d. 행간 활용 ①~③

[자료 3-26] 송지수(宋趾洙) 언간31)

---

29) <곽주 언간[진주하씨묘-104/곽씨-21](17세기 전기) : 곽주(남편) → 진주하씨(아내)>, 국립대구박물관 소장.

30) <김관제 언간[추사가-45](1897년) : 김관제(庶弟) → 김한제(嫡兄)>, 국립중앙박물관 소장.

e. 여백과 행간 활용

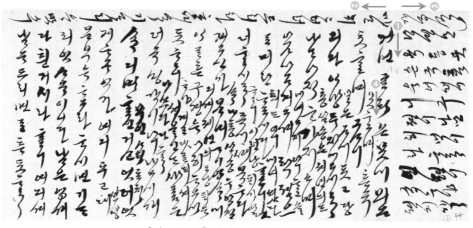

[자료 3-27] 김정희(金正喜) 언간32)

위 (13)에서 언간의 사연은 번호를 붙인 순서대로 읽어 나가야 한다. 특히
(13a)의 언간은 내지 앞면을 90도씩 시계 반대 방향으로 돌려가며 읽어 나가다
결국 사연을 시작하는 처음 방향으로 되돌아오도록 되어 있다. 이는 행간(行間)만
이용하지 않았을 뿐 앞서 예시한 한문 간찰(12)의 경우와 거의 다를 바 없는 순
서를 보여 준다. 이러한 여백 활용은 비교적 이른 시기에 해당하는 (13b)의 진주
하씨묘 출토 언간(17세기 전반)에서도 찾아볼 수 있다. 여기서는 회문식 순서에 따
라 ③의 순서 마지막에 발신일('즈일')을 적고 착명(着名, 곽주의 이름자 '澍'를 변형)까
지 두었지만 추기(追記)할 사연이 있자 다시 남은 여백을 찾아 빗금 방향④으로
사연을 적었다. 글씨를 쓸 여백이 있기만 하면 어떻게든 알뜰하게 활용하려 한
당시 사람들의 노력을 여실히 엿볼 수 있다. (13c)의 언간은 회문식 순서와 함께

---

31) <송지수 언간[송병필가-25](1870년) : 송지수(시아버지) → 전주이씨(며느리)>, 국립민속박물관 소장.
32) <김정희 언간[추사-03](1818년) : 김정희(남편) → 예안이씨(아내)>, 국립중앙박물관 소장.

행간을 활용한 예이다. 차이가 있다면 회문식 순서를 대체로 따르되 행간을 활용할 때는 처음(①)과 동일한 방향을 취한 점이다. 다만 처음 써 내려간 행(①)과 구별하기 위하여 행간의 글자를 작은 크기로 낮추어 적되 시작 위치만큼은 가지런히 일치하도록 하였다. 행간을 모두 활용하고도 마무리하지 못하자 처음에 남겨 둔 오른쪽 여백을 활용한 것도 볼 수 있는데 이때도 써 내려 가는 방향에는 변함이 없다. 발신 일자를 다른 행보다 낮추어 적은 것은 이른바 말행(末行) 위치를 의식한 언간의 격식에 따른 것이다. (13d)의 언간은 행간을 거듭해서 활용한 특이한 예이다. 처음부터 행간을 활용할 생각으로 행간을 여유 있게 잡아 두었다가 처음 행보다 1자를 낮춰 1차(②)로 행간을 활용하고 다시 2자를 낮춰 2차(③)로 행간을 활용하였다. 행간을 활용할 때마다 시작 위치를 달리하면서 글씨 크기도 작게 하여 읽어 나가는 데 가급적 혼란이 없도록 한 것을 볼 수 있다. 발신 일자는 (이전 행보다 다시 1자 정도를 낮춰) 말행 위치에서 시작한 뒤 '이곳 송 상장'이라는 발신자 표시로 마무리하였다. (13e)의 언간은 추사 언간의 예인데 회문식 순서를 지키면서 행간까지 알뜰하게 활용한 예를 잘 보여 준다. 발신 일자는 역시 말행 위치에서 시작하고 '상장'이라는 발신자 표시로 마무리한 것을 볼 수 있다.

나. 대우 격식

편지에서는 발신자와 수신자의 대면(對面) 상황이 전제되는 만큼(자세한 논의는 후술 5.3. 참조) 적절한 대우 관계를 표시하는 일정한 격식이 존재한다. 발신자의 존대(尊待) 의사를 표시하는 대두법(擡頭法)과 간자법(間字法), 발신자의 겸양(謙讓) 의사를 표시하는 차소법(差小法) 등이 바로 그것으로, 아래에서는 언간 실물을 통하여 이들 대우 격식의 내용과 사례를 구체적으로 소개한다.

① 대두법(擡頭法)

대두법(擡頭法)은 관련 인물에 대한 존대를 표시하기 위하여 행(行)을 바꿈과 동시에 다른 행(行)보다 글자를 올려 적는 방법을 이른다.[33] 대두법은 주로 존대 대상과 관련된 체언(體言)이나 존대 대상의 행위나 상태와 관련된 용언(用言)에 적용되는데 올려 적는 글자 수만큼 존대 정도에 차등을 보이기도 한다.[34] 이러한 대두법은 비단 간찰에만 적용되는 것이 아니라 공사(公私) 문서를 비롯하여 일반 판본(版本) 자료에서 보편적으로 관찰된다. 아래 (14)는 목판본으로 간행된 『천의소감언해(闡義昭鑑諺解)』(1756)의 대두법을 예시한 것인데 같은 대두법을 적용하면서도 올려 적는 글자에 차이가 있는 것을 볼 수 있다.

(14) 판본 자료의 대두법

[자료 3-28] 『천의소감언해』(권1 : 闡義昭鑑進箚諺解 3b~4a)

---

33) 이복규(1996 : 461)에서는 "주체 자신 또는 그 주체의 행위와 관련된 글자가 나올 경우, 해당 글자를 줄을 바꾸어 쓰되, 다른 줄의 첫 글자보다 1~3자 높여서 쓰는 방식"으로 정의하였다.

34) 유탁일(1989 : 107~108)에서는 올려 적는 글자 수에 따라 '단대(單臺)', '쌍대(雙臺)', '삼대(三臺)'의 방법을 소개하고 "우리나라에서는 세 자리 높이는 삼대법(三臺法)은 거의 없고 두 자리 높이는 '쌍대(雙臺)'와 한 자리 높이는 '단대(單臺)'만을 주로 사용하고 있다."고 지적하였다.

위 (14)에서 2자를 올려 적은 '뎐하(殿下), 하늘, 조종(祖宗)' 등은 존대 대상 자체를 가리키는(곧 존대 대상과 직접 관련되는) 체언에 해당한다. 이에 비해 1자를 올려 적은 '쳐분(處分), 국가(國家)' 등은 존대 대상 자체라기보다는 존대 대상과 속성상 관련되는 체언이라 할 수 있다. 일률적으로 판단을 하기는 어렵지만 올려 적은 글자 수가 존대 대상과 직접 관련되는 정도를 반영하고 그에 따라 존대 정도의 차등과 관련될 가능성을 엿볼 수 있다.

언간 자료는 어느 자료보다 대우 관계에 민감한 만큼 존대 의사를 표시하기 위해 대두법이 적용된 예를 쉽게 관찰할 수 있다. 아래 (15)는 왕실 언간의 예인데 발신자인 효종(孝宗)이 '웃뎐' 곧 대비(大妃)와[35] 관련한 여러 표현에 대두법을 적용하고 있다.

(15) 언간 자료의 대두법

[자료 3-29] 효종대왕(孝宗大王) 언간[36]

---

35) 예시된 언간에서는 수신자를 '웃뎐'으로 표시하고 있는데 이종덕·황문환(2011 : 76)에서는 "임금인 효종이 시위(侍衛)하는 대상으로서 '웃뎐'이라고 지칭할 수 있는 이는 당시 대비(인조의 계비, 효종의 계모)였던 장렬왕후 조씨(莊烈王后 趙氏)이다. 장렬왕후는 숙명공주, 숙휘공주 등과 친하게 지내었는데, 이 편지를 쓸 때 숙명공주 집에 가 있었던 듯하다."고 하였다.

위 (15)에서 대두법이 적용된 표현은 '웃뎐'과 같은 체언 외에 '시위ㅎㅤㅂㅗㅂ고, 싱각ㅎㅗ시랴' 등 용언에도 적용되었다. '싱각ㅎㅗ시랴'는 '웃뎐'이 주체가 되는 행위와 관련되고, '시위ㅎㅤㅂㅗㅂ고'는 '시위(侍衛, 모시어 호위함)'의 의미상 '웃뎐'을 객체로 하는 행위와 관련된다. '웃뎐'이 존대 대상을 직접 지시하는 점을 감안하면 앞서 (14)의 판본 자료에 따를 때 2자 정도를 올려 적을 법하나 다른 예와 마찬가지로 1자 정도를 올려 적는 데 그쳤다. 이와 같이 언간 자료에서는 대두법을 적용하더라도 올려 적는 글자 수에 차등을 두거나 하는 예가 거의 발견되지 않는 특징이 있다. 판본 자료와 달리 언간 자료에서는 행의 위치나 글자의 크기를 일정하게 유지하기 어려운 사정이 반영되지 않았을까 한다.

이에 더하여 언간 자료에서는 글자를 올려 적는 일 없이 행(行)만 바꾸어 적는 것으로 대두법이 실현되는 경우도 있다. 다음 (16)의 예가 바로 그러한데, '대두(擡頭)'의 원의(原義)가 "머리를 들어 올림"이라는 점을 감안할 때 행만 바꾸는 이러한 대두법을 이행법(移行法) 혹은 이행식(移行式)이라 하여 특별히 달리 명명하는 경우도 있다.(김일근·황문환 1998, 이종덕 2010 : 158) 언간 자료에서는 글자를 올려 적는 효과가 별반 가시적(可視的)이지 못하여 이렇듯 '이행(移行)'만으로 대두법이 실현되는 예가 다른 문헌 자료에 비해 빈번하게 나타난다. 다음 (16)에서 점선을 친 부분('글월, 친후, 졔ᄉᆞ')은 행이 바뀌었지만 다른 행에 비해 글자를 올려 적거나 하지는 않은 것을 분명히 볼 수 있다.

---

36) <효종대왕 언간[숙명-09](1652~1659년) : 효종(아버지) → 숙명공주(딸)>, 국립청주박물관 소장.

(16) ‘이행(移行)’만으로 실현된 언간 자료의 대두법

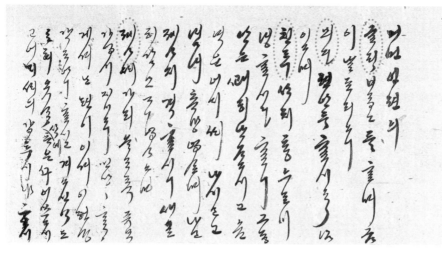

[자료 3-30] 김정희(金正喜) 언간37)

② 간자법(間字法)

간자법(間字法)은 대두법에서 일단 행을 바꾸는 것과 달리 행(行)을 바꾸지 않는 대신 존대 대상과 관련된 체언이나 용언 바로 위에 글자 간격만큼 빈칸을 두어 존대하는 방법을 이른다. 대두법에서 올려 적는 글자 수가 다를 수 있는 것처럼 간자법에서도 비워 두는 글자 수(곧 간격의 크기)에 차등을 줄 수도 있다.38) 기존 논의에서는 격자법(隔字法), 격간법(隔間法)(김일근·황문환 1998 등), 공격(空格)(유탁일 1989 : 198, 이복규 1996 : 470) 등 여러 가지 다른 명칭으로 부르기도 하였다. 이러

---

37) <김정희 언간[추사-08](1818년) : 김정희(남편) → 예안이씨(아내)>, 국립중앙박물관 소장.
38) 『전율통보(典律通補)』와 같이 고문서 규식(規式)을 모아 놓은 책에서는 의도적인 빈칸을 두어야 할 때 반드시 ‘間一字’, ‘間二字’ 식으로 글자 수를 포함시켜 표시하였다. 본서에서 빈칸과 관련한 격식을 ‘간자법(間字法)’으로 명명한 것은 여기에 근거를 둔 것이다. 대두법(擡頭法)의 경우에 비추어 볼 때 간자법 표시에 포함된 글자 수는 곧 존대 정도와 같은 모종의 차이와 연관될 가능성이 있다.

한 간자법 역시 공사(公私) 문서를 비롯하여 일반 판본(版本) 자료에서 보편적으로
관찰되는데, 아래 예시한 언간에서도 대두법과 함께 존대 대상과 관련된 표현
앞에 간자법이 적용된 예를 살필 수 있다.

(17) 언간 자료의 간자법(間字法)

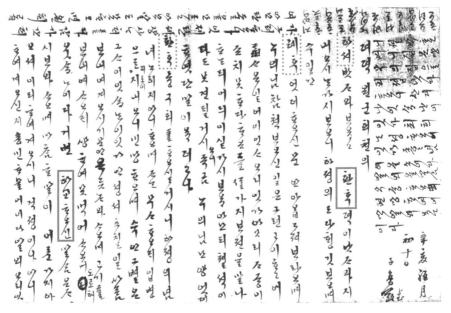

[자료 3-31] 김노경(金魯敬) 언간39) (이종덕 2004 : 16)

대두법과 간자법은 표시 방법에 차이가 있기는 하나 두 격식 사이에 존대 기
능상 어떠한 차이가 있었는지는 분명치 않다. 위에서 점선 네모 상자 안의 '하셔,
테후, 환후'는 대두법이 적용된 예이고, 실선 네모 상자 안에 들어 있는 '환후,

---

39) <김노경 언간[추사가-26](1791년) : 김노경(아들) → 해평윤씨(어머니)>, 국립중앙박물관 소장.

안, 하교흐오신'은 간자법이 적용된 예이다. 이들 표현은 모두 수신자인 어머니 (해평윤씨)와 관련된 체언이나 용언이기 때문에 대두법이나 간자법이 적용된 것이라 할 수 있다. 그런데 동일한 '환후'에 한번은 간자법, 한번은 대두법이 적용되고 있어 간자법과 대두법의 존대 정도에 일관되고 엄격한 차이가 있었던 것은 아님을 짐작할 수 있다. 이러한 점 때문에 고문서(古文書) 규식(規式)에서는 존대 기능을 수행하는 공통점을 우선시하여 대두법과 간자법을 한데 묶어[40) 평궐식(平闕式)으로 부르기도 한다. 이때 '평(平)'은 "행을 바꾸는 것" 곧 '대두(擡頭)'를, '궐(闕)'은 "글자를 비워 두는 것" 곧 '간자(間字)'를 의미한다.(김효경 2005 : 104) 그러나 표시 방법에 차이가 있고 이를 각각 다른 명칭으로 부르고 있는 만큼 대두법과 간자법 사이에 기원적으로나 현실적으로나 어떠한 기능 차이가 있었는지 앞으로 사례 분석을 통해 면밀하게 점검할 필요가 있다.

③ 차소법(差小法)

언간에서는 존대 표시 외에 발신자가 자신의 겸양(謙讓) 의사를 표시하고자 할 때에도 일정한 격식을 따라야 한다. 아래 예시한 (18)에서 보듯이 자신을 가리키는 단어('신'[41))를 다른 글자의 절반 크기로 작게 적되 행(行)의 오른쪽 끝에 치우쳐 적는 방법이 그것이다.

---

40) 이러한 관점이 진전되면 간자법을 대두법의 한 가지에 불과한 것으로 보는 입장도 있을 수 있다. 『표준 국어대사전』(국립국어원)에서는 '대두(擡頭)'를 "글을 쓸 때에, 경의(敬意)를 나타내기 위하여 줄을 바꾸어 쓰되, 다른 줄보다 몇 자 올리거나 그 앞을 몇 자 정도 비우고 씀."이라고 풀이하고 있는데 바로 이러한 입장을 대변하는 것이다. 최태영(1990 : 5)과 이종덕(2010 : 158~159)에서도 비슷한 입장이 표명된 바 있다.
41) 왕(王)이 자신을 '신(臣)'으로 칭하고 있는 점에 대해서는 배영환(2009) 참조.

(18) 언간 자료의 차소법

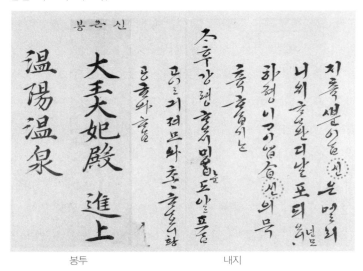

봉투   내지

[자료 3-32] 현종대왕(顯宗大王) 언간[42]

　이상에서 소개한 대우 격식과 관련하여 대두법, 간자법, 차소법 등 모든 대우
격식이 종합적으로 적용된 예를 다음 『(숙휘)신한첩』의 서문에서 잘 확인할 수
있다.(이종덕 2004 : 18)

　아래 (19)에서 '亽조, 뉵셩, 슉묘, 영고, 인현왕후, 당져'는 이행(移行)과 더불어
두 자를 올려 적고, '명(ᄒᆞ여), 은혜, 춍'과 '국가'는 이행과 더불어 한 자를 올려
적어 대두법(擡頭法)을 적용하였다. 이에 비해 '어필, 언찰'과 '어제(ᄒᆞ옵신 시
늏), 친찬(ᄒᆞ옵신 발문), 친히 (밍ᄀᆞᆯᄋᆞ옵신 비단)'은 한 자 간격을 빈칸으로 두
어 간자법(間字法)을 적용하였다. 존대 대상과 관련된 정도에 따라 대두법이나 간

---

42) <현종대왕 언간[명안어필-02](1665~1668년), 현종(손자) → 장렬왕후(할머니)>, 강릉시 오죽헌·시
　립박물관 소장

자법이 차등을 두어 적용되었을 가능성이 엿보여 흥미롭다. 마지막에 서문을 쓴 사람을 밝히는 부분 '외예신진석황공경지(外裔臣晉錫惶恐敬識)'는 시작 위치를 말행(末行)에 맞추는 한편, '신'을 작은 글자로 우측에 치우치게 써서 차소법(差小法)을 적용하였다.

(19) 대두법, 간자법, 차소법이 함께 쓰인 예

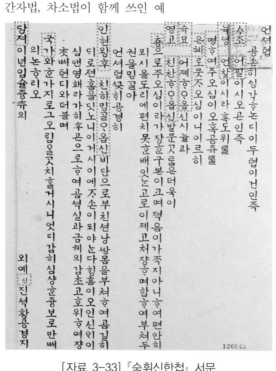

[자료 3-33] 『숙휘신한첩』 서문

다. 부호 격식

언간에서는 여백이나 글자와 관련한 격식(순서 격식, 대우 격식) 외에 운필(運筆)의 노력을 덜거나 잘못된 내용을 교정하기 위하여 구체적인 부호를 사용하는 경우가 있다. 이 경우에도 부호의 모양과 위치와 관련하여 일정한 격식이 존재하는데, 아래에서는 언간 자료에서 특히 사용 빈도가 높은 부호를 중심으로 격식 내용을 소개하기로 한다.

① 반복(反復) 부호(符號)

언간 자료에서 가장 빈번히 접할 수 있는 부호는 단연 반복 부호이다. 반복 부호는 필서상(筆書上) 같은 글자나 어구(語句)를 반복해야 할 때 운필(運筆)의 노력을 덜기 위하여 반복 부분을 대신하여 적는 부호를 이른다. 같은 글자를 반복할 때 쓰는 경우가 많아 흔히 '첩자부(疊字符)'라 부르기도 하며(한글학회 1952 : 65, 이복규 1996 : 464~465 등), 논자(論者)에 따라서는 '동일부호(同一符號)'(유탁일 1989 : 103), '중복 부호'(이건식 2011 : 12)와 같은 용어를 쓰기도 한다. 부호의 모양이 보통 쌍모점(ㆍ)과 유사한 'ㆍ' 모양으로 많이 나타나 부호보다는 점(點)의 일종으로 간주하여 '재점(再點)'이라는 명칭으로 부르기도 한다.(김일근·황문환 1998 : 65, 황문환 2002b : 143~144)

언간 자료에서 반복 부호는 다양한 모양으로 나타난다. 아래 (20)과 같은 'ㆍ' 모양이 가장 일반적이기는 하지만 한 사람의 언간에서도 흘려쓴 정도에 따라 조금씩 다른 모습을 보이는 경우가 많다. 언간에 따라서는 (21)과 같이 단순히 점으로 보기 어려운 형태도 보이고 (22)에서 보듯 ' = '(22a) 모양이나 단선(短線) 모양의 ' ㅣ '(22b)를 비롯하여 1점의 ' ㆍ '(22c~e) 모양도 많이 나타난다. 다만 후대의 방각본(坊刻本) 자료에서 흔히 볼 수 있는 'ㄣ' 모양은 언간 자료에서 발견되지 않는다.(아래 판독문에서 반복 부호는 편의상 ' 〃 '로 통일하여 표시한다. 이하 마찬가지.)

(20) 반복 부호의 일반적인 형태 (﹖)

톡 〃　　든든 〃 가지 〃 섭 〃

[자료 3-34] 인선왕후(仁宣王后) 언간[43]

---

43) <인선왕후 언간[숙명-48](1660년) : 인선왕후(어머니) → 숙명공주(딸)>, 국립청주박물관 소장.

(21) 단순히 점으로 보기 어려운 형태의 반복 부호

a. 주어라 〃

[자료 3-35]
신천강씨(信川康氏)
언간[44]

b. 지극 〃

[자료 3-36]
신천강씨(信川康氏)
언간[45]

c. 깃게라 〃

[자료 3-37]
신천강씨(信川康氏)
언간[46]

44) <신천강씨 언간[순천김씨묘-046](1550~1592년) : 신천강씨(어머니) → 순천김씨(딸)>, 충북대학교 박물관
소장.
45) <신천강씨 언간[순천김씨묘-068](1550~1592년) : 신천강씨(어머니) → 순천김씨(딸)>, 충북대학교 박물관
소장.
46) <신천강씨 언간[순천김씨묘-069](1550~1592년) : 신천강씨(어머니) → 순천김씨(딸)>, 충북대학교 박물관
소장.

(22) 기타 여러 형태의 반복 부호

a. 브딕〃〃호

b. 틱평〃 든〃
축슈〃

c. 든〃

[자료 3-38]
채무이(蔡無易)
언간47)

[자료 3-39]
명성황후(明成皇后)
언간48)

[자료 3-40]
임영(林泳)
언간49)

---

47) <채무이 언간[순천김씨묘-016](1550~1592년) : 채무이(남편) → 순천김씨(아내)>, 충북대학교 박물
관 소장.

48) <명성황후 언간[명성황후-100](1891~1895년) : 명성황후(고모) → 민영소(조카)>, 국립고궁박물관
소장.

49) <임영 언간[창계-13](1649~1696년) : 임영(남동생) → 나주임씨(막내누나)>, 임형택 교수 소장.

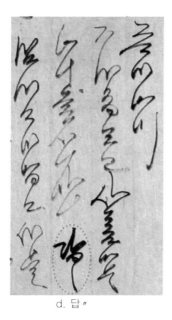

d. 답 〃   e. 동 〃   점 〃

[자료 3-41] 송익흠(宋益欽) 언간50)   [자료 3-42] 김정희(金正喜) 언간51)

위에서 보듯이 반복 부호는 어떤 모양의 것이든 행(行)의 중간 위치에 적는다. 그러나 한 글자가 아니라 여러 글자를 연속해서 반복해야 한다면 부득이 반복 부호를 거듭해서 적는 경우도 발생한다. 이러한 경우에는 반복 부호의 크기를 작게 하고 행의 오른쪽이나 왼쪽에 치우쳐 적되 '우→좌→우…'의 순서로 번갈아 적는 것이 원칙이다. 위에 든 (22a)에서 이미 2회 반복의 예(브디 〃〃호 : '우→좌'의 순서)를 볼 수 있으므로 아래에서는 반복 부호를 3회 거듭한 경우를 보기로 한다.

---

50) <송익흠 언간[송준길가-51](1756년) : 송익흠(남편) → 여흥민씨(아내)>, 대전역사박물관 소장.
51) <김정희 언간[추사-23](1841년) : 김정희(남편) → 예안이씨(아내)>, 국립중앙박물관 소장.

(23) 반복 부호를 거듭하여 적을 경우 (3회 반복)

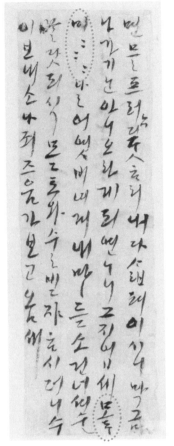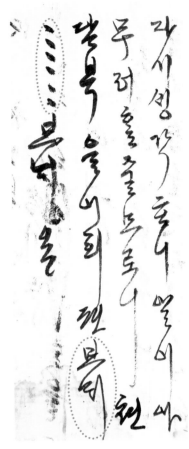

a. 모르미〃〃〃 날 어엿비 녀겨   b. 쳔담복을 이 회편 브듸〃〃〃 보닉옵

[자료 3-43] 채무이(蔡無易) 언간[52]   [자료 3-44] 김노경(金魯敬) 언간[53]

---

52) <채무이 언간[순천김씨묘-160](1550~1592년) : 채무이(남편) → 순천김씨(아내)>, 충북대학교 박물관 소장.
53) <김노경 언간[추사가-25](1791~1793년) : 김노경(남편) → 기계유씨(아내)>, 국립중앙박물관 소장.

위에서 (23a)는 ("모름지기, 반드시"를 의미하는) 부사 '모르미'의 각 글자를 반복한 경우이다. 반복 부호를 거듭 적되 원칙대로 '우 → 좌 → 우'의 순서를 지킨 것을 볼 수 있다. 그러나 원칙을 지키지 않은 경우도 예외적으로 발견된다. (23b)는 ("부디"를 의미하는) 부사 '브디'를 세 번 반복한 경우에 해당하는데 반복 부호를 행의 우측에 치우치도록 적었을 뿐 '우 → 좌 → 우'의 순서를 지키지는 않았다.

반복 부호는 본래 같은 글자가 반복될 때 아래 (24a)와 같이 바로 윗 글자를 대치하는 것이 보통이다.(어절 경계를 넘어서도 적용) 그러나 언간 자료에서는 반복 부호 하나로 한 글자가 아닌 여러 글자를 반복하는 데 사용한 경우도 흔히 볼 수 있다. 다음에 예시한 '순천김씨묘 출토 언간'(16세기 중후반)에서 (24b)는 2음절의 어근('민망')이, (24c)는 2음절의 단어('구디')가, (24d)는 5음절의 어절('보리러니라') 전체가 반복된 것이다.(< > 안의 숫자는 '순천김씨묘출토언간'의 언간 번호를 표시)

  (24) 반복 부호의 반복 단위
    a. 방 닫고 드러 이제우터 이시니 겨을 엇디 〟 내려뇨 <37>
    b. 나리 서늘ᄒᆡ여 가니 명디 몯 기드려 민망 〟 ᄒᆞ니 <053-1>
    c. 아므려나 므ᅀᆞ믈 구디 〟 머거라 <168>
    d. 어르므로 여룰 쓰란디만뎡 아기내도 몯 미처 보리러니라 〟 <169>

반복 부호가 반영하는 반복 단위가 일률적이지 않기 때문에 반복 부호는 경우에 따라 판독상의 문제를 야기할 수 있다. 예컨대, (24a)에서 '엇디 〟 내려뇨'는 '엇디 디내려뇨'로 읽어야 하지만, (24b)의 '민망 〟 ᄒᆞ니'는 '민망민망ᄒᆞ니'로 읽어야 한다. 그런데 '민망민망ᄒᆞ니'를 '민망 〟 〟 ᄒᆞ니'와 같이 글자 수만큼 반복 부호를 사용하는 경우도 있으므로 언간의 반복 부호를 해독할 때에는 문맥을 고려하여야 한다.[54] 한편 위에서 (24a)와 달리 (24b~d)의 예는 (대부분 발신자의 주관적 심정을 나타내는 부분에서 집중적으로 발견되고) 언간 이외의 자료에서는 보기 어려운데 이로 미루어 이곳의 반복 부호는 언간 자료에 특유한 일종의 강화 표현을 구성하는 데 사용된 것으로 볼 수 있다.(황문환 2002b : 143~144, 배영환 2011 : 67~71)

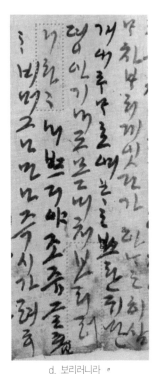

a. 엇디 〃 내려뇨	b. 민망 〃 ᄒ니	c. 구디 〃	d. 보리러니라 〃
[자료 3-45]	[자료 3-46]	[자료 3-47]	[자료 3-48]
신천강씨	신천강씨	신천강씨	신천강씨
언간55)	언간56)	언간57)	언간58)

54) 예컨대 '뒤심 〃 ᄒ다'의 경우 "뒤가 심란하다" 정도를 의미하는 것으로 보아야 문맥이 통한다. 따라서 이곳의 반복 부호는 앞의 '심' 1자를 반복한 것으로 판단하여 ('뒤심뒤심ᄒ다'가 아니라) '뒤심심ᄒ다'로 판독되어야 한다.

55) <신천강씨 언간[순천김씨묘-037](1550~1592년) : 신천강씨(어머니) → 순천김씨(딸)>, 충북대학교 박물관

② 보입(補入) 부호(符號)

　보입 부호는 사연을 적다가 빠뜨린 글자를 나중에 보입(補入)해 넣을 때 보입 위치를 표시하기 위해 사용하는 부호를 이른다. 필사 자료에서는 실수로 글자를 빠뜨리는 경우가 흔하기 때문에 보입 부호는 언간을 포함하여 필사 자료 전반에서 두루 관찰된다. 보입 부호의 모양은 아래에서 보듯이 (25a)와 같은 점(點)이나 (25b~c)와 같이 작은 권(圈, 동그라미)으로 나타나는 것이 일반적이다. 이들 부호를 행(行)의 왼쪽에 표시하여 보입 위치를 지정하면 보입할 글자는 행 오른쪽의 행간(行間)에 작은 글씨로 써 넣게 된다. 이때 보입할 글자는 한 글자일 수도 있고 여러 글자에 걸칠 수도 있다. 그러나 보입 위치를 판단하는 데 혼선을 주지 않는다면 (25d)와 같이 보입 부호가 생략되는 경우도 흔히 있었다.

　보입 부호는 경우에 따라 단순한 점(點)이나 권(圈) 이외에 다른 모양을 취하기도 한다. 다음 (26a)는 보입 부호가 2개의 권(圈)을 겹쳐 놓은 듯한 모양(ᇹ)으로 나타난 경우이다. '송병필가 언간'에서만 보이는 것이 특징인데 여느 보입 부호와 마찬가지로 행의 왼쪽에 나타나 보입 위치만 표시하고 보입할 글자는 행의 오른쪽에 적힌 것을 볼 수 있다. (26b)는 보입 부호가 선(線)으로 나타난 경우이다. 추사 언간에서 여러 차례 사용된 예를 볼 수 있는데 점(點)이나 권(圈)으로 된 보입 부호와 달리 행의 오른쪽을 이용하여 보입 위치를 표시하는 것이 특징이다. 빠뜨린 글자를 보입하는 경우가 대부분이지만 '동〃'의 '〃'과 같이 글자가 아닌 반복 부호를 보입해 넣은 경우도 발견된다.

　소장.
56) <신천강씨 언간[순천김씨묘-053-1](1550~1592년) : 신천강씨(어머니) → 순천김씨(딸)>
57) <신천강씨 언간[순천김씨묘-168](1550~1592년) : 신천강씨(어머니) → 순천김씨(딸), 충북대학교 박물관 소장.
58) <신천강씨 언간[순천김씨묘-169](1550~1592년) : 신천강씨(어머니) → 순천김씨(딸), 충북대학교 박물관 소장.

(25) 보입 부호의 여러 형태

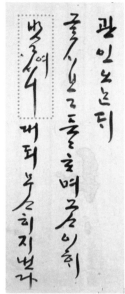
a. 점(點)

b. 권(圈, 동그라미)

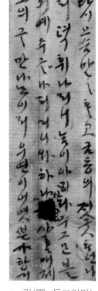
c. 권(圈, 동그라미)

d. 생략

설명 a. '밧고·시니'에서 ·의 위치에 '여'를 보입
  b. '일시의 °비개ᄉ오니'에서 °의 위치에 '뫼시고 잇ᄂ 이 업시'를 보입
  c. '하나 °사ᄅ애'에서 °의 위치에 '한'을 보입
  d. '못 견딜 거시[ ] 즉금'에서 [ ]의 위치에 '오니'를 보입

[자료 3-49]	[자료 3-50]	[자료 3-51]	[자료 3-52]
송요화(宋堯和)	김정희(金正喜)	곽주(郭澍)	김노경(金魯敬)
언간59)	언간60)	언간61)	언간62)

59) <송요화 언간[송준길가-27](1753년) : 송요화(시아버지) → 여흥민씨(며느리)>, 대전역사박물관 소장.
60) <김정희 언간[추사-19](1828년) : 김정희(남편) → 예안이씨(아내)>, 국립중앙박물관 소장.
61) <곽주 언간[진주하씨묘-104/곽씨-21](17세기 전기) : 곽주(남편) → 진주하씨(아내)>, 국립대구박물관 소장.
62) <김노경 언간[추사가-26](1791년) : 김노경(아들) → 해평윤씨(어머니)>, 국립중앙박물관 소장.

(26) 보입 부호의 특수 형태

    a. 2권([圈], 동그라미)

설명 (왼쪽) '칠석제 과구의 **ㄴ** 대과를 ᄒᆞ엿시니'에서 **ㄴ**의 위치에 '니참봉이'를 보입
    (오른쪽) 행간을 활용하여 적은 '이 편지 **ㄴ**고 왓기에'에서 **ㄴ**의 위치에 '가지'를 보입

[자료 3–53]　　　　　　　　　[자료 3–54]
송병필(宋秉弼) 언간[63]　　　　송병필(宋秉弼) 언간[64]

_____

63) <송병필 언간[송병필가–02](1888년) : 송병필(남편) → 전주이씨(아내)>, 국립민속박물관 소장.
64) <송병필 언간[송병필가–08](1889년) : 송병필(남편) → 전주이씨(아내)>, 국립민속박물관 소장.

b. 선(線)

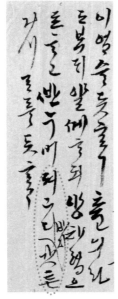　　

(왼쪽) '져고리 ＼ 갓튼 거시 죠흘 듯ᄒᆞᆸ'에서 ＼의 위치에 '바지'를 보입
　　　(오른쪽) '이리 외오서 동＼ ᄒᆞᆸ'에서 ＼의 위치에 반복 부호를 보입

[자료 3-55] 김정희(金正喜) 언간65)　　　[자료 3-56] 김정희(金正喜) 언간66)

　　보입할 내용이 길어 행간(行間)을 이용하기 어려울 때 특수한 방식이 활용된 경우도 보인다. 다음 (27)은 1795년 역관(譯官) 박준한(朴俊漢)과 박치검(朴致儉)이 초고(草稿)로 작성한 각서(覺書)의 일부이다. 보입할 부분에 권(圈, 동그라미)이 표시된 것은 다를 바 없으나 행(行) 오른쪽에 보입할 내용 대신 '△' 표시가 나타난 점이 특이하다. 이러한 '△' 표시는 각서의 왼쪽 맨끝에도 나타나는데 좌측 6행(行) 전

65) <김정희 언간[추사-35](1840년) : 김정희(남편) → 예안이씨(아내)>, 국립중앙박물관 소장.
66) <김정희 언간[추사-23](1841년) : 김정희(남편) → 예안이씨(아내)>, 국립중앙박물관 소장.

체의 내용을 권(圈)으로 표시된 부분에 보입하여 이해하면 문맥이 순통(順通)한다. 결국 '△' 표시는 보입 내용이 너무 길어 행간(行間) 대신 다른 여백을 활용해야 할 때 사용되는 부호라 할 수 있다. 보입할 내용을 '△' 표시의 상호 조응(照應)을 통해 확인하는 방식이 독특하다.

(27) 보입할 내용이 길어 특수한 방식이 활용된 경우

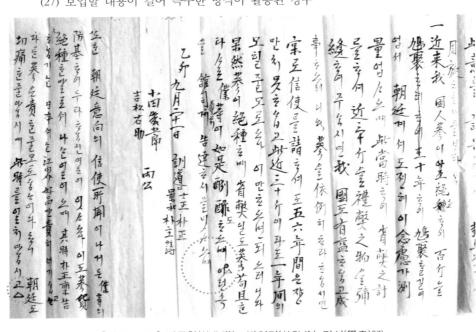

[자료 3-57] 박준한(朴俊漢)·박치검(朴致儉) 각서(覺書)[67]

67) <박준한·박치검 각서(1795년) : 박준한·박치검(조선 통사) → 오다 이쿠고로·요시마츠 우스케(일본 통사)>, 일본 대마역사민속자료관 소장. 자세한 서지 사항과 판독문에 대하여는 長崎縣敎育委員會(2015 : 25, 33~34, 292~293) 참조. 각서는 엄밀한 의미에서 언간과 구분되는 것이나 언간 자료와 함께 전하고 발신자와 수신자가 분명히 드러나 있는 점에서 언간 자료에 넣어 다루었다.

③ 삭제(削除) 부호(符號)

삭제 부호는 보입 부호와 반대로 이미 쓴 글자를 삭제하고자 할 때 삭제 대상을 지정하기 위해 사용하는 부호이다. 보입 부호와 마찬가지로 언간을 포함하여 필사 자료 전반에서 두루 관찰되는데 삭제 부호의 모양은 다음에서 보듯이 다양한 모습을 취하여 나타난다. (28a), (28b)는 낱낱의 글자 위에 점(點)을 찍거나 점보다 약간 길게 빗금을 쳐 삭제 대상을 표시한 것이고, (28c)는 원(圓)이나 호(弧), (28d)는 직선(直線)을 이용하여 각각 삭제 대상을 표시한 것이다. 경우에 따라서는 (28e)와 같이 아무런 부호를 사용하지 않고 해당 글자를 까맣게 뭉개 버리는 것으로 삭제 대상을 표시하는 경우도 있다. 어느 경우든 삭제 후 해당 자리에 다른 글자를 수정하고자 할 때는 수정할 글자를 행 오른쪽의 행간(行間)에 작은 글씨로 써 넣는 것이 일반적이다. 그러나 (28f)와 같이 삭제 대상 위에 덧쓰기를 하여 아예 수정을 해 버리는 경우도 발견된다.

(28) 삭제 부호의 여러 형태

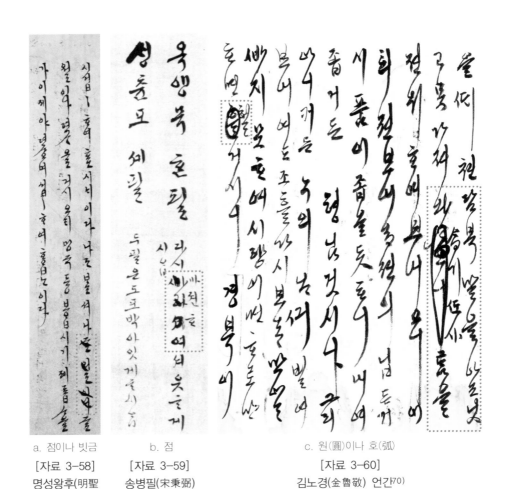

a. 점이나 빗금	b. 점	c. 원(圓)이나 호(弧)
[자료 3-58]	[자료 3-59]	[자료 3-60]
명성왕후(明聖	송병필(宋秉弼)	김노경(金魯敬) 언간70)
王后) 언간68)	언간69)	

---

68) <명성왕후 언간[숙휘-30](1662년) : 명성왕후(올케) → 숙휘공주(시누이)>, 계명대 동산도서관 소장.
69) <송병필 언간[송병필가-15](1890년) : 송병필(남편) → 전주이씨(아내)>, 국립민속박물관 소장.
70) <김노경 언간[추사가-25](1791~1793년) : 김노경(남편) → 기계유씨(아내)>, 국립중앙박물관 소장.

d. 직선 등	e. 뭉개기	f. 덧쓰기 등
[자료 3-61]	[자료 3-62]	[자료 3-63]
임영(林泳) 언간[71]	김노경(金魯敬) 언간[72]	안동김씨(安東金氏) 언간[73]

71) <임영 언간[창계-10](1649~1696년) : 임영(남동생) → 나주임씨(막내누나)>, 임형택 교수 소장.

72) <김노경 언간[추사가-28](1788~1793년) : 김노경(남편) → 기계유씨(아내)>, 국립중앙박물관 소장.

73) <안동김씨 언간[선찰-9-045](1694년) : 안동김씨(어머니) → 송상기(아들)>, 대전역사박물관 소장.

④ 환치(換置) 부호(符號)

환치 부호는 이미 씌어진 글자의 위치를 서로 바꾸고자 할 때 사용하는 부호이다. 고문서 등 필사 자료에서 간간이 볼 수 있는 부호이나 언간 자료에서는 유시정(柳時定)이 쓴 언간에서만 발견된다. 환치 부호의 모양은 아래 (29)에서 보듯이 점을 삐친 모습으로 나타나는데 삐친 방향을 통해 글자가 옮겨갈 위치가 지시된다. 보통 글자의 상하(上下) 위치를 바꾸게 되므로 환치 부호는 삐친 방향이 서로 마주 보는 모습을 취하는 것이 특징이다. 아래 (29)의 경우 (29a)에서는 '날닐웬'을 '닐웬날'로, (29b)에서는 '아면니'를 '아니면'으로 교정하게 된다.

(29) 환치 부호의 형태

a. 날닐웬 → 날웬날

[자료 3-64] 유시정(柳時定) 언간[74]

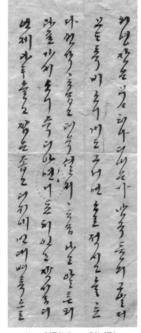

b. 아면니 → 아니면

[자료 3-65] 유시정(柳時定) 언간[75]

⑤ 기타

이상에서 소개한 부호 격식들은 언간을 비롯하여 고문서나 일반 판본 자료에서도 두루 관찰되어 보편성을 확보한 것들이다. 그러나 언간 자료에 나타나는 부호 중에는 일부 발신자의 언간에만 등장하여 보편성을 쉬 인정하기 어려운 경우도 있다. 아래 소개할 구분(區分) 부호(符號)와 간자(間字) 부호(符號)가 그 예로, 이들 부호는 출현 빈도가 거의 드물 뿐 아니라 정확한 기능도 아직 분명치 않아 앞으로 사례 수집과 함께 후속 연구가 필요한 대상들이다.

A. 구분(區分) 부호(符號)

구분 부호는 내지(內紙)의 사연에서 화제(話題)가 구분됨을 표시하기 위해 사용되었을 것으로 추정되는 부호를 이른다. 한자(漢字)의 '一'자 모양을 취하고 있는데 아래에서 보듯이 다른 언간에는 보이지 않고 유독 인선왕후(仁宣王后) 언간에서만 몇 차례 쓰인 것이 특징이다. 다음에서 (30a)를 보면 구분 부호('一')를 기준으로 옷감 준비에 대한 내용과 딸(=숙경공주)의 하가(下嫁)에 대한 내용이 구분되며, (30b)에서도 발신자의 근황에 다음에 부마의 병환(病患)이 이어지면서 중심 화제가 확연히 나뉘는 것을 볼 수 있다.

---

74) <유시정 언간['진주유씨가 묘 출토 언간' 32](17세기 초중반) : 유시정(남편) → 안동김씨(아내)>, 선문대 양승민 교수 소장. 환치 부호의 존재에 대해서는 이종덕 선생님께서 제보해 주시고, 사진 자료는 선문대 양승민 선생님께서 제공해 주셨다. 이 자리를 빌려 아낌없이 협조해 주신 두 분 선생님께 깊이 감사드린다. 언간의 서지 사항에 대해서는 양승민(2006) 참조.
75) <유시정 언간['진주유씨가 묘 출토 언간' 48](17세기 초중반) : 유시정(남편) → 안동김씨(아내)>, 선문대 양승민 교수 소장. 언간의 서지 사항에 대해서는 양승민(2006) 참조

(30) 구분 부호의 예

a. [자료 3–66] 인선왕후(仁宣王后) 언간[76]   b. [자료 3–67] 인선왕후 언간[77]

구분 기능을 갖는 한자 '一'자는 보통 판본 자료의 범례(凡例) 등에서도 흔히 볼 수 있는 것이다. 다음 『훈몽자회(訓蒙字會)』(1527)의 예에서 보듯이 이때의 '一'자는 숫자 자체를 나타낸다기보다 나열하는 각 사항을 구분하는 데 더 큰 목적이 있다. 구분 기능을 갖는 점에서는 유사하더라도 위에 예시된 언간의 '一'자는 행(行)의 중간에 나타나 화제를 구분하는 데 쓰인 반면 판본 자료의 '一'자는 행(行)의 첫머리에 나타나 나열 사항을 구분하는 데 쓰인 점이 차이라면 차이라 할 수 있다.

---

76) <인선왕후 언간[숙휘-25](1661~1662년) : 인선왕후(어머니) → 숙휘공주(딸)>, 계명대 동산도서관 소장.
77) <인선왕후 언간[숙명-15](1659~1671년) : 인선왕후(어머니) → 숙명공주(딸)>, 국립청주박물관 소장.

(31) 판본 자료의 범례(凡例)에 쓰인 '一'자의 예

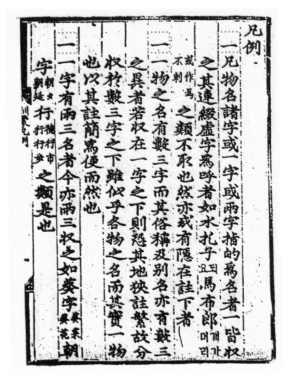

[자료 3-68] 『훈몽자회』(1527) (범례 : 1a)

B. 간자(間字) 부호(符號)

간자 부호는 앞서 소개한 보입 부호 가운데 2개의 권표(圈標, 작은 동그라미)를 겹쳐 놓은 듯한 모양과 흡사하지만 부호의 위치나 기능이 달라 이곳에 별도로 소개한다. 아래에서 보듯이 간자 부호는 일반적인 보입 부호와 달리 행의 오른쪽에 나타나 보입 위치를 표시한다. 일반적인 보입 부호(행 왼쪽)는 보입 글자(행 오른쪽)와 함께 나타나는 것이 상례이지만 이 간자 부호는 부호 자체로만 나타날 뿐 부호 외의 보입 글자와 함께 나타나지 않는 것이 특징이다.

(32) 간자 부호의 형태

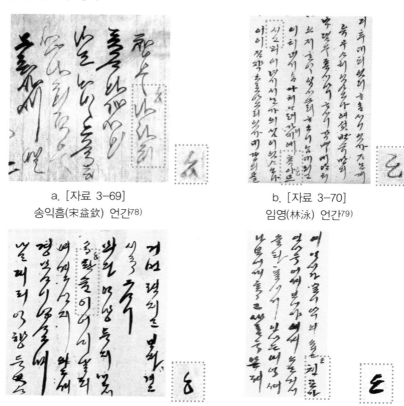

a. [자료 3-69]
송익흠(宋益欽) 언간[78]

b. [자료 3-70]
임영(林泳) 언간[79]

c. [자료 3-71]
김정희(金正喜) 언간[80]

d. [자료 3-72]
김정희(金正喜) 언간[81]

위의 부호가 갖는 기능에 대해서는 이종덕(2010 : 162~163)에서 심도있게 논의
된 바 있다. 이에 따르면 위의 부호는 사연을 쓰면서 간자법(間字法)을 적용해야

---

78) <송익흠 언간[송준길가-51-1](1756년) : 송익흠(남편) → 여흥민씨(아내)>, 대전역사박물관 소장.
79) <임영 언간[창계-01](1682년) : 임영(아들) → 임천조씨(어머니)>, 임형택 교수 소장.
80) <김정희 언간[추사-11](1818년) : 김정희(남편) → 예안이씨(아내)>, 국립중앙박물관 소장.
81) <김정희 언간[추사-13](1828년) : 김정희(남편) → 예안이씨(아내)>, 국립중앙박물관 소장.

했으나 미처 그러지 못했을 경우 누락된 간자법(間字法)의 보입 위치를 표시하는 기능을 갖는 것으로 추정된다. 위의 경우를 보더라도 (32a)의 '나라히'와 (32b)의 '아르시고'는 임금과 관련된다는 점에서, (32c)의 '환슌(還巡)'과 (32d)의 '친노(親老)'는 발신자(추사 김정희)의 생부인 김노경(金魯敬)과 관련된다는 점에서 이들은 모두 발신자가 존대 의사를 표현하여 마땅할 단어라 할 수 있다.

이종덕(2010 : 162~163)에 의하면 이러한 추정은 윤선도 언간의 사본(寫本)을 통해 적극적으로 뒷받침받을 수 있다. 아래에서 (33a)와 (33b)는 윤선도가 쓴 언간을 후대의 후손이 필사한 것이다. (33b)는 (33a)를 저본(底本)으로 삼아 다시 필사한 것인데, 두 필사본 중 간자 부호가 나타난 (33a)의 위치에 바로 (33b)의 간자법(間字法)이 대응되는 것을 볼 수 있다. 글자가 아니라 간자법 자체를 보입한다는 점에서 이 부호를 일단 '간자 부호'로 불러 두기로 한다.

(33) 윤선도 언간에 등장하는 간자 부호 (이종덕 2010 : 162~163)

a. [자료 3-73] 윤선도(尹善道) 언간[82]   b. [자료 3-74] 윤선도(尹善道) 언간[83]

간자법(間字法) 보입과 관련된 간자 부호는 언간 자료에 출현하는 사례가 극히 드물다. 현재까지 보고된 예로는 위에 소개한 예가 거의 전부라 할 수 있는데 이 종덕(2010)에 따르면 한문으로 된 다른 고문서에서도 간자 부호에 준하는 사례가 발견되어 주목을 끈다. 아래는 안정복가(安鼎福家) 분재기(分財記) 중 별급문기(別給文記)의 예로서 점선 표시를 한 마지막 '慈堂'에 간자 부호가 나타난 것을 볼 수 있다. 이 별급 문서에서 '慈堂'은 대부분 간자법(4회)으로 표시된 것을 감안할 때 간자 부호는 간자법을 보완하는 교정(校正) 부호(符號)로 사용되었을 가능성을 뒷받침할 수 있다.

(34) 한문으로 된 문서에 등장하는 간자 부호의 예

[자료 3-75] 안정복가(安鼎福家) 분재기[84]

---

82) <윤선도 언간(1657년) : 윤선도(시동생)→ 원주원씨(형수)>. 자료의 서지 사항과 판독문에 대하여는 박요순(1974) 및 김일근(1986/1991 : 66~67, 206~209) 참조.

83) <윤선도 언간(1657년) : 윤선도(시동생)→ 원주원씨(형수)>. 자료의 서지 사항과 판독문에 대하여는 박요순(1974) 및 김일근(1986/1991 : 66~67, 206~209) 참조.

3.2.3. 요약

이상에서 내지(內紙)에 적용된 격식을 크게 순서 격식, 대우 격식, 부호 격식으로 나누어 논의하였다. 논의된 내용을 간략히 정리하면, 아래와 같다.

순서(順序) 격식

종이 여백을 활용하여 사연을 적어 나갈 때 시계 반대 방향으로 이른바 회문식(回文式) 순서를 지켜 나가는 방법

대우(待遇) 격식

- 대두법(擡頭法) : 행(行)을 바꾼 뒤 대상 글자를 다른 행보다 위로 올려 적어 발신자의 존대(尊待) 의사를 표시하는 방법
- 간자법(間字法) : 행(行)을 바꾸지 않는 대신 대상 글자 앞에 글자 간격을 빈칸으로 두어 발신자의 존대(尊待) 의사를 표시하는 방법
- 차소법(差小法) : 대상 글자를 행(行)의 오른쪽에 작은 글씨로 치우치게 적어 발신자의 겸양(謙讓) 의사를 표시하는 방법

부호(符號) 격식

- 반복(反復) 부호 : 같은 글자를 한 자나 여러 자 반복하고자 할 때 반복할 글자를 대신하는 부호

---

84) 시아버지 안건행(安建行, 1625~1711)이 1688년 4월 10일에 며느리 풍산홍씨(아들 安瑞羽의 처)에게 노비 5구를 허급하는 별급문서이다.(한국정신문화연구원 1990 : 57) 광주안씨 순암종가 소장.

- 보입(補入) 부호 : 빠뜨린 글자를 나중에 보입(補入)하고자 할 때 보입 위치를 지정하는 부호

- 삭제(削除) 부호 : 이미 씌어진 글자를 나중에 삭제(削除)하고자 할 때 삭제 대상을 표시하는 부호

- 환치(換置) 부호 : 이미 씌어진 글자의 위치를 서로 바꾸고자 할 때 그 대상과 방향을 표시하는 부호

- 구분(區分) 부호 : 중심 화제가 달라지거나 하여 사연 내용을 구분하고자 할 때 사용하는 부호

- 간자(間字) 부호 : 간자법(間字法) 적용이 누락되었을 때 나중에 간자법(間字法)이 보완되어야 할 위치를 지정하는 부호

제4장
언간 자료의 명명(命名)과 소개

제4장 언간 자료의 명명(命名)과 소개

언간 자료는 그동안 단행본을 비롯하여 논문(論文), 보고서(報告書), 도록(圖錄), 기사(記事) 등 다양한 지면을 통해 소개되었다. 초기에는 원본 접근이 어렵고 판독까지 난해하여 다른 필사 자료에 비해 자료 소개가 지지부진하였지만 1990년대 이후 역주 작업이 본격화되면서 지면을 통해 소개되는 언간 수효가 비약적으로 늘게 되었다. 현재는 판독문이 알려진 언간만 해도 근 2,700건을 넘어서고 있는데(황문환 2013a : 41) 앞으로 자료 활용도를 높이기 위해서는 언간 자료의 '종합화' 방안이 적극 모색되어야 할 시점에 이르렀다. 이에 4장에서는 현재까지 알려진 언간을 대상으로 그동안의 소개 방식과 실태를 점검하면서 현존하는 언간 자료의 현황을 구체적으로 정리하여 소개하고자 한다.

4.1. 언간 자료의 명명(命名)

언간 자료를 소개하기 위해서는 무엇보다 대상 자료를 명명(命名)하는 작업부터 선행되어야 한다. 명명 작업은 대상 언간에 명칭(名稱)과 순서(順序, =번호)를 부여함으로써 이루어지는데, 이러한 작업은 언간 자료의 목록(目錄) 작성으로 이어지고 이 목록은 언간 자료의 정리(整理), 열람(閱覽), 인용(引用) 등에 필요한 기초적인 정보를 제공하게 된다.

문헌 자료에 따라서는 도서 목록상 표목(標目)을 정하는 명명 방식이 공식적으로 정해져 있기도 하다. 가령 책자(冊子) 형식의 자료는 목록상의 서명(書名)을 정할 때 권수(卷首)에 나타나는 제목, 이른바 권수제(卷首題)를 취하는 것이 일반적이다.(안병희 1982) 그러나 이러한 명명 방식은 언간 자료에 그대로 적용하기 어렵다. 언간 자료 대부분이 책자가 아니라 낱장 문서의 형식으로 전할 뿐 아니라 자료의 첫머리 부분에서 권수제에 해당하는 특정한 명칭도 찾아볼 수 없기 때문이다.1) 이러한 상황으로 인해 언간 명칭은 언간 자료를 발굴, 소개하는 연구자의 임의에 맡겨지고 경우에 따라서는 동일한 언간 자료가 연구자에 따라 서로 판이(判異)한 명칭으로 명명되어 혼선을 빚기도 하였다.(후술 4.1.3. 참조) 그러나 명명의 임의성에도 불구하고 지금까지 통용된 언간 명칭을 보면 명명 방식에 어느 정도 경향성을 포착할 수 있다. 황은영(2011 : 312)에서는 기존의 언간 명칭을 검토한 결과 "언간은 개별 단위 언간을 기본으로 하여 공통된 특성에 따라 종별로 분류되면서 ① 발신자를 중심으로 명명되거나, ② 출처를 중심으로 명명되는 경향을 보임을 알 수 있다."고 지적하였다. 아래에서는 황은영(2011)의 논의를 따라가면서 『조선시대 한글편지 판독자료집』에 정리된 언간 명칭을 중심으로 기존의 명명 방식과 문제점을 검토하기로 한다.

---

1) 언간의 사연 첫머리에 나오는 표현을 그대로 가져와 언간명처럼 활용하는 방식도 생각해 볼 수 있다. 그러나 사연 첫머리에는 안부를 묻는 투식 표현이 거의 비슷하게 등장하는 경우가 많아 자료 변별에 근본적인 한계를 보이게 된다. 가령 명성황후(明成皇后) 언간에는 대부분이 '글시 보고 야간 무탈흔 일 든든ᄒ며'로 시작하여 사연 첫머리에 등장하는 표현을 언간명으로 삼을 경우 언간 자료를 서로 변별할 방법이 없게 된다. 이 때문에 일반 독자를 대상으로 한 잡지나 신문 기사 등에서는 사연 중간에 등장하는 특정 표현을 가져와 언간명처럼 활용하기도 한다. 가령 김일근(1982ab)에서 추사가(秋史家) 집안의 언간을 소개할 때 '적소(謫所) 문안은 무사히 도배(到配)하오신 편지…', '손서(孫壻)는 거번에 덧없이 다녀오오나'와 같이 사연 일부를 제목으로 삼은 예가 바로 그러하다. 이러한 명명 방식은 언간의 주요 내용을 암시할 수 있는 장점이 있지만 목록으로 정리하여 활용하거나 자료 출처로 밝혀 소개할 때에는 역시 퍽이나 번거롭고 부담스러운 방식일 수밖에 없다.

4.1.1. 발신자(작성자) 중심의 명명

『판독자료집』의 언간 명칭 가운데 발신자(작성자) 중심의 명명 사례를 몇 가지 예시하면 아래와 같다.

(1) 발신자(작성자) 중심의 명명 사례

a. 추사(秋史) 김정희(金正喜) 언간
b. 송강(松江) 자당(慈堂) 죽산안씨(竹山安氏) 언간
c. 추사가(秋史家) 언간

(1a)는 추사(秋史) 김정희(金正喜)가 부인(夫人) 예안이씨(禮安李氏)에게 보낸 언간 40건에 대한 명칭이다. 김일근(1983a)에서 '추사(秋史) 김정희(金正喜)의 친필언간(親筆諺簡)'으로 처음 소개된 이래 호(號)만 드러낸 '추사 언간'이나 성명(姓名)만 드러낸 '김정희 언간'으로 불리기도 하였다. 그러나 어느 경우든지 발신자 중심의 명명인 점에서는 변함이 없다.

그런데 (1a)와 같은 명명은 발신자가 남성일 경우에만 적용될 수 있는 방식이다. 여성의 경우는 족보(族譜) 등에서 성씨(姓氏) 정도만 확인되는 경우가 대부분이기 때문에 여성에 대한 발신자 중심 명명 방식은 (1b)와 같이 '본관+성씨'의 방식을 취하는 것이 보통이다. (1b)는 죽산안씨(발신자)가 아들인 송강(松江) 정철(鄭澈)에게 보낸 것인데 (1b)의 언간 명칭에는 '송강 자당'이라는 관계명(關係名)이 앞에 덧붙었다. 이는 '본관+성씨'만으로는 송강(松江) 정철(鄭澈)과의 모자(母子) 관계가 즉각적으로 드러나지 않아 이를 분명히 하기 위한 것이다.

(1c)는 발신자가 개인이 아니라 집단(集團)인 경우이다. 김일근(1982ab)에서 '추사가(秋史家)의 한글 편지들'이라는 명칭으로 처음 소개된 이래, (1c)는 아래위 5대에

걸쳐 추사(秋史) 김정희(金正喜)의 일가(一家) 인물들이 발신자가 된 언간 45건을 가리키는 명칭으로 정착되었다. 각각의 언간은 소장처(所藏處)가 다르고 심지어 사진만 남긴 채 실전(失傳)된 경우도 있지만 발신자가 추사가(秋史家) 인물이라는 공통점을 포착하여 추사(秋史)가 발신자인 '추사 김정희 언간'과 대조되는 이점(利點)이 있다.[2]

이상에서 보듯이 발신자 중심으로 명명된 언간 명칭은 발신자를 통하여 언간을 작성한 인물이나 집단, 작성 시기 등에 대해 직접적으로 전달할 수 있는 장점이 있다. 그러나 여성 발신자의 경우에는 '본관+성씨'로만 명명할 수밖에 없는 한계를 지니기도 하고 발신자가 명확히 드러나지 않을 경우에는 아예 명명 자체가 불가능한 경우도 발생할 수 있다.

4.1.2. 출처(出處) 중심의 명명

발신자보다는 언간이 발굴되거나 수록된 출처(出處)를 언간 명칭의 핵심으로 삼는 경우가 있다. 『판독자료집』의 언간 명칭 가운데 이러한 출처 중심의 명명 사례를 몇 가지 예시하면 아래와 같다.

---

2) 이와 같이 '~가(家)'가 포함된 명칭은 발신자들이 한 가문에 속하는 인물로 묶일 수 있을 때 유용하다. 현재 각 문중에 전해지는 언간은 대부분 이러한 성격의 것이므로 기존의 언간 명칭에는 '~가(家)'가 포함된 명칭이 많다. 예 : '진성이씨 이동표가 언간', '의성김씨 학봉 김성일가 언간', '은진송씨 송병필가 언간' 등.

(2) 출처 중심의 명명 사례

   a. 순천김씨묘(順天金氏墓) 출토(出土) 언간
   b. 고령박씨가(高靈朴氏家)『선세언적(先世諺蹟)』 언간
   c. 조용선 편저『봉서』소재 언간

  (2a)는 순천김씨(順天金氏)의 묘(墓)에서 출토된 언간 189건을 가리킨다. 이들 언간은 순천김씨가 생전에 남편과 어머니, 아버지, 오라버니 등 친정 식구들에게서 받은 것인데 발신자가 다양함에도 불구하고 수신자가 단일한 공통점을 포착한 명명이라 할 수 있다.

  (2b)는 언간이 필첩(筆帖) 등에 수록되어 전하는 경우이다. 명문가(名門家)에서는 후손에게 전할 목적으로 선조(先祖)의 필적(筆蹟)을 모아 필첩(筆帖)을 제작하는 경우가 많은데 필첩의 제목을 일종의 서명(書名)과 같이 취급하여 언간 명칭으로 삼은 것이다. (2b)에서 필첩 제목 앞에 덧붙은 '고령박씨가'는 필첩이 전하는 가문(家門)을 표시하는 동시에 발신자가 고령박씨가와 관련된 인물임을 추가적으로 알려 주는 역할을 한다. 필첩에 수록된 언간은 수록 내력과 함께 일정한 순서로 배열되어 있기 마련이어서 수록된 순서를 그대로 언간 번호로 삼을 수 있는 장점도 지닌다.

  (2c)는 조용선 여사가 수집한 궁중 언간의 영인 자료를 단행본으로 발간한 경우이다. 언간의 원본이 수록된 필첩(筆帖)은 아니지만 필첩에 준하여 단행본의 서명(書名)을 언간 명칭으로 삼은 것이다.

  이상에서 보듯이 출처 중심으로 명명된 언간 명칭은 다양한 발신자에도 불구하고 출처상 공통점을 매개로 밀집도(密集度)가 높은 언간의 명명에 유리하다. 특히 필첩의 경우에는 수록된 순서 그대로를 언간 번호로 삼을 수 있는 장점도 있

다. 그러나 발신자 중심의 명명 방식과 비교할 때 언간의 발신자 정보를 직접 드러내지 못하고 따라서 낱장의 개별 언간을 명명하는 데 적용하기 어려운 한계는 피할 수 없다.

4.1.3. 명명 방식 적용의 문제점

발신자 중심의 명명 방식과 출처 중심의 명명 방식은 반드시 배타적으로 적용되어야만 하는 관계는 아니다. 아래 (3)에서 보듯이 현존하는 순원왕후 언간은 여러 갈래로 나뉘는데 이들 언간의 발신자가 모두 순원왕후인 점을 고려하여 발신자 중심의 명명만 고집한다면 이들 언간을 효과적으로 구별하여 지칭할 방법이 마땅치 않게 된다. 이러한 경우 화살표(→) 다음에 제시한 명칭처럼 '출처'와 '발신자'를 서로 보완적으로 결합하는 방식을 취할 때 보다 효과적인 명명이 될 수 있을 것이다.

(3) 명명 방식의 혼용

a. 규장각 소장의 서첩(書帖)『순원왕후어필(純元王后御筆)』에 수록된 순원왕후 언간(25건) → 규장각 소장『순원왕후어필(純元王后御筆)』언간
b. 서첩에는 수록되지 않고 규장각에 낱장 봉서(封書)의 형태 그대로 전해 온 순원왕후 언간(35건) → 규장각 소장 순원왕후어필봉서(純元王后御筆封書)[3] 언간
c. 단국대 석주선기념박물관에 소장된 낱장의 순원왕후 언간(4건)
　→ 단국대 석주선기념박물관 소장 순원왕후 언간

---

3) 이러한 명칭은 이승희(2000)에서 서첩 속에 전하는 편지와 구분하여 '≪純元王后御筆封書≫'로 명명된 바를 존중한 것이다.

그러나 기존 연구에서는 발신자 중심과 출처 중심의 명명 방식을 배타적으로 적용한 듯한 사례도 발견된다. 아래 (4)가 바로 그러한 예에 가까운데, 명명 방식을 배타적으로 적용한 결과 동일한 언간 자료가 결과적으로는 서로 판이(判異)한 명칭으로 불리게 되었다.

    (4) a. 진주하씨묘(晉州河氏墓) 출토(出土) 언간
        b. 현풍(玄風) 곽씨(郭氏) 언간

(4a)는 김일근(1991b)에서 '진주하씨묘 출토 문헌'으로 소개되면서 정착된 명칭으로, 전형적인 '출처' 중심의 명명 방식에 따른 명칭이다. 이에 비해 (4b)는 '발신자' 중심의 명명 방식에 따른 명칭(백두현 1997a, 2003c)이라 할 수 있는데, 백두현(2003c : 23)에서는 기존의 명칭 대신 새로운 명칭을 제시하는 이유로, 편지글을 쓴 주체가 현풍곽씨 문중 사람들임을 반영시킬 수 있다는 점, 편지글의 언어에 당시 현풍 방언이 반영되어 있으므로 이 자료의 언어적 성격, 즉 지역적 배경을 드러낼 수 있다는 점을 든 바 있다. (4b)는 '발신자' 중심의 명명에 맞추어 발신자 별로 언간을 재분류하고 언간 속의 사건과 내용에 따라 배열 순서도 새로 정하였기 때문에 언간 명칭뿐만 아니라 언간 번호까지 모두 바뀌었다. 결과적으로 언간 명칭과 번호만을 보아서는 (4a)와 (4b)가 동일한 언간 자료인지 여부조차 쉽게 알아볼 수 없게 된 결과가 초래된 것이다.

    이러한 결과가 반드시 바람직한 것인지는 의문이다. 앞서 살펴보았듯이 '발신자' 중심과 '출처' 중심의 명명은 각각 나름대로 장점과 한계를 지니는 방식이다. '발신자' 중심의 명명을 배타적으로 취하면 '출처' 중심의 명명이 지니는 장점을 놓칠 수밖에 없다. 이들 언간이 묘(墓)에서 출토된 점과 발신자는 다양하더라도 수신자(=진주하씨)가 공통되고 수신자를 중심으로 밀집도(密集度)를 보이는 자료라는 점은 '발신자' 중심의 명명 방식에서는 아무래도 포착되기 어렵다.(때문에 바로 앞 시기의 '순천김씨묘 출토 언간'과 여러 모로 성격이 비슷하지만 명칭상으로는 아무런 공통점도 발견되지 않는다.) 자료 이용자의 편의를 고려한다면 '출처'와 '발신자'를 서로 보완적으로 결합하는 명명 방식을 취하거나(예 : '진주하씨묘 출토 현풍 곽씨 언간'), '발신자' 중심의 명명 방식을 취한다면 기존의 ('출처' 중심의) 언간 명칭과 번호를 상호 참조할 수 있도록 배려하여 명칭에 따른 혼선을 최소화할 필요가 있을 것이다.[4]

4.2. 언간 자료의 소개

언간 자료는 그동안 다양한 지면을 통해 소개되었다. 소개 수준도 언간의 서지 사항만 간단히 고증(考證)한 경우부터 판독(判讀)·주석(註釋)·현대어역(現代語譯)을 동시에 수행한 경우까지 다양한 편차가 있었다. 여기서는 그동안 소개된 언간 자료를 대상으로 다양한 소개 현황을 한 눈에 볼 수 있도록 일람표로 정리하는 한편, 자료 이용을 보다 활성화하기 위하여 저자가 추진해 온 (언간 자료의) '종

---

4) 백두현(2003c)에서 바로 이러한 방식을 취하고 있다. '현풍 곽씨 언간'의 번호 옆에 문화재관리국(1993) 보고서의 번호와 건들바우박물관(1991) 보고서의 번호를 나란히 병기해 주고 있는 것이다.(후자의 번호는 바로 '진주하씨묘 출토 언간'으로 알려진 언간의 번호와 일치한다.) 이러한 상호 참조 방식은 명칭상의 혼선을 현실적으로 줄이는 데 유용한 방식이 될 수 있다. 저자가 관여한 『판독자료집』(2013)에서는 이러한 방식을 적극 도입하여 이용자의 불편을 조금이라도 줄이고자 하였다. 예컨대 '순천김씨묘 출토 언간'에 대하여 충북대박물관(2002)에서는 전체 언간을 발수신자별로 나누고 그 안에서 박물관 유물 번호에 따라 새로 수록하는 방식을 취하였다. 이 때문에 언간의 배열 순서가 이전과는 판이하게 달라졌는데 『판독자료집』(2013)에서는 이용자의 편의를 고려하여 기존의 언간 번호 옆에 충북대박물관(2002)에서 소개된 유물 번호를 병기하여 상호 참조할 수 있도록 배려하였다. 새로운 명칭이나 번호를 택하는 것이 불가피할 경우 적어도 상호 참조 방식으로 기존 연구를 배려한다면 이용자의 혼선과 불편을 줄이는 데 도움이 될 수 있을 것이다.

합화' 방안도 함께 소개하도록 한다.

4.2.1. 언간 자료의 소개 현황

앞서 언간 자료를 소개할 때 대상 언간을 명명하는 방식부터 우선 검토하였다. 그러나 명명 방식의 문제는 목록 작성 시 해결해야 할 여러 가지 문제 중 하나에 지나지 않는다. 언간 자료의 목록을 작성하기 위해서는 표준화된 양식에[5] 따라 발신자와 수신자, 작성 연대는 물론 크기, 봉투, 지질(紙質) 등 기본적인 서지 사항과 소장처나 소장 경위 등 소장 현황을 일일이 조사하여 밝혀 주어야 한다. 물론 목록 작성이 완료되었다 하더라도 언간 내용을 소개하기 위해서는 또다른 작업이 필요하다. 우선 흘려쓴 글씨체를 판독하여 판독문을 제공하는 한편 (전공 분야를 넘어 일반에 활용될 것까지 염두에 둔다면) 고어(古語)로 된 난해(難解) 어구에 대하여 주석을 베풀거나 판독문 전체에 대해 현대어역을 제공하는 작업이 이어져야 한다. 나아가 판독 결과의 객관성을 확보하기 위해서는 언간 원본의 사진이나 영인 자료를 확보하여 판독문과 함께 제공하는 것도 필수적인 일에 속한다.

그동안 언간 자료를 소개하는 일은 소개 목적과 지면(紙面)의 성격에 따라 다양한 방식으로 이루어졌다. 초기에는 고어(古語)를 모르는 일반 독자를 위하여 간략한 서지 사항과 함께 언간의 내용만 현대어로 요약 소개되는 경우가 많았다. 이때 판독문 자체는 생략되거나 생략되지 않더라도 현대의 표기 방식으로 바뀌어 소개되는 경우가 자주 있었다. 그러나 김일근(1986/1991)을 전후하여 언간 자료의 판독문을 원본 표기 그대로 소개하는 경향이 늘면서 관련 학계를 중심으로 판독문의 중요성이 이전보다 크게 높아지게 되었다. 또한 1990년대부터는 언간 자료

---

5) 이에 대해서는 한국고문서학회(2002)에서 논의된 '고문서 정리 표준화안'을 참조할 수 있다.

에 대한 역주서가 단행본으로 속속 출판되어 판독과 주해(註解)가 유기적으로 결합된 소개 방식이 보편화되었다. 이에 따라 판독 결과의 객관성을 확보하는 일도 중시되어 근래에는 언간 자료를 소개할 때 판독문과 함께 언간 원본의 사진 자료를 제공하는 일이 필수적으로 되어 가는 추세를 보이고 있다. 앞으로 언간 자료의 DB화가 본격적으로 추진되면 목록, 판독, 주해, 사진 등이 더욱 유기적으로 결합한, 그야말로 '종합적' 소개가 실현될 시점도 임박하였다고 할 수 있다.

현재 다양한 방식으로 소개되어 언간명이 알려진 언간의 수효는 근 2,700건을 상회한다. 이들 언간의 소개 현황을 일람표로 보이면 4장 말미에 붙인 [참고 1]과 같은데 일람표의 이해를 돕기 위하여 아래에 일람표의 일부를 직접 가져와 항목별로 설명하도록 한다.

번호	언 간 명 [약칭]	연 대	건수	발신자 (→수신자)	해제/서지	소장	판독/주해 (고딕체가 주해)	사진/영인	판독 자료집 수록
01	"신창맹씨묘 출토" 언간	1490년대	2건	남편 나신걸 (→신창맹씨)	배영환(2012: 214~220)	대전 역사 박물관	배영환(2012) **국립한글박물관 (2015)**	국립한글 박물관(2015)	×
02	순천김씨묘 출토 언간 [순천김씨묘-]	1550~ 1592년	189건	어머니, 남편, 오빠 등 (→순천김씨)	조항범 (1998a:6~31) 충북대학교 박물관(2002: 167~184)	충북대 박물관	충북대학교박물관 (1981, 93건) 전철웅(1995) **조항범(1998a)** 황문환(2002a) 전철웅(2002)	충북대학교 박물관(1981) 충북대학교 박물관(2002)	○ (188건)
03	"파평윤씨 모자 미라 부장" 언간	16C	3건	딸 숙빈 (→어머니) 등	정광(2003)	고려대 박물관	정광(2003)	고려대학교 박물관(2003)	×
※	『언간의 연구』 수록 언간	1571년~ 19C후반	299건	왕실, 사대부가, 서민 등	김일근 (1986/1991: 166~178, 275~277)	–	**김일근(1959c, 36건)** 김일근(1974a) 김일근(1986/1991: 180~250, 278~305)	김일근(1959c, 36건) 김일근(1986/ 1991, 31건)	○ (일부)

- 번호 : 편의상 작성 연대를 감안하여 대략 시기가 이른 순으로 일련 번호를 부여하였다.
- 언간명[약칭] : 『판독자료집』에 수록된 언간명을 기준으로 제시하였다.(『판독자료집』에서 이용된 약칭도 [ ] 안에 소개) 『판독자료집』에 수록되지 않은 언간은 소개될 당시의 명칭을 " " 안에 넣어 소개하였다.
- 해제/서지 : 발신자와 수신자, 작성 연대를 비롯하여 크기, 봉투, 지질 등 기본적인 서지 사항을 다루고 있는 논저를 소개하였다.
- 소장 : 언간 원본을 소장한 개인 혹은 기관을 소개하였다.
- 판독/주해 : 판독문이나 주해(어휘 주석과 현대어역)가 실린 논저를 소개하였다. 특히 주해 논저는 **고딕체**로 표시하여 판독문만 수록한 논저와 구별하였다.
- 사진/영인 : 언간 원본의 사진이나 영인 자료가 소개된 논저를 소개하였다.
- 판독자료집 수록 여부 : 『판독자료집』에 수록되었는지 여부를 'ㅇ, ×'로 밝혔다.(전체 언간 중 일부만 수록되었을 때는 수록 건수를 괄호 안에 밝혀 주기도 하였다.) 'ㅇ'로 표시된 언간은 『판독자료집』에 수록된 '간략 해제'와 함께 '원본 사항, 판독 사항, 영인 사항, 참고 논저' 등을 통해 해당 언간의 자료 현황 및 연구 현황을 상세히 참조할 수 있다.

그런데 [참고 1]의 일람표 중에는 언간명이 근래의 도서명(圖書名)이나 전시명(展示名)을 그대로 활용한 경우가 포함되어 유의할 필요가 있다. '번호' 항목에서 '※'로 표시된 경우가 바로 그러한데 이들은 자료 집성(集成)이나 전시(展示)의 목적상 언간 분포가 조선시대 전반에 걸치는 것이 특징이다. 성격 자체가 '종합적'이고 그동안 학계나 일반에서 언간 자료를 활용하는 데 기여한 바가 크기 때문에 아래에서는 이들에 대하여 별도로 간략한 소개를 덧붙이도록 한다.

가. 이병기(1948), 『근조내간선(近朝內簡選)』

16세기 후반부터 19세기 중반에 걸쳐 이른바 '내간체(內簡體)'에 해당되는 자료를 소개한 단행본이다. 언간 자료가 대부분이지만 언문 전교(傳敎)와 소지(所志) 자료도 포함되어 있다. 언간 자료로는 '봉서(封書)'라는 제목 아래 선조(宣祖, 14건), 혜경궁 홍씨(惠慶宮洪氏, 1건), 정종(正宗, 4건), 익종(翼宗, 2건), 하 상궁(河尙宮, 1건)의 언간 22건, '우념재수서(雨念齋手書)'라는 제목 아래 이봉환(李鳳煥)의 언간 25건, '한산유찰(韓山遺札)'이라는 제목 아래 이집(李潗)의 가내(家內) 언간(諺簡) 18건이 소개되었다. 조선시대 전반에 걸쳐 언간 자료를 폭넓게 소개한 최초의 단행본이라는 점에 의의가 있다. 언간 원본에 대한 아무런 소개 없이 판독문만 간단한 주해(註解)와 함께 실려 있는데 아래 (5b)에서 보듯이 (일반 독자를 위하여) 판독문의 'ㅅㄱ, ㅅㄷ, ㅅㅐ, ㅆ'과 'ㆍ' 등이 모두 현대의 철자로 바뀌어 있어 유의할 필요가 있다. 왕실과 사대부가에 걸쳐 귀중한 언간 자료를 수록하고 있지만 현재 수록 언간 대부분이 원본의 소재마저 알 수 없는 상태에 있어 아쉬운 점으로 꼽힌다.

(5) 이병기(1948), 『근조내간선(近朝內簡選)』

    a. 외표지(좌)와 내표지(우)

    b. 판독과 주해(10~11쪽)

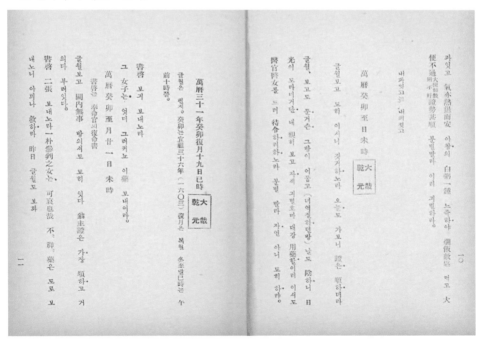

설명 원본의 표기를 현대 표기로 바꾼 곳에는 글자 옆에 '‥' 표시를 해 둔 것이 보인다.

나. 김일근(1986/1991), 『언간(諺簡)의 연구(研究)』

① 『이조어필언간집(李朝御筆諺簡集)』(1959c, 신흥출판사)
② 『친필언간총람(親筆諺簡總覽)』(1974a, 국학자료 3집)
③ 『언간(諺簡)의 연구(研究)』(1986a, 건국대학교 출판부), 『삼정판(三訂版) 언간(諺簡)의 연구(研究)』(1991, 건국대학교 출판부)

① 『이조어필언간집』(1959c)은 '선묘어필첩(宣廟御筆帖)', '신한첩(宸翰帖)', '현종어필첩(顯宗御筆帖)'에 실린 왕과 왕후의 언간 36건을 소개한 것이다. 발신자는 선조(宣祖, 3건), 효종(孝宗, 2건), 인선왕후(仁宣王后, 16건), 장렬왕후(莊烈王后, 2건), 명성왕후(明聖王后, 1건), 숙종(肅宗, 7건), 인현왕후(仁顯王后, 5건) 등이다. 수록 언간은 (6a)에서 보듯이 판독문과 함께 해설(解說)・교주(校註)를 덧붙였는데, 각 언간의 서지 사항에 대하여 철저한 고증을 하였음은 물론 언간 원본의 사진을 함께 싣고 있어 역사적 연구를 위한 1차 자료로서 활용 가치가 높다. ② 『친필언간총람』(1974a)은 박사학위 논문인 「언간(諺簡)의 연구(研究)」를 작성하면서 그동안 연구 대상 자료로 수집, 정리해 온 친필(親筆) 언간(諺簡)을 소개한 것이다. 여기에는 ①의 판독문도 포함되었는데 책 뒤에는 해설・교주 부분이 삭제되고 ①의 원본 사진 부분만 부록으로 덧붙었다. ③ 『언간의 연구』(1986/1991)는 ②에 더하여 '추사(秋史) 김정희(金正喜)의 언간자료(諺簡資料) 총람(總覽)'과 한글 고문서(古文書)를 소개한 '정법문서(政法文書)의 한글 실용고(實用攷)'를 부록으로 붙인 것이다. 이로써 16세기 후반부터 19세기 후반에 이르기까지 언간 자료가 그야말로 '집대성'된 셈이나 극히 일부를 제외하면 원본 사진이 소개되지 않아 국어사나 다른 분야의 1차 자료로 활용되는 데 제약이 있다.

(6) 김일근(1986/1991), 『언간의 연구』

a. 『이조어필언간집』(1959c)의 내표지와 내용(13쪽)

b. 『친필언간총람』(1974a)의 내표지

c. 『삼정판 언간의 연구』(1991) 외표지와 내용

외표지

II. 資料原文

※ 〔1〕~〔7〕末尾의 日字 署名의 位置는 原本과는 多少 相違함

〔1〕

(封套)　고양이　　　　　　　근봉
　　　　아기네젼 답샹긔

나는 의심 업시 이때 인노이다 형뎨부니 이때 겨오셔 나리 하 힙하니 더욱 분별ㄷㄷ하옵노이다 이 고여이 조심을 하쇼셔 우리 큰[?]도 대되 무스히 인노이다 시위 큰 마리도 두 고대셔 무로로곰 주려 하신단 노이다 사디 말라코 주어니 이리 도여노이다　　신미 유월 스므이드뢔날 모샨

〔2〕

(封套)　　아기젼니　샹빅답샹

뎌그시(니) 년신하여 보읍노이다 아무려나 져니 겨시며 ○○○효뇌 어더어딘 잇슬고 근심 크게 혜사 슬흔 피도 고달과 자쇼셔 내 각식 혜미 다 잇스와 슐을 먹노이다 또 요스이 붕어는 년신하여 먹노이다 졔졔도 산 거을 다 뿌니 사다가 지이지이 머기노이다 아무려나 져니곰 겨시면 내 히미 나을 거시 더욱(?) 우여 져니 이시리잇싸 낫졀도 아즈 분빅 도여서 도 셰스 근심을 하니 모더 안심티 아니 하읍오이다　　신미 칠월 스므 흐른날 모샨

〔3〕

(封套)　두아기네젼 샹빅　　고양이 뎐숑

아무려나 져니곰 겨오셔 나도 무스히 인노이다. 분별 마읍쇼셔 도 대릴도 무스히 하읍오이다 도 아기밧밧히 자드니 블 다혀 주라하니 줄을 하 모더러 아니 다히고 다히이다고 소겨셔 큰 구드지 자니 비가네 니러서 즈로 하느니 내 가

자료 원문(180쪽)

I. 資料目錄

資料番號	發信者(筆者)	受信者	記載日付	年代	保存經錄(出處)	原本所在(現所藏)	備考
1	松江慈堂安氏	松江兄弟	辛未 6. 28.	宣祖 4年	後孫家	서울 鄭喜澤	現在 諺簡으로서 女人것 中 最古 資料
2	〃	〃	〃 7. 21.	〃	〃	〃	3件이 다 高陽에서 侍墓中인 아들에게 보낸 答狀[附 6]
3	〃	〃	壬申 1. 17.	宣祖 5年	〃	〃	
4	松江鄭澈	夫人(家書)	○ 5. 23.	宣祖 4年 4月 以前	〃	〃	現存 諺簡中 最古資料 父親書衰 以前의 것
5	〃	〃	○ 3. 12.	宣祖 6年 4月 以後	〃	〃	兩親俱歿 以後의 것[附 7]
6	〃	〃	○ 4. 23.	宣祖 26年	〃	忠州 鄭泰鉉	26年 5月 謝恩使로 明에 出發直前家書 手決이 있음
7	松江夫人柳氏	子	○ ·19.	未　詳			諺子中 누구인지 不明이나, 負笈在外中인 아들. [附 8]
8	〃		없　음	〃			
9	鶴峰金誠一	夫人(家書)	○ 12. 24.	宣祖 25年	宗孫家	安東 金時宙	慶尙右道 觀察使로 赴任途中 山陰(山淸)에서 쓴 寄內書. [附 9]
10	宣祖大王	諸翁主	甲午 12. 20	宣祖 27年	穆陵宸翰帖	筆者 鄭藏	寫眞만 傳함 以下[10~13] [附 1]「太府……頃音拜」는 本文과 無關, [17] [附 3]과 同一形式 貞淑은 第3翁主, 夫는 東陽尉
11	〃	貞淑翁主	萬曆癸卯復月18夜初鼓	宣祖 36年			
12	〃	〃	없　음	宣祖 36年			貞淑의 妹 貞安(第5)의 姸妹도 同時에 痘疾을 앓았는데 宣祖가 그 處方을 貞淑을 通해 傳하고 傷心함. [22, 23, 30]과 相關
13	〃		〃	〃			
14		某淑儀	○ 19.	宣祖 30年 6月中	宣廟御筆帖	서울 韓昌基	李朝御筆諺簡集所載
15		某翁主?	孟春 元日	未　詳			
16		貞淑翁主	萬曆癸卯至月21未時	宣祖 36年	世　傳	서울 申在永	
17		〃	萬曆 31. 癸卯復月 19. 巳時	〃	仁穆王后筆帖	서울大 가람文庫	仁穆王后筆로 整理되었음은 誤認일. 御印이 있음. [附10]

자료 목록(166쪽)

다. 언간 자료가 포함된 전시(展示)와 도록(圖錄)

① 『한글서예변천전』(예술의전당, 1991)
② 『조선왕조어필(朝鮮王朝御筆)』(서울서예박물관, 2002)
③ "옛 한글 편지전"(국립국어원 디지털한글박물관, 2007)

전시 도록은 언간 자료에 대한 원본 이미지를 제공하여 자료의 접근성을 개선하고 판독의 객관성을 확보하는 데 중요한 역할을 할 수 있다. ① 『한글서예변천전』(1991)과 ② 『조선왕조어필』(2002)은 서예 자료의 측면에서 언간을 포함시켜 전시하고 그 결과를 도록으로 간행한 것이다. ①에서는 '한글서예'와 관련하여 왕실 인물(왕과 왕후에 한정)과 사대부가 인물의 글씨를 두루 다룬 반면 ②에서는 왕실 인물(왕, 왕후, 왕자, 공주 등)의 글씨만을 다룬 차이가 있다. 도록이기 때문에 이미지 소개를 위주로 하고 이미지 아래 간략한 해설(①)을 덧붙이거나 권말에 판독문과 해제(②)를 별도로 소개하는 방식을 취하였다. 기존에 언간명이나 판독문 정도만 알려진 언간들에 대하여 귀중한 원본 이미지를 제공하여 언간 자료의 학술적 가치를 높이는 데 많은 기여를 한 것으로 평가받는다. ③ "옛 한글 편지전"(2007)은 국립국어원 디지털한글박물관에서 개최한 온라인 기획전의 일환으로 언간 자료만을 모아 전시한 것이다. 발신자의 계층에 따라 '왕실의 편지', '사대부의 편지', '서민의 편지'로 나누어 각 7건씩 총 21건을 전시하면서, 원본 이미지를 중심으로 간략한 해제와 판독문, 현대어역 등을 함께 제공하여 이용자의 편의를 도모하였다. 특히 언간의 흘림체 글씨에 익숙하지 않은 일반인을 위해서는 (7c)에서 보듯이 '돋보기' 기능을 이용하여 원본 이미지의 글씨를 임의로 확대하여 살필 수 있도록 배려하기도 하였다. 전시 규모가 작아 검색 기능까지 탑재하지 못한 점은 아쉽지만 향후 언간 자료를 종합하여 웹 서비스를 하고자 할 때 서비스 설계에 참조할 중요한 사례로 꼽힌다.

(7) 언간 자료가 포함된 전시(展示)와 도록(圖錄)

a.『한글서예변천전』(1991)의 외표지　　　b.『조선왕조어필』(2002)의 외표지

c. "옛 한글 편지전"(2007)의 전시 화면 (위쪽 : 현대어역 부분, 아래쪽 : 돋보기 부분)

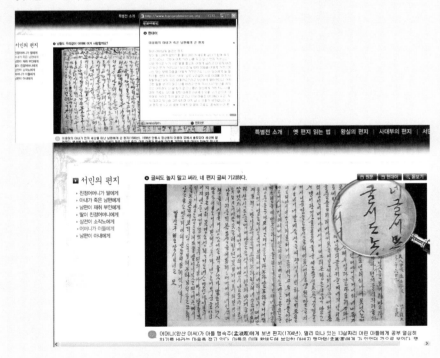

라. 한국학중앙연구원 편(2005, 2009), 『조선시대 한글 간찰(언간)의 역주 연구』

① 『조선시대 한글 간찰(언간)의 역주 연구』 1~3(2005a~c, 태학사)
② 『조선시대 한글 간찰(언간)의 역주 연구』 4~10(2009a~g, 태학사)

학술진흥재단의 지원을 받아 한국학중앙연구원에서 수행된 '조선시대 한글 간찰(언간)의 역주 연구' 사업의 결과물을 역주서로 편찬한 것이다. ①한국학중앙연구원 편(2005a~c)에는 2002.12~2003.11까지 1년간 수행된 269건이, ②한국학중앙연구원 편(2009a~g)에는 2003.12~2006.11까지 3년간 수행된 817건이 역주되어 소개되었다. 역주 대상이 된 언간은 주로 '국학 자료 수집·정리 사업'(교육인적자원부)을 통해 한국학중앙연구원에 수집된 유명 사대부 가문의 문중 언간이 대부분이다. 역주서는 서두에 '해제'를 두어 대상 언간에 대한 서지 사항과 발수신자의 가계 사항 등을 소개하고 이어 본문에서는 판독 및 역주 작업의 결과를 '판독 – 전사·주석 – 현대어역 – 참고(서지 및 해설)'의 순서로 실었다. 역주서 말미에 어절별 어휘 색인을 붙여 해당 어휘를 찾아보기 편리하도록 하는 한편, 판독의 객관성을 확보하기 위하여 언간 원본의 사진을 한데 모아 영인본만 별도의 책으로 출판하기도 하였다. 체계를 갖추어 수행된 언간 역주 사업으로는 전에 없던 규모로 이루어진 것이기는 하나, 각 가문의 문중 언간을 일괄하여 역주 대상을 삼은 탓에 발수신자가 분명하지 못한 언간이 상당수 포함된 점은 아쉬운 점으로 꼽힌다.

(8) 한국학중앙연구원 편(2005, 2009), 『조선시대 한글 간찰(언간)의 역주 연구』

       a. 제3권 외표지   b. 제6권 외표지

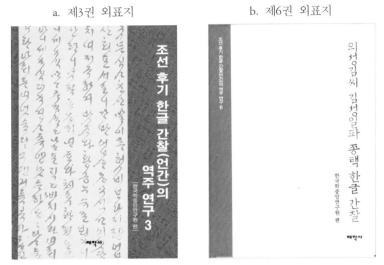

4.2.2. 언간 자료의 종합화

[참고 1]의 대략적인 언간 현황에 따르더라도 현재까지 소개된 언간은 무려 2,700건을 넘는다. 1990년대 초까지 언간 자료를 집대성한 김일근(1986/1991)에서 총 299건의 언간밖에 소개되지 못한 것과 비교하면 짧은 기간 사이에 엄청난 언간 자료가 새로 소개된 셈이다. 앞으로 각 유명 가문에 소장된 언간들이 속속 수집, 정리될 경우 현재의 몇 배를 넘는 언간 자료가 새로 소개되는 것은 시간 문제일 따름이다. 이같이 언간 자료가 급증할수록 자료를 '종합화'하여 연구자나 이용자의 편의에 알맞게 제공하는 것도 그만큼 중요하고 시급한 문제가 아닐 수 없다. 여기서는 그동안 저자가 추진해 온 '종합화' 방안을 간략히 소개하기로 한다.

가. 황문환 외(2013), 『조선시대 한글편지 판독자료집』[6]

이 자료집은 그동안 다양한 방식으로 소개된 언간 중 국어사적으로 연구 의의
가 분명한 언간을[7] 위주로 약 1,465건을 선정하여 그 판독문만 한데 모아 수록
한 것이다. 기존의 국어사 자료 말뭉치 구축 방식에 준하여 일종의 '판독 말뭉
치' 자료를 구축함으로써 자료 소개의 산발성을 극복하고 종합적인 자료 활용에
부응하고자 한 시도라 할 수 있다. 아울러 기존에 종별(種別)로 한데 묶여 소개된
언간들은 종별 언간마다 간략한 '해설'을 덧붙임으로써 해당 언간의 소장, 판독,
영인, 연구 등에 대한 제반 현황을 한눈에 종합적으로 파악할 수 있도록 편의를
도모하였다.

이 자료집은 (종별로 묶인 언간마다) 크게 '해설편'과 '판독편'의 두 부분으로 나
뉜다. '해설편'은 '판독편'에 수록되는 언간에 대하여 '간략 해제'와 함께 '원본
사항, 판독 사항, 영인 사항, 참고 논저' 등 해당 언간의 자료 현황 및 연구 현황
을 안내한 것이다.[8] '해설편'에서 안내되는 각 사항을 보다 구체적으로 소개하면
아래와 같다.

- 간략 해제 : 언간 명칭, 언간 수량, 원문 판독, 발신자와 수신자, 작성 시기,
  자료 가치, 자료 해제 등을 간략히 정리하여 소개
- 원본 사항 : 실사(實査)를 통해 확인된 언간 원본의 소장처, 이용 가능한 원
  본 이미지나 마이크로필름의 존재, 언간 원본의 대략적인 크기(세로×가로)

---

6) 아래의 내용은 황문환(2013a : 42~44)에서 서술된 내용을 일부 수정 보완하여 재수록한 것이다.
7) 가능한 한 발수신자와 작성 시기 등 서지 사항이 확실하고 원본의 보존 상태가 양호하며 원본 사진
   (영인 포함)을 통해 판독 결과를 객관적으로 검증할 수 있는 언간을 대상으로 하였다.
8) 이러한 구성은 '100대 한글 문화유산 정비 사업'의 결과보고서(문화관광부 한국어세계화재단, 2004)
   에서 택한 방식을 참조하여 원용한 것이다.

등을 소개
- 판독 사항 : 원문 판독과 관련하여 판독자, 판독문 소재, 판독 수량, 기타 판독과 관련한 특기 사항 등을 소개
- 영인 사항 : 언간 원본의 모습(영인이나 사진)이 실린 논저나 도록 등을 소개
- 참고 논저 : 해당 언간에 대하여 국어사는 물론 국어사 외의 다른 분야에서 이루어진 기존 연구 성과를 수집, 망라하여 가나다 순으로 제시

자료집의 '판독편'은 해당 언간의 기본적인 서지 사항을 중심으로 연구진이 판독한 최종 결과를 수록한 것이다. 아래 (9b)의 예시에서 보듯이 수록 방식은 출전을 먼저 <언간(명칭-번호), 시기, 발신자(관계) → 수신자(관계)>의 형식으로 제시하고 그 아래에 판독문을 수록하는 방식을 취하였다. 이는 기존의 국어사 자료 말뭉치 구축 형식을 참조하면서 향후 컴퓨터상에서 용례추출 프로그램의 적용 대상이 될 것을 염두에 둔 것이다. 연구진의 판독 결과가 기존에 이루어진 판독과 차이가 날 경우 판독 사항을 일일이 표로 대비, 정리하여 연구자(이용자)가 판독 차이를 한눈에 확인할 수 있도록 하였다.

비록 1,465건에 한정되는 것이기는 하지만 이러한 자료집이 공간됨으로써 다음과 같은 효과가 기대된다. 첫째, 수록된 판독문은 말뭉치 구축을 염두에 두고 입력된 자료이기 때문에 향후 용례 추출이나 사전 편찬에 직접적으로 활용될 수 있다. 둘째, 판독문은 기존 판독과 대비하여 일일이 대비 작업을 수행한 결과이기 때문에 판독의 객관성을 연구자나 이용자가 직접 점검하는 데 유용할 수 있다. 셋째, 간략한 해제와 함께 해당 언간의 소장, 판독, 영인, 연구 등과 관련한 제반 현황이 안내되었기 때문에 언간 자료를 활용할 때 종합적이면서도 간편한 안내서 역할을 수행할 수 있다.

(9) 황문환·임치균·전경목·조정아·황은영(2013), 『조선시대 한글편지 판독자료집』

a. 『판독자료집』 외표지

조선시대
한글편지
판독자료집 1

황문환 임치균 전경목 조정아 황은영 엮음

한국학중앙연구원 어문생활사연구소

역락

b. 『판독자료집』 '판독편 예시'

판독편 예시
('순천김씨묘 출토 언간 001'의 경우를 설명의 편의상 임의로 가공하여 예시한 것임)

● 편지 명칭   ● 편지 번호

순천김씨묘 출토 언간 001 충북대박물관 유물번호 1348   ● 소장처 유물 번호 등
〈순천김씨묘-001, 1550~1592년, 채무이(남편) → 순천김씨(아내)〉

● 편지 약칭   ● 작성 시기   ● 발신자(관계)   ● 수신자(관계)

판독문   ● 봉투
(점선은 내지가 피봉을 겸한 봉투임을 표시)   ● 판독대비의 번호

지븨

(+) 무론 예 인는 무롤 모리 줄 거시니 모리 가라 ᄒ니 나죄 가 필죵이ᄃ려[1] 모리 갈 양으
로 일오라[2] ᄒ소 어디 가 바둘고 눅소녀 집[3] 근쳬 가 바둘가 은지니롤 브리디 아닐디라도
재□□가 교슈ᄒ고[4] 공이나 메워 보낼 □···□

● 원본에서 훼손된 부분을 표시   ● 훼손 부분이 길어 글자 수 표시를 생략함

● 다른 편지에서 이어짐

선행연구의 출전 표시 ●
저자
(출판연도 : 해당쪽수)

판독대비

번호	판독자료집	조건상 (1981a : 181)	전철웅 (1995 : 232)	조항범 (1998a : 35)	황문환 (2002 : 269)	전철웅 (2002 : 302)
1	필죵이ᄃ려	필죵이 ᄃ려	-	-	-	-
2	일오라	-	-	-	일 오라	일 오라
3	눅소녀 집	슉소녀집	슉소녀 집	슉소녀 집	슉소녀 집	-
4	교슈ᄒ고	교슈ᄒ고	(-)	-	〔판독 안 됨〕	-

● 판독자료집의 판독과 동일함   ● 판독이 안 된 경우

나. 언간 자료의 Data Base 구축(안)

위 자료집에서 한 걸음 더 나아가 언간 자료의 **Data Base**를 구축할 수도 있다. 그동안 언간 자료에 대한 연구나 활용은 주로 고어 지식과 판독 경험을 갖춘 특정 분야(국어사와 고전문학) 연구자에게 국한되었다. 타 분야에서는 판독 자체가 쉽지 않은 데다가 고어 지식마저 뒷받침되지 못해 언간 자료가 갖는 다양한 학술적 가치에도 불구하고 언간 자료에 대한 연구나 활용이 원천적으로 제한될 수밖에 없었다. 그러나 **Data Base**에 판독문은 물론 그에 대한 현대어역과 주석 등이 함께 탑재된다면 자료 연구나 활용상 제약은 적잖이 해소될 가능성이 있다.

앞서 언급한 바와 같이 1990년대 이후부터는 국어학자에 의한 역주 작업이 본격화되어 DB에 참조하거나 활용할 역주 결과가 상당히 축적되었다. 이 가운데 학술진흥재단(현 한국연구재단)의 지원을 받아 대규모로 이루어진 한국학중앙연구원 편(2005a~c, 2009a~g)의 역주 결과에 대하여는 저자가 컴퓨터상에 입력된 기존 텍스트 파일을 DB로 전환하여 관리 및 활용하는 방안을 모색한 바 있다. 한국학중앙연구원 편(2005a~c, 2009a~g)의 역주 결과는 개별 언간마다 '1. 판독(원본의 행별 그대로 띄어쓰기 없이 판독한 것), 2. 전사·주석(띄어쓰기와 함께 한자 어원을 밝히고 주석을 베푼 것), 3. 현대어역, 4. 참고(간략한 해제)'의 구성으로 되어 있는데 이러한 구성을 최대한 감안하여 저자는 DB 설계에 고려할 주요 항목을 대략 아래와 같이 분류, 설계하였다.

- 목록사항 : 개별 언간을 목록화하는 데 필요한 각종 서지 사항을9) 점검하여 작성.
- 판독문 : '1.판독' 내용을 가져와 수정 및 보완. 이 과정에서 띄어쓰기를 한 것은 '검색문

---

9) 언간 명칭, 연대, 발신자(성명, 성별, 연령, 관계, 지역, 지위 등), 수신자(성명, 성별, 연령, 관계, 지역, 지위 등), 형태 서지(규격, 봉투, 서체, 연기 등), 기타(소장자, 판독자, 주해, 영인 사항 등)

1', 원본의 행별 구분을 없앤 것은 '검색문2'로 구분하여 별도 관리.('검색문2'가 바로 판독자료집의 것과 대략 일치)

- 주석문 : '2. 전사·주석'을 가져와 수정 및 보완. 주석 자체는 '기주석문'으로 구분하여 별도 관리.
- 편집자주 : 판독 차이에 대한 대비 사항을 정리.
- 현대어역 : '3. 현대어역'을 가져와 수정 및 보완.
- 비고 : '4. 참고'를 가져와 수정 및 보완.

위의 분류에 따라 기존의 입력 파일('훈글' 프로그램 이용)은 먼저 목록 사항에 대해 재점검하고 판독 차이에 대해 대비 사항('편집자주')을 정리한 후 파일 내의 각종 입력 내용에 대한 수정 및 보완 과정을 거치게 된다. 이러한 다음에 적절한 가공 절차(DB 전환을 위한 각종 기호 삽입)를 거치면 4장 말미의 [참고 2]와 같은 DB 탑재용 파일이 준비될 수 있는데, 이 파일을 DB로 전환하고 운용하기 위하여 저자는 가칭 '목록 현황 작성 프로그램' 개발을 모색한 바 있다. 이 프로그램은 언간 자료의 현황 관리를 주된 목적으로 하면서 구체적으로 다음 세 가지 기능을 갖추는 데 목표를 두었다.[10]

- DB 구축 기능 : 앞서와 같은 DB 탑재용 (텍스트) 파일을 DB에 자동으로 탑재하는 기능. 가공 방식만 일정하다면 개별 언간이 아니라 수백 개의 언간을 한꺼번에 탑재하는 것도 가능. 앞서의 예가 탑재된 결과를 보이면 [참고 2]의 <그림 1>과 같다.
- 문서 검색 기능 : 구축된 DB에서 원하는 언간을 검색하고 검색 결과를 저장하는 기능. 화면 상단에 배치된 목록상의 정보를 조합하여 검색하는 것도 가능. 검색 결과를 예시해 보이면 [참고 2]의 <그림 2>와 같다.('편지명칭'에 '선찰'을 입력하여 '항목 검색'을

---

10) 이하의 내용은 당시 프로그램 개발에 참여하신 신성철 선생님께서 도와주신 것이다. [참고 2]의 예시 파일을 전해 주시는 등 여러 모로 도움을 아끼지 않은 선생님께 깊이 감사드린다.

실행한 결과 '『선찰』 소재 언간'을 모두 검색해 놓은 것이다.)

- 표제어 검색 기능 : '검색문2'를 대상으로 표제어를 검색하는 기능. 용례 검색과 추출(배열 포함) 및 저장이 가능하여 용례사전 편찬에도 활용 가능. 해당 화면을 예시해 보이면 [참고 2]의 <그림 3>과 같다.(검색 결과는 생략)

물론 위와 같은 프로그램은 DB 구축의 단순한 예에 지나지 않는다. 설계자의 목적에 따라 다양한 성격의 DB 구축 및 운용이 가능할 것인데 예컨대 언간 원본의 이미지 파일까지 탑재가 가능하다면 목록 검색에 따라 텍스트와 이미지가 함께 연동되는 DB도 생각해 볼 수 있다. 아무튼 위와 같이 검색 기능을 갖춘 Data Base가 성공적으로 구축되면 목록 정보상의 여러 가지 사회적 변인에 따라 예컨대 발신자 별, 관계별, 시기별, 성별, 지역별 등으로 (언간 및 용례에 대한) 다양한 검색이 가능하여 앞으로 언간 자료에 대한 연구나 활용을 활성화하는 데 적잖이 기여할 것으로 기대된다. 또한 Data Base에 탑재되는 주석과 현대어역 등은 국어사 연구자뿐 아니라 타 분야 연구자나 일반 이용자에게도 언간 자료를 더욱 손쉽게 활용할 길을 열어줄 수 있을 것이다.

4.3. 언간 자료의 현황

앞서 [참고 1]에 소개된 언간은 아쉽게도 발신자와 관련한 세부 현황을 보여주지 못한다. 발신자를 고려하자면 무엇보다 먼저 궁중(宮中)과 민간(民間)부터 나누어 볼 필요가 있다. 앞서 2장에서 보았듯이 궁중과 민간 사이에는 서로의 필적이 남는 것을 금기시할 만큼 구분이 엄격하였기 때문이다. 아래에서는 현존하는 언간 자료를 일단 궁중 언간과 민간 언간으로 대별(大別)하고 그 안에서 발신자와 관련한 세부적 자료 현황을 보다 구체적으로 살펴보도록 한다.

4.3.1. 궁중 언간

가. 궁중 언간의 현황

궁중 언간은 궁중 인물이 발신자가 된 언간을 이른다. 궁중 인물에는 군왕(君王), 비빈(妃嬪), 왕자(王子), 공주(公主) 등 왕족(王族)을 비롯하여 내관(內官), 상궁(尙宮), 내인(內人) 등 궁인(宮人)이 포함된다. 이미 2장에서 언급한 바와 같이 궁중 언간의 실물(實物)이 처음 등장하는 것은 사대부가의 것보다 시기가 뒤늦은데, 이는 궁중 언간의 금기(禁忌)에 따라 초기의 궁중 언간이 별로 전하지 않은 데 기인한다. 그럼에도 불구하고 현존하는 궁중 언간은 근 500건에 육박할 정도로 적지 않은 수가 전한다. 이제 현존하는 궁중 언간을 대상으로 (대략 발신자의 시기순에 따라) 발신자와 수신자, 현전하는 언간 건수 등을 표로 정리하여 소개하면 4장 말미에 붙인 '[참고 3] 조선시대 궁중 언간 일람(발신자 별)'과 같다.[11]

---

11) 일람표의 일부 사항은 최근 박부자(2014c : 74)에 소개된 내용을 참조하였다.

[참고 3]에 소개된 궁중 언간 대부분은 이미 『판독자료집』(2013)에 수록된 것들이다. 『판독자료집』에는 해당 언간의 판독문과 함께 '간략 해제, 원본 사항, 판독사항, 영인 사항, 참고 논저' 등이 종합적으로 소개되었기 때문에 해당 언간의자료 현황 내지 연구 현황을 상세히 참조할 수 있다. 그러나 『판독자료집』(2013)이후에 공개된 일부 궁중 언간에 대해서는 이러한 참조가 불가능하므로 아래에간략한 설명을 별도로 덧붙여 이해를 돕기로 한다.

① 국립한글박물관 소장 『정조어필한글편지첩』 언간

정조(正祖)의 어필첩(御筆帖)에 수록된 언간 14건을 이른다.12) 정조가 큰외숙모인여흥민씨(驪興閔氏)에게 보낸 언간들로 사연은 대부분 큰외숙모의 안부를 묻는 내용이다. 수록 언간 중 3건이 『조선왕조어필(朝鮮王朝御筆)』(2002)을 통해 공개된 바있으나 전면 공개는 어필첩을 국립한글박물관이 소장하게 되면서 국립한글박물관(2014c)을 통해 이루어졌다. 정조가 직접 쓴 어필(御筆)이면서 연령대에 따라 한글 필체의 변화상을 보여 준다는 점이 특징으로 꼽히고 있다. 국립한글박물관(2014c)에서는 언간 원본의 컬러 이미지와 함께 '판독문, 주석문, 현대어역, 해설'을 함께 수록하였다.

---

12) 정조의 것으로 김일근(1986/1991)에 소개된 언간이 4건 더 있으나 현재 원본의 소재를 알 수 없는채 판독문만 전하는 상태이다.

(10) 국립한글박물관(2014c), 『정조어필한글편지첩』

a. 첩의 외표지

역주 내용 (판독문, 주석문, 현대어역, 해설)

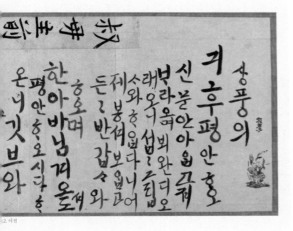

주석문

(봉투) 叔母主前[10]
샹풍[11]의 긔후 평안ㅎ신 문안 아옵고져 브라오며 뵈완 디 오래오니 셥ㆍ그립ㅅ와 ㅎ옵다니[12] 어제 봉셔 보옵고 든ㆍ반갑ㅅ와 ㅎ오며 한아바님겨오셔도[13] 평안ㅎ오시다 ㅎ온니[14] 깃브와 ㅎ옵ᄂᆞ이다[15] 元孫

현대어역

(봉투) 숙모님 앞
서릿바람에 기후 평안하신지 문안 알고자 합니다. (숙모님을) 뵌 지 오래되어 섭섭하고 그리웠는데 어제 편지 보니 든든하고 반갑습니다. 할아버님께서도 평안하시다 하니 기쁩니다. 원손(元孫)

해설
  이 편지는 전형적인 안부 편지이다. 앞 편지와 마찬가지로 발신자가 원손(元孫)인 점을 볼 때 세손 책봉 이전인 1759년 2월 이전(즉 8세 이전)에 쓴 편지로 추정된다. 파봉(皮封)에 '叔母主前'이라고 적혀 있어 수신자가 큰외숙모인 여흥 민씨임을 분명히 알 수 있다.
  또한 수신자인 외숙모님과 편지에 등장하는 할아버지를 높이기 위해 '긔후'와 '한아버님'를 행을 달리한 후 한 칸 올려 썼다. 어른에게 보내는 편지의 높임 격식을 지키기 위해 애쓴 듯하나 실수도 발견된다. 셋째 행에서 '문안'의 '안'을 행 도중에 한 칸 띄어쓰지 않고 붙여썼다. 글씨를 쓰다가 삭제하고 그 뒤에 이어 쓴 것과(ㅎ옵ᄂᆞ이다'의 '옵' 부분), '겨오셔도'의 '셔'를 누락하여 오른쪽에 작은 글자로 삽입한 것도 보인다.
  이 편지는 이후에 첩을 만드는 과정에서 봉투를 편지 상단에 오려 붙였으며 본문 마지막의 '元孫' 역시 오려 붙인 흔적을 볼 수 있다.

동世공學

상풍의
긔후평안ㅎ오
신문안아옵고져
브라오며뵈완디오
래오니셥ㆍ그립
ㅅ와ㅎ옵다니어
제봉셔보옵고
든ㆍ반갑ㅅ와
ㅎ오며
한아바님겨오셔도
평안ㅎ오시다ㅎ
온니깃브와
ㅎ ■옵ᄂᆞ이
다
      元孫

② 국립한글박물관 소장 정순왕후(貞純王后) 언간

정순왕후(貞純王后)와 조카 김노서(金魯恕, 1772~1804) 사이에 오간 언간을 이른다. 그동안 개인이 소장하던 것을 최근 국립한글박물관에서 구입하여 소장하면서 언간 전체의 존재가 알려지게 되었다. 언간 대부분은 조카가 먼저 보내온 편지 여백에 정순왕후가 답신으로 써 보낸 것인데 언간의 내용으로 미루어 1797~1804년 사이에 작성된 것으로 추정되고 있다. 소장 언간 중 1건은 일찍이 서울서예박물관(2002)에 소개된 바 있으나 이를 포함하여 4건이 최근 국립한글학물관(2015 : 72~78)에 소개되면서 조만간 전면 공개를 기다리고 있는 상태이다.[13]

(11) 국립한글박물관 소장 정순왕후 언간

설명 중간의 점선 부분이 김노서가 쓴 언간이고 좌우 여백 및 뒷면에 적힌 것이 정순왕후가 답장으로 써
보낸 언간에 해당한다.(크기 : 13.2×59.0cm)

[자료 4-01] 정순왕후(貞純王后) 언간[14]

---

13) 박재연(2014)에 15건의 판독문이 소개되었고 국립한글박물관(2015 : 72~78)에서는 4건의 판독문과
현대어역이 원본 이미지와 함께 수록되었다.
14) <정순왕후 언간(1797~1804년) : 정순왕후(숙모) → 김노서(조카)>, 국립한글박물관 소장. 언간의 판
독문과 서지 사항에 대해서는 박재연(2014 : 159~161) 및 국립한글박물관(2015 : 74~75) 참조

나. 궁중 언간의 특수성

궁중 언간의 발신자에 해당하는 왕족(王族)과 궁인(宮人)은 궁중(宮中)이라는 폐쇄된 공간에서 생활하는 것이 특징이었다. 이러한 폐쇄성 때문에 궁중 언간은 민간 언간에 비해 여러 모로 특수성을 지녔는데 기존 연구에서 궁중 언간의 특수성으로 자주 언급된 몇 가지를 아래에 소개한다.

① 금기(禁忌)

앞서 언급한 바와 같이 궁중과 민간 사이에는 필적(筆蹟)과 관련한 일종의 금기(禁忌)가 존재하였다. 임금의 필적이 신성시되어 민간에서 외경(畏敬)을 받았다면, 민간의 필적은 비속(卑俗)하게 여겨 궁중에서 기피(忌避)의 대상이 되었다. 이러한 사정은 왕후(王后)와 친가(親家)의 사이에서도 마찬가지였다. 친가의 편지가 궁중에 들었을 때 왕후는 그 편지의 여백에 쓴 답장을 친가에 반송하여 민간의 필적이 궁중에 남지 않도록 했고, 왕후의 편지가 친가에 가면 친가에서는 그 편지를 정중히 모아 세초(洗草, 물에 씻어 필적을 없애 버림)함으로써 외경(畏敬)을 표했던 것이다. 아래 『한듕녹(閑中錄)』에 보이는 혜경궁(惠慶宮) 홍씨(洪氏)의 증언을 보기로 하자.(밑줄 저자)

(12) 필적(筆蹟)과 관련한 궁중의 금기(禁忌)

니 유시의 궐닉의 드러와 <u>셔찰 왕복이 됴셕의 잇시니</u> 니 슈젹이 만히 잇실 거시로
디 입궐 후 션인겨오셔 경계ᄒ오시디 <u>외간 셔찰이 궁듕의 드러가 흘릴 거시 아니오</u>
<u>문후ᄒᆫ 외예 ᄉ연이 만키가 공경ᄒᄂ 도리의 가치 아니ᄒ니</u> <u>됴셕 봉셔 회답의 쇼식</u>
<u>만 알고 그 됴희의 써 보닉라</u> ᄒ시기 션비겨오셔 아춤 져녁 승후ᄒ시ᄂ 봉셔의 션인
경계디로 됴희 머리의 써 보닉옵고 <u>집의셔도 ᄯ호ᄒ 션인 경계디로 밧ᄌ와 두 모화 세</u>
<u>쵸ᄒ므로</u> 니 필적이 젼ᄒ염즉ᄒᆫ 거시 업ᄂ지라

【내가 유시(幼時, 어릴 적)에 궐내(闕內)에 들어와 서찰 왕복이 조석(朝夕)에 있으니 내 수적(手跡)이 많이 있을 것이로되 입궐 후 선인(先人, =先親)께서 경계하오시되 외간 서찰이 궁중에 들어가 흘릴 것이 아니요 문후(問候)한 외에 사연이 많은 것이 공경하는 도리에 가당치 아니하니 조석(朝夕) 봉서(封書) 회답(回答)에 소식만 알고 그 종이에 써 보내라 하셨기에 선비(先妣, 돌아가신 어머니)께서 아침 저녁 승후(承候)하시는 봉서(封書)에 선인(先人) 경계대로 종이 머리에 써 보내고 집에서도 또한 선인 경계대로 받아서 모두 모아 세초(洗草)한 까닭에 내 필적(筆跡)이 전함직한(=전할 만한) 것이 없는지라.】

<한듕녹(가람문고본) 1 : 1a>

위 (12)에서 혜경궁(惠慶宮) 홍씨(洪氏)는 어릴 적 대궐에 들어온 이래 서찰 왕복이 조석(朝夕)으로 있었음을 증언하고 있다. 그런데 밑줄 친 다른 부분을 보면 왕실에서 서찰 왕래가 잦은 중에도 일종의 금기(禁忌)가 있었음을 알 수 있다. 외간 서찰이 궁중에 들어와 돌아다녀서는 안 된다는 것, 문안 편지는 문후(問候) 외에 사연이 길어서는 안 된다는 것, 봉서 회답은 받은 편지 여백에 써 보낸다는 것, 궁중에서 받은 편지는 모두 모아 세초(洗草)한다는 것 등이 그것이다.

위에 언급된 내용 중 받은 편지 여백에 회답을 써 보낸 경우는 일부가 실물로 전하기도 한다. 그 전형적인 예를 바로 앞에 소개한 정순왕후 언간에서 찾아볼 수 있다. 민간에서 궁중으로 언간을 보낸 김노서는 숙모인 정순왕후의 회답이 있을 것을 미리 대비한 듯 자신이 쓴 사연 좌우에 아예 충분한 여백을 두어 언간을 작성하였다.(언간의 전체 모습이 마치 두루마리를 펼친 모습에 가까운 것은 이 때문이다.) 정순왕후는 김노서로부터 받은 언간의 좌우 여백에 회답을 쓰다가 그래도 여백이 모자라자 이번에는 뒷면까지 이용하였다. 받은 언간에 회답을 적어 보내는 이러한 방식은 민간과 궁중 사이뿐 아니라 궁중 내의 언간 왕래에도 적용되어 이른 시기인 17세기의 왕실 언간에서 그 실례를 확인할 수 있다.

아래 [자료 4-02]는 숙명공주(淑明公主, 1640~1699)가 부왕(父王)인 효종(孝宗, 1619~1659)에게 드린 문안 언간이다. 해정(楷正)한 필체로 또박또박 글씨를 쓴 가운데 부왕의 안부와 관련된 글자는 모두 대두법(擡頭法)이나 간자법(間字法)을 빠짐없이 적용하여 작성하였다.15) 이 언간은 성첩(成帖) 과정에서 편지 말미가 잘리고 말았지만 잘리지 않았다면 다음 [자료 4-03]에서 보듯이 차소법(差小法)이 적용되어 발신자 표시('슉명공쥬')가 언간 하단(이른바 말행 위치)에 다른 글씨보다는 좀 작은 크기로 나타났을 것이다.

(13) a. 숙명공주 언간과 이에 따른 효종의 회답

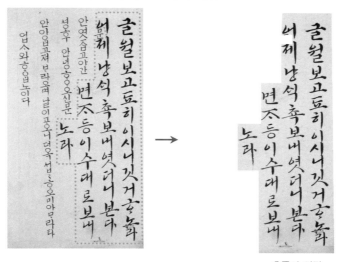

효종의 회답

판독 문 [頭]안 엿줍고 야간 [頭]셩후 [間]안녕ᄒᆞ오신 문 [頭]안 아옵고 져 ᄇᆞ라오며 날이 포오니 더옥 셥〃ᄒᆞ오미 아ᄆᆞ라타 업ᄉᆞ와 ᄒᆞ옵노이다

〈숙명공주(딸) → 효종(아버지)〉

글월 보고 됴히 이시니 깃거 ᄒᆞ노라 어제 냥셕 쵹 보내엿더니 본다 면즈등이 수대로 보내노라

〈효종(아버지) → 숙명공주(딸)〉

[자료 4-02] 숙명공주 언간16)

---

15) 예컨대 '문안'의 '안'(2회)과 '셩후'는 대두법이, '안녕'은 간자법이 각각 적용된 것이다.

b. 효종대왕 언간(숙명공주와 숙휘공주에 대한 회답)

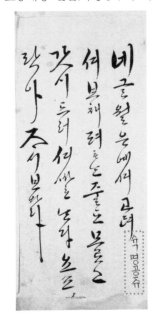 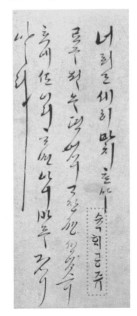

판독 네 글월을 예셔 고텨[슉명공쥬]셔 보채려 ᄒᆞᄂᆞᆫ 줄도 모로고 갓시 드
러셔 싸호ᄂᆞᆫ다 요 쇼락아 즈시 보아라

〈효종(아버지) → 숙명공주(딸)〉

너희ᄂᆞᆫ 세히 마치 ᄒᆞᆫ 말[슉휘공쥬]로 글월을 뎍어시니 ᄀᆞ장 정성 업스니 후
에 ᄯᅩ 이리 ᄒᆞ면 아니 바들 거시니 알라

〈효종(아버지) → 숙휘공주(딸)〉

[자료 4-03] 효종대왕 언간[17)   [자료 4-04] 효종대왕 언간18)

---

16) 〈숙명공주 언간[숙명-05](1652~1659년) : 숙명공주(딸) ↔ 효종(아버지)〉, 국립청주박물관 소장.
17) 〈효종대왕 언간[숙명-04](1652~1659년) : 효종(아버지) → 숙명공주(딸)〉, 국립청주박물관 소장.
18) 〈효종대왕 언간[숙휘-02](1642~1659년) : 효종(아버지) → 숙휘공주(딸)〉, 계명대 동산도서관 소장.

위 [자료 4-02](13a)와 [자료 4-03](13b)에서 굵고 큼직하게 쓴 글씨는 부왕(父王)인 효종의 회답(回答)에 해당한다. 공주의 언간을 받고는 그 여백을 이용하여 쓴 것으로, 여백을 활용하다 보니 행의 연결이 부자연스럽게 된 모습도 나타난다. (13b)의 [자료 4-04] 역시 숙휘공주(淑徽公主, 1642~1696)가 보낸 언간 여백에 부왕인 효종이 회답을 써 보낸 것이다. 언간의 오른쪽 아래에 '숙휘공쥬'라는 작은 글씨가 보이는데 [자료 4-03]의 경우와 마찬가지로 성첩(成帖) 과정에서 사연 부분이 잘리고 발신자 표시만 남은 결과로 설명될 수 있을 것이다.

② 어휘(語彙)

궁중과 민간의 구별은 어휘에도 미쳐 궁중에서는 민간에서 쓰지 않는 별도의 어휘, 이른바 궁중어(宮中語)를 사용하는 경우가 많았다. 구한말(舊韓末) 궁중에서 생활한 사후당(師候堂) 윤백영(尹伯榮, 1888~1986) 여사의[19] 증언(證言)에 따르면 이미 일반인에게 익숙한 '옥체(玉體), 용안(龍顔), 보령(寶齡)'과 같은 어휘(14b) 외에, '소고의, 봉지, 기소, 숙인, 발궤' 같은 물명(14a)이나 '아기시, 마마, 자가, 마누라' 같은 특수 호칭(14c,d)도 궁중어로 존재하였다.(밑줄 저자)

(14) 구한말(舊韓末) 궁중어에 대한 윤백영 여사의 증언

a. 진어(님군이 잡사오시다 말), 지밀(님군님 거처하시는 방마루), 수라(음식), 탕제(약), 소고의(저고리), 봉지(바지), 기소(금침), 기소 배설(금침 펴 드리는 것), 의대(의복), 족건(보선), 수지(손), 족쟝(발), 수지톱 가시니(손톱 베시는 것), 족쟝톱 가시니(발톱 베시는 것), 감긔가 드시면(감후 문안이 겨시다), 체증이 겨시면(체수 문안이 겨시다), 병환이란 말은 못하고 어대든지 블평하시면 문안이 겨시다

19) 덕온공주(德溫公主, 순조 3녀)의 손녀로 사후당(師候堂)은 윤백영 여사의 당호(堂號)이다.

하나니, 숙인(수건), 발궤(뒤주)[장조황제(사도세자)겨서 뒤주 속의서 승하하신 고로 비창하여 하시는 고로 뒤주 말 못하니], 진상(편지고 물건이고 님군긔 드리는 것), 조리개(장조림), 탕병(떡국)

〈궁듕 녜법 풍속과 전하는 말삼(1967)20) 23~25〉

b. 진용안(님군님 얼골 외젼), 용체(님군님 몸 외젼), 용수(님군님 수염), 안정(님군님 눈), 기소의 드시니(주무시다 말), 기소의 나시니(이러나서다 말), 승은(님군이 여자 갓가이 하신 것), 탄생(아기 나신 것), 실혈(낙태하신 것), 통촉하시니(드르서다 말), 옥체(님군님 내외젼 갓치 몸이시니), 쳔의 셩의 셩심 금심(님군님 마음), 젼교 셩지(님군님이 말삼하신 것), 감하시니(보섯다 말), 감 뫼왓다(님군님 뫼왓다 말), 옥체(님군님 몸), 보령(님군님 년세), 두후가 겨시니(님군과 세자 역질 하시는 것), 시위(님군 뫼시고 있는 것과 압의서 거행), 황송 처분이 겨시다(꾸종 듯는 것), 폐현 조졍(반녈의서 뵈옵는 것), 승후(침젼의서 뵈옵는 것)

〈궁듕 녜법 풍속과 전하는 말삼(1967) 27~29〉

c. 진중궁전이나 태자비 친정을 본겻이라 하나니 님군이 나신 자녀는 남녀간 아기시라 하나니, 원자도 아기시, 대군도 아기시, 공주도 아기시, 왕자도 아기시, 옹주도 아기시, 봉작한 후라야 동궁마마, 대군대감, 공주자가마마, 군대감, 옹주자가라 하나니, 대군부인 마님 군부인 마님이라 하지 마마라 아니하나니, 공주의 남편은 부마 간택되면 곳 일품 봉작으로 대감이라 하고 궁중의서는 부마자가라 하고 옹주의 남편은 간택 후 이품 봉작으로 녕감이라 하다가 몃 달 후의 일품 하여 대감이라고 하나니

〈궁듕 녜법 풍속과 전하는 말삼(1967) 31~33〉

d. 진백년 전의는 왕후 말삼을 하면 전마노라라고 하엿는대 백년 후의는 전마마시

---

20) 단국대 도서관 소장. 도서번호 : S0640366.(이하 같음) 자료에 대한 자세한 소개는 황문환 (2012b : 171, 180~187) 참조

라 하고 중궁전마마시라고 하고 곤전마마시라고 하니

〈궁듕 녜법 풍속과 전하는 말삼(1967) 59~60〉

 궁중어를 제대로 구사할 줄 아는 것은 궁중 예법에서도 핵심을 이루는 것이었다. 때문에 위에 든 궁중어가 왕실 언간에 수시로 등장하는 것은 자연스러운 일이었다. 예컨대 마지막에 든 특수 호칭 중 일부는 왕실 언간에 실제 용례가 등장하기도 한다. 아래에서 '즈겨, 즈가'는 공주에 대한 호칭으로, '마누라'는 봉투에 적인 '뎐마누라'와 함께 왕후에 대한 호칭으로 쓰인 것을 확인할 수 있다.[21]

 (15) 언간 자료에 쓰인 궁중어의 사례

 a. 병환은 비록 비경타 ᄒ오나 져믄 사롬이니 즈연 아니 ᄒ리오랴 ᄇ라옵다가 마촘내 구티 못ᄒ오니 하 ᄲᆞᆫᄒ옵고 툭툭ᄒ오니 이 엇딘 일이온고 아므리 성각ᄒ와도 거즛 일 ᄀᆞᆺ줍고 즈겨 ᄆᆞᆷ이나 인평위 ᄆᆞᆷ이나 그리드록 늠의 업손 용ᄒ 인심을 가지고셔 뎌리 되오니 텬되 그리드록 무디ᄒ실샤 원이옵도소이다 ᄒᆡᄂᆞᆫ 졈졈 기옵고 어이 구러 셰월을 디내옵실고 즈겨 ᄆᆞᆷ을 셩각ᄒ오면 목이 메옵고 에엿브옵실샤 즈계야 하ᄂᆞ님도 그대도록 늠의 인싱도 셜이도 믿ᄃᆞ로션댜

〈명성왕후 언간[숙휘-30](1662년) : 명성왕후(올케) → 숙휘공주(시누이)〉

 b. 요ᄉᆞ이 긔운이나 엇더ᄒ옵신고 아옵고져 ᄒ오며 우ᄒ로겨으오샤 새히 되옵고 나가오션 디 오라오니 섭섭 그립ᄉ오니 츌입의 비편ᄒ다 마오시고 이궁 즈가 홈끠 드러오오시기롤 ᄇ라옵ᄂᆞ이다

〈인현왕후 언간[숙휘-33](1681~1696년) : 인현왕후(조카며느리) → 숙휘공주(시고모)〉

---

21) 이에 대한 자세한 논의는 이종덕·황문환(2012) 참조.

c. 【봉투】 뎐마누라 젼

【내지】 기간 망극지스을 엇지 만 니 외에 안젼 셔즈로 흐올잇가 마누라계셔은
상쳔이 도으셔 환위을 흐셧건이와 너야 엇지 싱환흐기을 바라올잇가 날이 오러
오니 옥도 쇠시고 **티평티평흐시고** 샹후 졔졀과 즈뎐 문안 티평흐시고 동궁마마
너외가 안슌흐기을 **츅슈츅슈흐옵**닉다 (…하략…)

〈흥선대원군 언간〔흥선대원군-1〕(1882년) : 이하응(시아버지) → 명성황후(며느리)〉

③ 서체(書體)

발신자의 성별(性別)에 따라 궁중 언간의 서체를 살펴보면 남필(男筆)과 여필(女
筆)의 차이가 뚜렷이 드러난다. 남필(男筆)의 경우는 조형(造形)의 중심축이 글자 중
간에 놓이는 반면, 여필(女筆)의 경우는 조형(造形)의 중심축이 중성 ㅣ에 놓이면서
세로획의 위치가 일정한 양상을 보이는 것이다.[22] 남필(男筆)에서 간간이 한자(漢
字)가 혼용된 것과 달리 여필(女筆)에서 한글 전용으로 일관하는 경향도 차이로
지적될 수 있는데, 이는 여필(女筆)의 경우 한글 자체의 독자적 조형성을 추구하
는 방향으로 서체 변화가 진전되었음을 의미한다. 이러한 진전은 이른바 '궁체(宮
體)'로 정착되는데 이미 숙종(肅宗, 1661~1720) 대에 완성을 보았을 것으로 추정하
는 견해가 있다.(김일근 1986/1991 : 139~144) 후대로 갈수록 궁중에서는 이 궁체를
전담하는 서사상궁(書寫尙宮)을 두어 궁중 발기[件記]나 소설의 필사(筆寫)를 비롯하
여 문안 편지의 대필(代筆) 등을 맡기기도 하였다.

④ 명칭(名稱)

앞서 2장에서 살펴보았듯이 조선시대의 한글 편지는 '언간(諺簡)' 외에도 '글시,
글월, 봉셔, 언찰, 유무, 편지' 등 여러 가지 명칭으로 불리었다. 이 가운데 구한

---

22) 자세한 내용은 윤양희 외(1994 : 72~92) 참조.

말(舊韓末) 궁중에서는 왕실 인물과 관련된 편지만 특별히 '봉서'로 지칭했을 가능성이 있어 주목된다. 아래는 당시 궁중에서 생활한 사후당(師候堂) 윤백영(尹伯榮, 1888~1986) 여사의 증언(證言)이다.(밑줄 저자)

(16) '봉서' 명칭에 대한 윤백영 여사의 증언

님군이 친족의게 ㅎ는 편지도 봉셔라 하고 신하 부인이 황후나 태자비게 하는 편지도 봉셔라 하나니 사사집은 어른게 하는 편지는 샹셔라 하고 아래 사람게 하는 편지는 하셔라 하는대 님군게는 서로 봉셔라 양반 부인들이 샹궁들하고 하는 편지는 서로 글월이라 하나니

〈궁듕 녜법 풍속과 전하는 말삼(1967) 7~8〉

위 증언에 따르면 왕실 인물과 관련될 때는 '봉서', 단순히 궁인과 관련될 때는 '글월'이라 하여 편지를 가리키는 명칭에 구별이 있었던 것을 엿볼 수 있다. '봉서'의 본래 의미는 "겉봉을 봉한 편지" 정도이겠지만 후대에 와서 특별히 왕실 인물과 관련된 편지를 가리키는 데 쓰여 의미가 특수화된 것이다. 사전에 따라서는 '봉서'의 뜻풀이 가운데 하나로 "왕비가 친정에 사적으로 보내는 서신"(『표준 국어대사전』)을 들기도 하는데 이러한 의미가 바로 위 증언에서 구별한 '봉서'와 맥이 닿는 것이라 하겠다.

4.3.2. 민간 언간

가. 사대부가(士大夫家) 언간

[참고 1]에 소개된 언간 중 궁중 언간을 제외하면 대부분은 사대부가에서 오간 언간들에 속한다. 시기를 거슬러 올라갈수록 관(棺) 속에 시신과 함께 넣은 관

중서(棺中書)가 무덤에서 출토되어 전하거나 후손들이 만든 필첩(筆帖) 등에 선대(先代)의 필적(筆蹟)으로 수록되어 전하는 경우가 많다. 어느 경우든 수수(授受) 범위가 일가 친족에 집중되어 자료적 밀집도가 높은 것이 특징인데 다만 남성 친족간에 오간 언간만큼은 극히 후대가 아니면 거의 발견되지 않는다. 이는 이미 2장에서 살핀 바와 같이 남성간에는 한문 간찰이 사용되었기 때문이다. 할아버지가 며느리와 손자에게 사연을 한 장에 써서 보내는 경우라 하더라도 며느리(여성)에게는 언문을, 손자(남성)에게는 한문을 사용하여 표기 수단을 엄격히 구별한 것을 아래에서 확인할 수 있다.

(17) 언문과 한문이 수신자에 따라 구별 사용된 간찰의 예

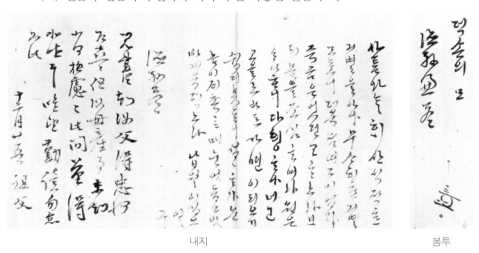

내지   봉투

설명 봉투에 보면 수신자를 '덕손의 모'라 하고 왼쪽에 '德孫 兼答'이라고 한문으로 적은 것이 보인다. 내지(內紙)에는 며느리(여성)에게 보내는 언간을 먼저 쓰고 그 다음에 손자(남성)에게 보내는 편지를 한문으로 썼다.

[자료 4-05] 송규렴(宋奎濂) 언간[23]

사대부가 언간도 상당수는 『판독자료집』(2013)에 수록되었기 때문에 해당 언간의 '간략 해제'와 '원본 사항, 판독 사항, 영인 사항, 참고 논저' 등을 통해 자료 현황 내지 연구 현황을 상세히 참조할 수 있다. 그러나 『판독자료집』(2013)에는 최근 새롭게 발굴된 언간이나 그동안 원본 확보가 여의치 못했던 언간의 경우 [참고 1]에 소개된 언간임에도 불구하고 자료집에 미처 수록되지 못한 언간들이 있다. 이러한 언간 중 자료 가치가 특히 높은 몇몇 언간에 대해서는 (궁중 언간의 경우와 마찬가지로) 아래에 간략한 자료 현황과 특징을 별도로 소개한다.

① "신창맹씨묘 출토" 언간 (2건)

2011년 5월 대전 유성구 금고동 소재 신창맹씨(新昌孟氏)의 무덤에서 출토된 언간 2건을 가리킨다. 2건 모두 무관(武官)이었던 나신걸(羅臣傑, 1461~1524)이 자신의 아내 신창맹씨에게 보낸 것인데 배영환(2012)을 통해 처음 소개되고 최근 국립한글박물관(2015 : 92~85)에 이미지가 공개되었다. 배영환(2012 : 214~220)에서는 발신자의 생몰년과 함경도를 '영안도'로 지칭한 점 등을 고려하여 1490년대에 씌어진 것으로 추정되었는데 추정이 맞다면 현전하는 최고(最古)의 언간에 해당된다. 훈민정음이 반포되고 나서 50~60년이 채 못 되어 지방까지 한글이 보급된 사정을 알려 주는 동시에 아직 흘림체가 등장하기 이전 낱낱의 글자가 떨어져 쓰인 초기의 한글 서체를 보여 주는 점에서 귀중한 자료로 평가된다.

---

23) <송규렴 언간[선찰-7-1](1695년) : 송규렴(시아버지) → 칠원윤씨(며느리)>, 대전역사박물관 소장.

(18) "신창맹씨묘 출토" 언간

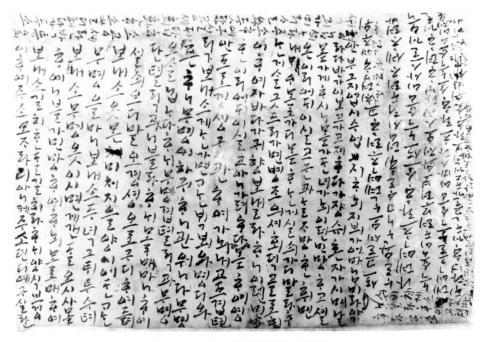

[자료 4-06] 나신걸(羅臣傑) 언간[24]

② "진주유씨가 묘 출토" 언간 (58건)

2001년 경기도 포천 소재 유시정(柳時定)의 묘에서 출토된 언간 58건을 이른다. 대부분 유시정(1596~1658)이 그의 아내 안동김씨(安東金氏, 1593~1676)에게 보낸 것인데 유시정의 생몰 연대 등을 감안할 때 언간의 작성 시기는 17세기 초반에서 1658년 사이로 추정되고 있다. 양승민(2006)에서 "진주유씨가 묘 출토" 언간으로 명명되며 처음 소개되었으나 아직 원본 이미지와 판독문을 포함하여 전면 공개

---

24) <나신걸 언간["신창맹씨묘 출토" 언간 01](1490년대) : 나신걸(남편) → 신창맹씨(아내)>, 대전역사박물관 소장. 언간의 판독문과 서지 사항에 대해서는 배영환(2012) 참조.

는 이루어지지 않았다. 17세기 중반 비교적 이른 시기의 언간으로서 특히 부부 간의 경어법을 잘 보여 주는 자료로 평가된다.

(19) "진주유씨가 묘 출토" 언간

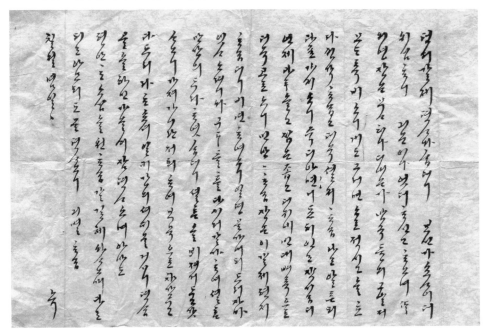

[자료 4-07] 유시정(柳時定) 언간[25]

③ "병와 이형상가" 언간 (21건)

병와(瓶窩) 이형상(李衡祥, 1653~1733)의 후손가에 전해 오던 언간 21건을 가리킨 다. 17세기부터 18세기초 사이에 이형상의 증조부인 이사민(李師閔)으로부터 이장 형(李長馨), 이주하(李柱廈), 이형상 본인까지 4대에 걸쳐 부인, 딸, 손녀 등과 주고

---

25) <유시정 언간["진주유씨가 묘 출토" 언간 48](17세기 중반 : 유시정(남편) → 안동김씨(아내)>, 선문 대 양승민 교수 소장. 언간의 서지 사항에 대해서는 양승민(2006) 참조.

받은 언간들이다. 다른 사대부가 언간들과 비교할 때 발신자가 모두 남성인 것이 특징이다. 문리각(2012 : 48~50)과 정재영 외(2012 : 95~100)에 "병와 이형상 집안의 한글 편지"로 처음 소개되면서 21건 중 4건의 이미지가 판독문과 함께 공개된 바 있다. 개인이 소장하던 것을 최근 국립한글박물관으로 옮기면서 박부자(2015)에서 대략적인 자료 소개가 이루어졌으나 아직 전면 공개는 이루어지지 않은 상태이다.

(20) "병와 이형상가" 언간

[자료 4-08] 이주하(李柱廈) 언간[26]

---

26) <이주하 언간["병와 이형상가" 언간 10](1721년) : 이주하(시아버지) → 며느리>, 국립한글박물관 소장. 언간의 판독문과 서지 사항에 대해서는 박부자(2015) 참조.

나. 기타 언간(역관, 승려, 노비 등)

현존 언간 중에는 발신자의 신분상 궁중 인물이나 사대부가의 인물로 분류될 수 없는 언간들이 전하기도 한다. 이들 언간 중 아래에서는 역관(譯官), 승려(僧侶), 노비(奴婢)의 예를 각각 소개한다.

① 역관(譯官)

최근 18세기 후반 ~ 19세기초에 걸쳐 조선과 일본의 역관(譯官)들 사이에 작성된 언간이[27] 대거 발굴, 소개되었다. 長正統(1978)에서 '왜학역관서간(倭學譯官書簡)'으로 일부(8건)가 소개된 이래, 2010년 기시타 후미다카[岸田文隆] 교수가 대마 역사민속자료관(對馬歷史民俗資料館) 등에서 발굴한 자료를 정승혜(2012a)에서 '대마도(對馬島) 종가문고소장(宗家文庫所藏) 조선통사(朝鮮通事)의 언간(諺簡)'으로 명명하면서 총 72건의 존재가 학계에 알려지게 되었다. 이후 기시타 교수의 자료 발굴이 계속된 결과 최근에는 언간 99건과 관련 문서 13건을 합하여 총 122건의 자료가 長崎縣教育委員會(2015)에 해당 자료의 흑백 이미지와 함께 공개되었다. 정승혜(2012a : 123)에 따르면 이들 언간 대부분은 "주로 1811년 신미통신사행(辛未通信使行)이 이루어지기까지 일본(日本)과의 '역지통신협상(易地通信協商)'의 과정에서 협상의 당사자였던 조선통사(朝鮮通事)들이 일본통사(日本通詞)들에게 보낸 개인적인 편지들"이다. 중인(中人) 계층에 속하는 역관(譯官)들이 작성한 언간이면서 일부가 당시 막부(幕府)에 보고할 목적으로 일본어로 번역되기도 한 점에서 당시의 언어나 역사와 관련하여 자료 가치가 극히 높다고 할 수 있다. 정승혜(2012a)에 소개된 자료 중 역관 박준한(朴俊漢)의 언간과 그것을 일본어로 번역한 문서(국사편찬위원

---

27) 한자어를 한자(漢字)로 적은 경우가 많아 이들 언간은 표기상 국한(國漢) 혼용의 모습을 보인다.

회 소장)를 소개하면 아래와 같다.

(21) 대마도 종가문고(宗家文庫) 소장 조선 통사(通事)의 언간

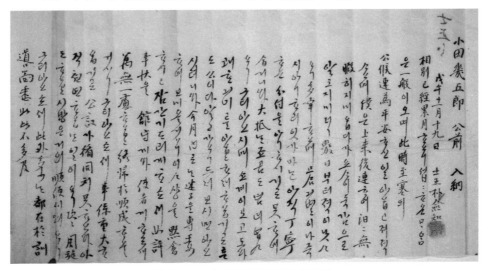

[자료 4-09] 박준한(朴俊漢) 언간[28]

[자료 4-10] 박준한의 언간을 일본어로 번역한 문서[29]

---

28) <박준한 언간(1798년) : 박준한(조선 통사) → 오다 이쿠고로(일본 통사)>, 일본 대마역사민속자료관 소장. 언간의 서지 사항과 판독문에 대하여는 정승혜(2012a : 115~117) 및 長崎縣敎育委員會(2015 : 23, 47~48, 304~305) 참조

29) 국사편찬위원회 소장(고문서 5399, MF 991). 문서의 서지 사항과 판독문에 대하여는 정승혜(2012 a : 116~117) 참조

② 승려(僧侶)

승려는 조선시대에 신분상으로 천민(賤民)에 속하였지만 "여인(女人)과 서민사회 (庶民社會)는 물론 귀족(貴族)과 궁정(宮庭)에까지 교섭(交涉)의 범위가 넓어" 초기 실록(實錄)에는 승려가 언간을 궁중에 직달(直達)하여 전횡(專橫)을 부린 예도 등장한다.(김일근 1986/1991 : 31) 이로 미루어 승려들의 언간 사용이 일찍부터 활발하였을 것으로 짐작되나 현재 실물로 전하는 경우는 극히 드물다. 다만 근래에 발굴된 것으로 이용(2005)에서 18세기에 작성된 승려의 언간 4건이 소개된 바 있다. 이 가운데 발신자가 설훈(雪訓)으로 되어 있는 1건을 보면 아래와 같은데 여백을 활용하거나 대두법('안'), 차소법('쇼승')을 적용한 방식 등에 있어 여느 언간과 다를 바 없는 모습을 확인할 수 있다. 조선시대에 승려가 관계를 맺은 인적 교류의 폭이 넓었던 만큼 앞으로 사찰에 전하는 고문서 가운데 승려와 관련된 언간이 보다 활발히 보고될 것으로 예상된다.

(22) 승려의 언간

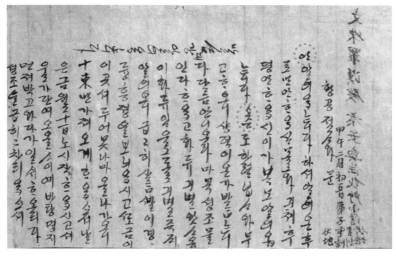

[자료 4-11] 설훈(雪訓) 언간[30]

③ 노비(奴婢)

앞서 2장에서 남성간에 언간이 적극적으로 실용된 경우로 주종간(主從間)의 언간을 예시한 바 있다. 아울러 간헐적이기는 하나 상전이 노비에게 보낸 배지[牌子] 성격의 언간이 17세기 이후 꾸준히 이어지는 사실도 언급하였다.(전술 2.2.2. 참조) 이를 감안하면 일찍부터 노비에게 한글을 해득할 능력이 있어 노비가 (단순히 수신자에 그치지 않고) 발신자로서 언간을 직접 작성할 수 있었을 가능성도 배제할 수 없다.[31] 그러나 노비(혹은 하인)가 상전에게 보낸 고목(告目) 성격의 언간은 19세기 후반에나 실물이 발견되는데 김일근(1986/1991 : 93~95, 243~244)과 한국학중앙연구원(2005a : 456~486)에서 각각 소수가 보고된 바 있다. 아래 예시한 것은 1882년의 언간으로, 여기서는 첫머리에 '고목'이라 표시한 뒤 발신자가 자신을 '소인'(차소법 적용)으로 지칭하면서 수신자인 상전을 '나리쥬'(대두법 적용, 곧 "나리님"을 의미)로 호칭하는 것을 볼 수 있다. 실물로 전하는 예가 적기는 하지만 이미 『징보언간독(增補諺簡牘)』(1886)에 '고목'의 규식(規式)이 ('답배지'와 함께 나란히) 수록된 점을 감안할 때 당시에 고목 성격의 언간이 이미 보편화된 현실을 미루어 짐작할 수 있다.

---

30) <설훈 언간(1774년) : 설훈(제자) → 미상(스승)>, 수덕사 근역성보관 소장. 언간의 판독문과 서지 사항에 대해서는 이용(2005) 참조. 사진 자료는 이용 선생님께서 제공해 주신 것이다. 이 자리를 빌려 여러 모로 조언과 협조를 아끼지 않으신 선생님께 깊이 감사드린다.

31) 이와 관련하여 아래와 같이 실록에 등장하는 기사(記事)도 주목된다. 백두현(2015b : 143)에 따르면 해당 기사는 "내수사(內需司)의 노비 윤만천이 승려 은수에게 한글 편지를 써 보냈음을 알려 주는 기록"이 된다.

政院以聞修招辭入啓 [招云 京居內需寺奴尹萬千 以諺簡通于我曰 屢惠芒鞋 多謝多謝 一來相見云 …] <중종 34(1539) 5월 21일(무자)>
【정원이 은수의 초사를 입계하였다. [그 초사에 "서울 사는 내수사의 노비 윤만천(尹萬千)이 '諺簡'을 나에게 보내왔는데, 그 내용 중에 여러 차례 짚신을 보내 주어 대단히 감사하니 한 번 와서 서로 만났으면 한다고 하였습니다. …"]】

(23) 하인이 상전에게 보낸 언간

[자료 4-12] 김범용 언간[32]

32) <김범용 언간["전주유씨 안동수곡파 고문서 간찰류·고목류" 54](1882년) : 김범용(하인) → 상전>.
   언간의 서지 사항과 판독문에 대하여는 한국학중앙연구원(2005a : 458~460) 참조.

[참고 1] 조선시대 언간 자료 일람

번호	언 간 명 [약칭]	연 대	건수	발신자 (→수신자)	해제/서지	소장	판독/주해 (고딕체가 주해)	사진/영인	판독 자료집 수록
01	"신창맹씨묘 출토" 언간	1490년대	2건	남편 나신걸 (→신창맹씨)	배영환(2012: 214~220)	대전 역사 박물관	배영환(2012) **국립한글박물관 (2015)**	국립한글 박물관(2015)	×
02	순천김씨묘 출토 언간 [순천김씨묘-]	1550~ 1592년	189건	어머니, 남편, 오빠 등 (→순천김씨)	조항범 (1998a:6~31) 충북대학교 박물관(2002: 167~184)	충북대 박물관	충북대학교박물관 (1981, 93건) 전철웅(1995) **조항범(1998a)** 황문환(2002a) 전철웅(2002)	충북대학교 박물관(1981) 충북대학교 박물관(2002)	○ (188건)
03	"파평윤씨 모자 미라 부장" 언간	16C	3건	딸 숙빈 (→어머니) 등	정광(2003)	고려대 박물관	정광(2003)	고려대학교 박물관(2003)	×
※	『언간의 연구』 수록 언간	1571년~ 19C후반	299건	왕실, 사대부가, 서민 등	김일근 (1986/1991: 166~178, 275~277)	–	**김일근(1959c, 36건)** 김일근(1974a) 김일근(1986/1991: 180~250, 278~305)	김일근(1959c, 36건) 김일근(1986/ 1991, 31건)	○ (일부)
04	"안민학" 언간	1576년	1건	남편 안민학 (→아내 현풍곽씨)	구수영(1979)	安秉禝	구수영(1979) **홍윤표(2013: 145~163)**	구수영(1979) 홍윤표(2013: 145~163)	×
05	이응태묘 출토 언간 [이응태묘-]	1586년	1건	아내 (→남편 이응태)	안귀남 (1999a)	안동대 박물관	**안귀남(1999a)**	안귀남 (1999a)	○
※	『근조내간선』 수록 언간	1597년~ 19C중반	65건	왕실, 사대부가	이병기(1948)	미상 (대부분)	**이병기(1948)**	미공개 (대부분)	×
※	『한글서예 변천전』 수록 언간	16~19C	58건	왕실, 사대부가, 궁녀 등	예술의전당 (1991)	–	–	예술의전당 (1991)	○
※	『조선왕조 어필』 수록 언간	16~19C 중반	26건	왕, 왕비, 왕자, 공주 등	서울서예 박물관(2002)	–	서울서예박물관 (2002)	서울서예 박물관(2002)	○
※	디지털 한글 박물관 '옛 한글 편지전' 전시 언간	16~20C	21건	왕실(7건) 사대부가(7건) 서민(7건)	국립국어원 (2007)	–	**국립국어원(2007)**	국립국어원 (2007)	○ (대부분)

번호	언간명 [약칭]	연 대	건수	발신자 (→수신자)	해제/서지	소장	판독/주해 (고딕체가 주해)	사진/영인	판독 자료집 수록
※	국립 한글박물관 '한글 편지, 시대를 읽다' 전시 언간	16~20C	17건	왕비(10건) 등	국립한글 박물관(2015)	국립 한글 박물관	**국립한글박물관 (2015)**	국립한글 박물관(2015)	○ (일부)
06	진주하씨묘 출토 언간 / 현풍 곽씨 언간 [진주하씨묘- /곽씨-]	17C전기	167건	남편, 딸, 아들, 시누이, 사위 등 (→진주하씨)	김일근(1991b) 백두현(1997a)	국립 대구 박물관	김일근(1991b,10건) 백두현(1997a, 163건) 황문환(2002a, 163건) **백두현(2003c, 167건) 국립대구박물관 (2011, 98건)**	건들바우 박물관(1991) 서병패(1993) 백두현(2003c) 국립대구 박물관(2011, 98건)	○ (147건)
07	나주임씨가 『총암공 수묵내간』 언간 [총암공-]	17C	8건	임일유 (→딸 등)	한국학 중앙연구원 (2005c)	임형택 교수	**한국학중앙연구원 (2005c)**	한국학 중앙연구원 (2005d)	○
08	"진주유씨가 묘 출토" 언간	17C중반	58건	남편 유시정 (→안동김씨)	양승민(2006)	양승민 교수	미소개	미공개	×
09	은진송씨 동춘당 송준길가 언간 [송준길가-]	17C후반 ~ 18C중반	96건	송병하, 송요화, 밀양박씨, 송익흠, 여흥민씨 등 (→아내, 남편 등)	박순임(2004: 282~292) 박부자(2008a) 한국학 중앙연구원 (2009a)	대전 역사 박물관	**한국정신문화 연구원(2004) 한국학중앙연구원 (2009a)**	한국정신 문화연구원 (2004) 한국학 중앙연구원 (2009h)	○
10	은진송씨 송준길가 『선세언독』 언간 [선세언독-]	17~18C	40건	송준길, 송병하, 송요화 등 (→아내 등)	허경진(2003: 239~247) 박순임(2004: 282~292) 박부자(2008b) 한국학 중앙연구원 (2009a)	대전 역사 박물관	허경진(2003, 4건) **한국정신문화 연구원(2004) 한국학중앙연구원 (2009a)**	한국정신 문화연구원 (2004) 한국학 중앙연구원 (2009h)	○

번호	언간명 [약칭]	연대	건수	발신자 (→수신자)	해제/서지	소장	판독/주해 (고딕체가 주해)	사진/영인	판독 자료집 수록
11	해주오씨 오태주가 『어필』소재 명안공주 관련 언간 [명안어필-]	17C후반	12건	현종, 명성왕후 등 (→명안공주)	강릉시립 박물관(1996) 김용경(2001b)	강릉시 오죽헌 ·시립 박물관	강릉시립박물관 (1996, 10건) **김용경(2001b, 10건)**	강릉시립 박물관 (1996, 10건) 서울서예 박물관 (2002, 6건)	
12	『숙휘신한첩』 언간 [숙휘-]	1653~ 1696년	35건	효종, 인선왕후 등 (→숙휘공주)	**김일근(1959a)** **김일근(1986/ 1991:59~66)**	계명대 동산 도서관	**김일근(1959c)** 김일근(1986/1991)	김일근(1959c) 문화재청 (2009)	○
13	진성이씨 이동표가 언간 [이동표가-]	17C후반 ~18C초	38건	이동표 등 (→어머니 등)	김종택(1979) 배영환· 신성철· 이래호(2013)	이원주 교수 후손가	김종택(1979, 5건)	미공개	○ (37건)
14	나주임씨가 『임창계선생 묵보국자내간』 언간 [창계-]	17~18C	18건	임영 (→어머니, 누이 등)	한국학 중앙연구원 (2005c)	임형택 교수	성균관대 대동문화연구원 (1994, 12건) **한국학중앙연구원 (2005c)**	성균관대 대동문화 연구원 (1994, 12건) 한국학 중앙연구원 (2005d)	○
15	『숙명신한첩』 언간 [숙명-]	1652~ 1688년	67건	효종, 인선왕후 등 (→숙명공주)	김일근(1986/ 1991:59~66) 국립청주 박물관(2011)	국립 청주 박물관	김일근(1986/1991) **국립청주박물관 (2011)**	문화재청 (2009) 국립청주 박물관(2011)	○
16	은진송씨 제월당 송규렴가 『선찰』소재 언간 [선찰-]	17C후반 ~18C초	124건	송규렴 (→며느리 등) 안동김씨 (→아들 등)	이래호· 황문환(2003) 이래호(2004)	경기도 박물관	한국정신문화 연구원(2003) 한국학중앙연구원 (2009b)	한국정신 문화연구원 (2003) 한국학 중앙연구원 (2009h)	○
17	"『정조어필 한글편지첩』" 언간	1755?~ 1798년	14건	정조 (→외숙모 여흥민씨)	이종덕(2014) 국립한글 박물관 (2014c:20)	국립 한글 박물관	서울서예박물관 (2002, 3건) 이종덕(2014) **국립한글박물관 (2014c)**	예술의전당 (1991, 3건) 서울서예 박물관 (2002, 3건) 국립한글 박물관(2014c)	○ (3건)

번호	언간 명 [약칭]	연 대	건수	발신자 (→수신자)	해제/서지	소장	판독/주해 (고딕체가 주해)	사진/영인	판독 자료집 수록
18	고령박씨가 『선세언적』 언간 [선세언적-]	17~18C	21건	고령박씨가 여인 11인 (→아들, 남편, 손자, 시아버 지 등)	김완진(1972)	서강대 도서관	김완진(1972, 4건) 김일근 (1986/1991, 3건) **한국학중앙연구원** **(2005c)**	한국학 중앙연구원 (2005d)	○
19	"병와 이형상가" 언간	17~ 18C초	21건	이사민, 이장형, 이주하, 이형상 (→아내, 딸, 손녀 등)	정재영 외 (2012: 95~100) 박부자(2015)	박민철	**문리각(2012:** **48~50, 4건)** 박부자(2015)	문리각 (2012, 4건)	×
20	신창맹씨가 『자손보전』 소재 언간 [자손보전-]	18C초반 ~ 19C초반	20건	신창맹씨가 여인 11인 (→아들, 손자, 조카 등)	김일근 (1986/1991: 74~77) 한국학 중앙연구원 (2005c)	숙명 여대 도서관	김일근 (1986/1991, 9건) **한국학중앙연구원** **(2005c)**	한국학 중앙연구원 (2005d)	○
21	월성이씨 언간 [월성이씨-]	1716년	3건	월성이씨 (→아들 권순경)	황문환 (1997, 1998a)	권오벽	**황문환(1997,** **1998a)**	황문환 (1997, 1998a)	○
22	"정순왕후" 언간 [정순왕후-]	1797~ 1804년	15건?	정순왕후 (→조카 김노서 등)	국립한글 박물관 (2015:72)	국립 한글 박물관	서울서예박물관 (2002, 1건) **국립한글박물관** **(2015, 4건)**	서울서예 박물관 (2002, 1건) 국립한글 박물관 (2015, 4건)	○ (1건)
23	추사가 언간 [추사가-]	18C후반 ~19C	45건	김노경, 기계유씨 등 (→아내, 남편, 며느리 등)	김일근 (1982ab) 이병기(2013: 228~230)	국립 중앙 박물관 (42건) 및 개인	**김일근** **(1982ab, 23건)** **김일근·황문환** **(1998~2000, 9건)**	미공개 (대부분)	○
24	의성김씨 학봉 김성일가 언간 [김성일가-]	18C후반 ~ 19C후반	167건	김진화, 여강이씨 등 (→아내, 남편, 며느리 등)	한국학 중앙연구원 (2009c)	안동 학봉 김성일 종택	**한국학중앙연구원** **(2009c)**	한국학 중앙연구원 (2009i)	○

번호	언간명 [약칭]	연대	건수	발신자 (→수신자)	해제/서지	소장	판독/주해 (고딕체가 주해)	사진/영인	판독 자료집 수록
25	추사 언간 [추사-]	1818 ~1844년	40건	김정희 (→아내, 며느리)	김일근 (1986/1991: 275~277) 김경순(2013: 8~28)	국립 중앙 박물관 (28건) 및 개인	김일근(1986/1991: 278~305) 서울서예박물관 (2004) 김경순(2013)	서울서예 박물관(2004) 김경순(2013)	○
26	『순원왕후 어필』 언간 [순원어필-]	1837~ 1852년	25건	순원왕후 (→재종동생 김흥근)	이승희(2000) 이승희(2010): 11~41)	서울대 규장각	이승희(2000, 일부) 이기대(2009b, 일부) 이승희(2010)	아세아여성 연구소(1968) 이승희(2010)	○
27	조용선 편저 『봉서』 소재 언간 [봉서-]	19C중반 ~ 20C초반	40건	순원왕후, 명성황후, 서기 이씨 등	조용선 편저 (1997)	조용선 (12건) 이득신 (5건) 등	조용선 편저(1997)	조용선 편저 (1997)	○
28	순원왕후 어필봉서 언간 [순원봉서-]	1840년대 초~ 1850년대 중반	33건	순원왕후, (→재종동생 김흥근 등)	이승희(2000) 이승희(2010): 11~41)	서울대 규장각	이승희(2008, 4건) 이기대(2009b, 7건) 이승희(2010)	이승희(2010)	○
29	은진송씨 송병필가 언간 [송병필가-]	19C후반	91건	송병필 등 (→아내, 며느리 등)	황문환(2005)	국립 민속 박물관	박재연·황문환 (2005)	박재연· 황문환(2005)	○
30	여흥민씨 민영소가 명성황후 언간 [명성황후-]	1882~ 1895년	134건	명성황후 (→조카 민영소)	이기대(2007: 43~60) 이기대(2010: 140~153)	국립 고궁 박물관	이기대 (2004, 131건) 이기대(2007) 국립고궁박물관 (2010)	박요순 (1992, 일부) 이기대(2007) 국립고궁 박물관(2010)	○
31	여흥민씨 민영소가 명성황후 궁녀 언간 [명성궁녀-]	1883~ 1895년	41건	궁녀 (→민영소)	이기대(2007: 335~341)	국립 고궁 박물관	이기대(2007, 36건) 국립고궁박물관 (2010, 41건)	이기대 (2007, 36건) 국립고궁 박물관 (2010, 41건)	○
32	흥선대원군 언간 [흥선대원군-]	1882~ 1885년	4건	흥선대원군 (→아들, 며느리)	정양완 외 (1973) 이종덕· 황문환(2012) 이종덕(2014)	박주환	정양완 외(1973) 김일근 (1986/1991, 3건) 이종덕·황문환 (2012)	자료조사 연구실 (1973, 2건) 예술의전당 (1991) 이종덕· 황문환 (2012, 1건)	○

번호	언간 명 [약칭]	연 대	건수	발신자 (→수신자)	해제/서지	소장	판독/주해 (고딕체가 주해)	사진/영인	판독 자료집 수록
33	순명효황후 언간 [순명효황후─]	1894~ 1904년	10건	순명효황후 (→김상덕)	어강석(2007) 한국학 중앙연구원 (2009e:32~35)	한국학 중앙 연구원	어강석(2007, 5건) **한국학중앙연구원** **(2009e)**	한국학 중앙연구원 (2009j)	○
34	"해남윤씨 어초은공파" 언간	17C후반 ~ 20C전반	37건	사대부가 등	한국학 중앙연구원 (2005a)	개별 문중	**한국학중앙연구원** **(2005a)**	한국학 중앙연구원 (2005d)	×
35	"전주유씨 안동수곡파" 언간	19C후반 ~ 20C전반	60건						
36	"창원황씨" 언간	19C말~ 20C초	69건		한국학 중앙연구원 (2005b)		**한국학중앙연구원** **(2005b)**		
37	"순흥안씨" 언간	19C 중후반~ 20C초	22건						
38	"전주이씨 덕천군파 종택" 언간	19C중반 ~ 20C중반	76건		한국학 중앙연구원 (2009d)		**한국학중앙연구원** **(2009d)**	한국학 중앙연구원 (2009i)	
39	"안동권씨 유회당가" 언간 외	19~20C	150건		한국학 중앙연구원 (2009e)		**한국학중앙연구원** **(2009e)**	한국학 중앙연구원 (2009j)	
40	"광산김씨 가문" 언간	19C 중후반~ 20C초	149건		한국학 중앙연구원 (2009f)		**한국학중앙연구원** **(2009f)**		
41	"의성김씨 천전파· 초계정씨" 언간	19C후반 ~20C	122건		한국학 중앙연구원 (2009g)		**한국학중앙연구원** **(2009g)**		

[참고 2] DB 구축 및 운용 프로그램의 예시

〈그림 1〉

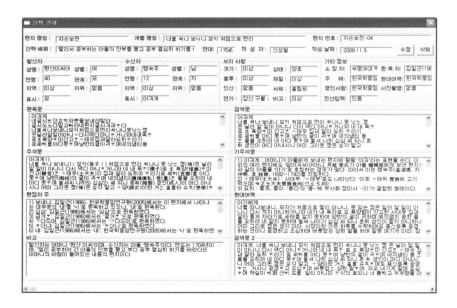

〈그림 2〉

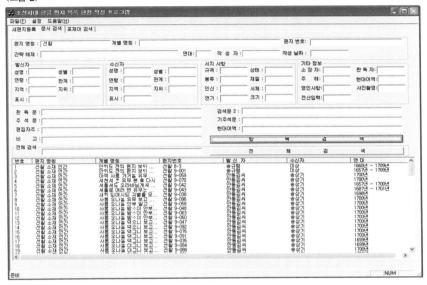

〈그림 3〉

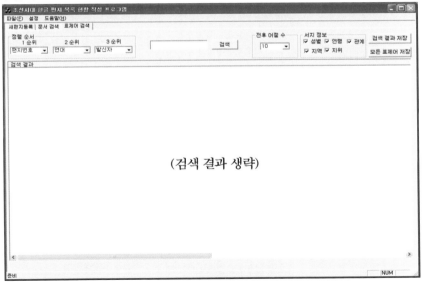

(검색 결과 생략)

[참고 3] 조선시대 궁중 언간 일람(발신자 별)

발신자	수신자 (관계)	연대	건수	원본 [소장처]	판독/주해 **(고딕체가 주해)**	사진/영인	판독 자료집 수록
선조	옹주 (딸) 숙의 등	1594~ 1604년	21건	『목릉신한』(첩) [소재 미상]	김일근(1986/1991)	미공개 (※ 원본 사진만 故 김일근 교수 소장)	×
				4			
				『선묘어필』(첩) [서울대 규장각]	**김일근(1959c)** 김일근(1986/1991)	김일근(1959c)	×
				2			
				[동국문화사]			×
				1			
				『인목왕후필적』 (첩) [서울대 규장각]	**이병기(1948)** **김일근(1959c)** 김일근(1986/1991) 서울서예박물관 (2002)	김일근(1986/1991) 예술의전당(1991) 서울서예박물관 (2002) 등	○
				1			
				[소재 미상]	**이병기(1948)** (※ 1건은 서울대 규장각 『인목왕후 필적』의 것과 중복)	미공개	×
				14			
인목대비	정빈 (선조후궁)	인조반정 (1623년) 직후	2건	『목릉신한』(첩) [소재 미상]	김일근(1961) 김일근(1986/1991)	미공개 (※ 원본 사진만 故 김일근 교수 소장)	×
				1			
	김천석 (친조카)			1			
장렬왕후	숙명공주 (손녀)	1652~ 1688년	4건	『숙명신한첩』 [국립청주박물관]	김일근(1986/1991) **국립청주박물관** **(2011)**	문화재청(2009) 국립청주박물관 (2011)	○
				2			
	숙휘공주 (손녀)	1653~ 1688년		『숙휘신한첩』 [계명대 동산도서관]	**김일근(1959c)** 김일근(1974a) 김일근(1986/1991)	김일근(1959c) 문화재청(2009)	
				2			
효종	숙명공주 (딸)	1652~ 1659년	13건	『숙명신한첩』 [국립청주박물관]	김일근(1986/1991) **국립청주박물관** **(2011)**	문화재청(2009) 국립청주박물관 (2011)	○
				9			
	숙휘공주 (딸)	1642~ 1674년		『숙휘신한첩』 [계명대 동산도서관]	**김일근(1959c)** 김일근(1974a) 김일근(1986/1991)	김일근(1959c) 문화재청(2009)	
				2			
	장유 부인 (장모)	1638년		서울 임호병	김일근(1986/1991)	예술의전당(1991)	×
				1			
		1641년		『효종대왕재심양 신한첩』 [국립중앙박물관]	김일근(1986/1991)	서울서예박물관 (2002)	
				1			

발신자	수신자 (관계)	연 대	건수		원 본 [소장처]	판독/주해 (고딕체가 주해)	사진/영인	판독 자료집 수록
인선왕후	숙명공주 (딸)	1652~ 1674년	70건	53	『숙명신한첩』 [국립청주박물관]	김일근(1986/1991) **국립청주박물관 (2011)**	문화재청(2009) 국립청주박물관 (2011)	○
	숙휘공주 (딸)	1653~ 1674년		16	『숙휘신한첩』 [계명대 동산도서관]	**김일근(1959c)** 김일근(1974a) 김일근(1986/1991)	김일근(1959c) 문화재청(2009)	
	장선징 (오라버니)	1659~ 1674년		1	『효종대왕재심양 신한첩』 [국립중앙박물관]	김일근(1986/1991)	미공개	×
현종	숙명공주 (누이)	1659~ 1674년	12건	2	『숙명신한첩』 [국립청주박물관]	김일근(1986/1991) **국립청주박물관 (2011)**	문화재청(2009) 국립청주박물관 (2011)	○
	정제현 (매제)	1653~ 1654년		1	『숙휘신한첩』 [계명대 동산도서관]	**김일근(1959c)** 김일근(1986/1991)	金一根(1959c) 문화재청(2009)	
	인선왕후 (어머니)	1641~ 1674년		2				
	장렬왕후 (할머니)	1665~ 1668년		4	『어필』(첩) [강릉시 오죽헌· 시립박물관]	강릉시립박물관 (1996) **김용경(2001b)**	강릉시립박물관 (1996) 서울서예박물관 (2002, 2건)	○
	명안공주 (딸)	1667~ 1674년		3				
명성왕후	숙명공주 (시누이)	1669~ 1679년	7건	1	『숙명신한첩』 [국립청주박물관]	김일근(1986/1991) **국립청주박물관 (2011)**	문화재청(2009) 국립청주박물관 (2011)	○
	숙휘공주 (시누이)	1662년		1	『숙휘신한첩』 [계명대 동산도서관]	**김일근(1959c)** 김일근(1974a) 김일근(1986/1991)	김일근(1959c) 문화재청(2009)	○
	명안공주 (딸)	1667~ 1683년		4	『어필』(첩) [강릉시 오죽헌· 시립박물관]	강릉시립박물관 (1996) **김용경(2001b)**	강릉시립박물관 (1996) 서울서예박물관 (2002, 2건)	○
	송시열	1680년		1	[우암 종택]	김일근(1986/1991)	미상	×
숙명공주	효종 (아버지)	1652~ 1659년	1건	1	『숙명신한첩』 [국립청주박물관]	김일근(1986/1991) **국립청주박물관 (2011)**	문화재청(2009) 국립청주박물관 (2011)	○

발신자	수신자 (관계)	연 대	건수		원 본 [소장처]	판독/주해 (고딕체가 주해)	사진/영인	판독 자료집 수록
숙종	숙휘공주 (고모)	1674~ 1696년	8건	6	『숙휘신한첩』 [계명대 동산도서관]	**김일근(1959c)** 김일근(1974a) 김일근(1986/1991)	김일근(1959c) 문화재청(2009)	○
	숙명공주 (고모)	1699년		1	『현묘어필첩』 [서강대 박물관]	**김일근(1959c)** 김일근(1986/1991)	김일근(1959c)	×
	명성왕후 (어머니)	1680~ 1683년		1	『어필』(첩) [강릉시 오죽헌· 시립박물관]	강릉시립박물관 (1996) **김용경(2001b)**	강릉시립박물관 (1996) 서울서예박물관 (2002)	○
인현왕후	숙휘공주 (시고모)	1681~ 1696년	5건		『숙휘신한첩』 [계명대 동산도서관]	**김일근(1959c)** 김일근(1974a) 김일근(1986/1991)	김일근(1959c)	○
혜경궁 홍씨	채제공?	1789년	2건	1	[소재 미상]	**이병기(1948)** 김일근(1986/1991)	미공개	×
	화순옹주 (시누이)	1754~ 1757년		1	[간송미술관]	김일근(1986/1991) 서울서예박물관 (2002)	서울서예박물관 (2002)	○
정조	민집 (생질녀)	1776~ 1800년	18건	4	[소재 미상]	**이병기(1948)** 김일근(1986/1991)	미공개	×
	여흥민씨 (외숙모)	1755?~ 1798년		14	『정조어필한글 편지첩』 [국립한글박물관]	서울서예박물관 (2002, 3건) **국립한글박물관 (2014c)**	서울서예박물관 (2002, 3건) 국립한글박물관 (2014c)	○ (3건)
순조	명온공주 (딸)	1815년 무렵	1건		[소재 미상]	**이병기(1948)** (※단 翼宗의 것 으로 잘못 소개되 어 있음) 김일근(1986/1991)	미공개	×
명온공주	순조 (아버지)	1815년 무렵	1건		[소재 미상]	**이병기(1948)** 김일근(1986/1991)	미공개	×
순원왕후	김흥근 (재종동생)	1837~ 1852년	70건	25	『순원왕후어필』 [서울대 규장각]	**이승희(2010)**	아세아여성연구소 (1968) 이승희(2010)	○
	김흥근 (재종동생) 등	1840년대 초~ 1850년대 중반		33	순원왕후 어필봉서 [서울대 규장각]	**이승희(2010)**	이승희(2010)	○

발신자	수신자 (관계)	연 대	건수		원 본 [소장처]	판독/주해 (고딕체가 주해)	사진/영인	판독 자료집 수록
	미상	1802~ 1857년	1		[건국대 박물관]	서울서예박물관 (2002)	서울서예박물관 (2002)	○
	윤의선 (사위)	1837~ 1857년	3		[조용선 등]	조용선 편저 (1997)	조용선 편저 (1997)	○
	덕온공주 (딸)	19C중반	1					
	윤의선 (사위)	19C중반	4		[단국대 석주선 기념박물관]	황문환(2012b)	미공개	×
	김조순, 김현근, 김병주	순조~ 헌종간	3		[서울대도서관, 개인 등]	김일근(1986/1991)	미공개	×
철인왕후	연안김씨 (생질부)	1851~ 1878년	2건		[유형]	조용선 편저 (1997)	조용선 편저 (1997)	○
신정왕후	연안김씨 (생질부)	1886~ 1890년	5건	4	[건국대 박물관, 조용선 등]	김일근 (1986/1991, 1건)	예술의전당 (1991, 1건) 조용선 편저(1997) 서울서예박물관 (2002, 1건)	○
	미상	19C 중후반		1		조용선 편저 (1997)		
효정왕후 (혹은 명헌왕후)	연안김씨 (내종동서)	1886~ 1896년	8건	5	[조용선 등]	조용선 편저 (1997)	예술의전당 (1991, 1건) 조용선 편저 (1997)	○
	연안김씨 (동서)	1831~ 19C 중후반		3	[단국대 석주선 기념박물관]	황문환(2012b)	미공개	×
명성황후	민영소 (조카)	1882~ 1895년	154 건	134	[국립고궁박물관, 개인 등]	이기대(2007) 국립고궁박물관 (2010, 73건)	이기대(2007) 국립고궁박물관 (2010, 73건)	○
	민병승 (재종질)	1894년 무렵		10	『명성성후어필』 [국립고궁박물관]	정병욱 교주 (1974)	서울서예박물관 (2002, 1건)	○ (1건)
	연안김씨 (내종동서)	1886~ 1895년		4	[조용선 등]	조용선 편저 (1997)	조용선 편저 (1997)	○
	한산이씨 (이모)	1866~ 1895년		5	[이득선]	조용선 편저 (1997)	조용선 편저 (1997)	○
	연안김씨 (내종동서)	1886~ 1895년		1	[단국대 석주선 기념박물관]	황문환(2012b)	미공개	×

발신자	수신자 (관계)	연 대	건수		원 본 [소장처]	판독/주해 **(고딕체가 주해)**	사진/영인	판독 자료집 수록
홍선 대원군	이재면 (아들)	1882~ 1885년	4건	3	[박주환]	**정양완 외(1973)** 김일근 (1986/1991, 2건) **이종덕(2014)**	자료조사연구실 (1973, 2건) 예술의전당(1991)	○
	명성황후 (며느리)	1882년		1		**정양완 외(1973)** 김일근(1986/1991) **이종덕·황문환 (2012)**	예술의전당(1991) 이종덕·황문환 (2012)	○
순명효 황후	김상덕 (세자의 스승)	1894~ 1904년	10건		[한국학중앙 연구원 장서각]	어강석(2007, 5건) **한국학중앙연구원 (2009e)**	어강석(2007) 한국학중앙연구원 (2009j)	○
명성황후 궁녀	민영소	1883~ 1895년	36건		[국립고궁박물관]	**이기대(2007) 국립고궁박물관 (2010)**	이기대(2007) 국립고궁박물관 (2010)	○
하 상궁	연안김씨?	1875~ 1895년	1건		[故 김일근 교수]	김일근(1986/1991)	예술의전당(1991)	○
현 상궁	미상	1847~ 1907년	1건		[유형]	–	예술의전당(1991)	○
천 상궁	윤용구	19C중반 ~ 20C초반	2건	1	[유형, 조용선]	**조용선 편저 (1997)**	예술의전당 (1991, 1건) 조용선 편저 (1997)	○
	미상			1				
서기 이씨	윤용구		4건	2			예술의전당 (1991, 3건) 조용선 편저 (1997)	○
	미상			2				
서희순 상궁	연안김씨 (義언니)		3건	2			예술의전당 (1991, 1건) 조용선 편저 (1997)	○
	미상			1				
원 상궁	미상	19C중반 ~ 20C초반	1건				조용선 편저 (1997)	○
신 상궁	미상		1건					○
김 상궁	남녕위 소실 유씨		1건					○
궁인	미상		3건					○

제5장
연간 자료의 특성과 가치

제5장 언간 자료의 특성과 가치

　국어사 분야 등 학술 연구에 이용되는 한글 문헌은 출판 여부에 따라 판본(版本) 자료와 사본(寫本, 혹은 筆寫) 자료로 크게 나누어 볼 수 있다. 조선시대에 한글로 된 사본 자료는 종류나 수량 면에서 판본 자료를 압도하지만 기존 연구에서는 배제되거나 등한시되는 경우가 많았다. 물론 여기에는 나름대로 이유가 있었다. 첫째, 판본 자료에 비해 사본 자료는 흘려쓴 글씨체 탓에 판독(判讀)의 정확성 여부가 문제된다는 것이다. 둘째, 사본 자료는 필사(筆寫) 경위(經緯)가 명확치 않아 자료의 원본(原本) 여부를 비롯하여 필사자나 필사 시기를 알 수 없는 경우가 많다는 것이다. 그러나 판독상의 문제를 일단 논외로 한다면 사본 자료라고 하여 반드시 필사 경위가 불명확한 것은 아니다. 언간(諺簡) 자료가 바로 그러한 예로, 언간에서는 봉투나 사연 부분에 적힌 발수신자나 발신 일자를 통해 필사자 및 필사 시기를 알 수 있는 경우가 적지 않기 때문이다. 일단 필사자가 파악되면 족보(族譜) 등을 이용한 가계(家系) 분석을 통하여 발신자와 수신자의 신원을 소상히 알 수 있는 이점까지 있다. 판독의 문제만 보완된다면 언간 자료는 국어사를 비롯하여 학술 연구 자료로 적극 활용될 소지가 충분하다 하겠다. 더욱이 4장에서 살핀 바와 같이 언간 자료는 대규모 역주 작업(한국연구재단 지원)과 이를 바탕으로 한 Data Base 구축 작업(한국학진흥사업단 지원)까지 추진되면서 연구에 커다란 전환기를 맞고 있다. 이에 5장에서는 언간 자료가 학술 자료로서 갖는 성격을 여러 측면에서 검토하기로 한다. 기존의 학술 연구가 주로 판본 자료에 기초하여 이루어진 것을 감안할 때, 판본 자료 내지 여타의 필사 자료와 구별되는 언간 자료의 특성이 앞으로 국어사 분야를 비롯하여 학술 연구에 어떠한 기여를 할 수 있을지 가능한 한 구체적 사례를 통해 점검하고 음미해 볼 것이다.[1]

5.1. 일상성(日常性)

한글 문헌 가운데 개인의 실제 일상생활(日常生活)과 직결되는 자료는 그리 많지 않다. 우선 언해서(諺解書)가 대종을 이루는 판본 자료는 번역의 성격상 개인의 일상을 직접 반영하는 일이 원천적으로 제약된다. 그렇다고 하여 한글로 된 사본 자료가 반드시 번역에서 자유로운 것은 아니다. 사본 중에도 '역사서'나 '가장전기(家藏傳記)'는 양적으로 방대하지만 "순수 창작문이 아니라 한문을 번역한"(백두현 2015a : 205) 경우가 대부분이다. 번역과 무관한 사본 자료 중에는 그나마 '일기(日記)'가 개인의 일상생활과 비교적 밀접한 경우에 속한다. 그러나 일기를 써서 남긴 사람이 극히 한정된 탓에 '일기'와 같은 자료를 성별이나 계층의 제약을 넘어 보편적으로 실용된 자료의 범주에 넣기는 어렵다.

한글 문헌 가운데 '일상성(日常性)'이 두드러지면서 보편적으로 실용된 자료를 든다면 단연 '언간'이 될 것이다. 앞서 2장에서 살펴본 바와 같이 '언간'은 공적인 영역에서는 실용이 제한되었더라도 사적인 영역에서는 일상의 생활 감정을 전하는 가장 보편적인 수단이었다. 이러한 점은 흔히 지엄(至嚴)한 것으로 알려진 왕실에서도 예외가 아니었다. 아래 왕실 언간의 예를 보기로 하자.

---

1) 이하의 내용은 황문환(2010a : 89~105)을 바탕으로 내용의 상당 부분을 수정 보완한 것이다.

(1) a. 슉경이는 니일 나가긔 ᄒ여시니 그거시조차 ᄆ자 나가면 더옥 젹막ᄒᆞᆯ가 시
  브니 가지 〃 ᄆᆞ음을 뎡티 못ᄒᆞᆯ가 시브다 언제 너희나 드러올고 눈이 감게
  기ᄃ리고 잇노라

〈인선왕후 언간[숙명-15](1659~1671년) : 인선왕후(어머니) → 숙명공주(딸)〉

  【숙경(淑敬)이는 내일 나가게 하였으니 그것조차 마저 나가면 더욱 적막할까 싶으니 가지
  가지 마음을 진정치 못할까 싶다. 언제 너희나 들어올까 눈이 감기도록 기다리고 있다.】

  b. 가샹이는 아젹브터 썩 달라 ᄒ고 에인이 픠여시니 급작되이 썩 ᄒ노라 드러
  쳐시니 이런 비변이 업서 웃노라 음식 가지 수ᄅᆞᆯ 손고바 혜며 내라 ᄒ고 보
  챈다

〈인선왕후 언간[숙명-38](1658~1674년) : 인선왕후(어머니) → 숙명공주(딸)〉

  【가샹이는 아침부터 떡 달라 하고 어리광이(?) 피었다. 급작스레 떡 하느라 떠들썩하였으
  니 이런 변이 없어 웃는다. (가샹이가) 음식 가지 수를 손꼽아 세며 내 놓으라 하고 보챈
  다.】

(2) 너는 어이 이번의 아니 드러온다 어제 네 형은 촐 노리개옛 거슬 슉휘지이 만
  히 가지되 네 목은 업스니 너는 그 ᄉᆞ이만 ᄒᆞ야도 하 어떤 일이 만흐니 애ᄃᆞᆯ와
  뎍노라 네 목의 거ᄉ란 아모 악을 쓸디라도 브듸 다 ᄎᆞ자라

〈효종대왕 언간[숙명-01](1652~1659년) : 효종(아버지) → 숙명공주(딸)〉

  【너는 어찌 이번에 아니 들어왔느냐? 어제 네 형[淑安公主]은 (몸에) 찰 노리개 같은 것을 숙
  휘(淑徽, 숙명공주의 동생)까지 많이 가졌는데 네 몫은 없다. 너는 그 동안만 해도 너무 애먼
  (=일의 결과가 다른 데로 돌아가 억울하게 느껴지는) 일이 많으니 애달파 적는다. 네 몫의
  것일랑 어떤 악을 쓸지라도 부디 다 찾아라.】

(1a) [자료 5-01] 인선왕후(仁宣王后) 언간[2] (1b) [자료 5-02] 인선왕후(仁宣王后) 언간[3]

(2) [자료 5-03] 효종대왕(孝宗大王) 언간[4]

(※각 사진에서 점선 표시 부분이 인용 부분)

---

2) <인선왕후 언간[숙명-15](1659~1671년) : 인선왕후(어머니) → 숙명공주(딸)>, 국립청주박물관 소장.

3) <인선왕후 언간[숙명-38](1659~1674년) : 인선왕후(어머니) → 숙명공주(딸)>, 국립청주박물관 소장.

(1)은 어머니인 인선왕후(仁宣王后)가 딸인 숙명공주(淑明公主)에게 보낸 언간이다. (1a)에서는 막내딸[淑敬公主]마저 하가(下嫁)시켜 내보내는 적막한 심정과 함께 이미 혼인한 딸[淑明公主]을 더욱 그리워하는 모정(母情)을 담고 있다. '눈이 감게'("눈이 감기도록" 혹은 "눈이 검어지도록")라는 표현에서 애타게 기다리는 어머니의 모습을 눈앞에 보는 듯하다. (1b)는 갑자기 떡을 달라며 보채는 손자의 모습을 담은 것이다. 난데없는 소동을 겪으면서도 그것을 손자의 귀여운 어리광으로 바라보는 할머니의 심정이 잘 드러나 있다. (1a), (1b) 어느 경우나 보통 여염집과 다를 바 없는 평범한 일상의 애환을 전하고 있다 하겠다.

이러한 일상성은 왕실에서 모녀간(母女間)의 언간에서만 볼 수 있는 특징은 아니다. (2)와 같이 아버지[孝宗大王]가 딸[淑明公主]에게 쓴 부녀간(父女間)의 언간에서도 평범한 일상의 모습이 드러나기는 마찬가지이다. 아버지는 자매들이 노리개를 나눠 가질 때 그 자리에 딸 숙명공주가 없었던 점을 짐짓 애달파한다. 그리고는 다른 자매들에게 찾아가 "아무(어떤) 악을 쓸지라도 네 몫의 것일랑 부디 다 찾아라"고 부추기기까지 한다. 이 부분에 이르면 익살기마저 섞인, 그야말로 평범하기 그지없는 부정(父情)을 느끼지 않을 수 없다.

지엄(至嚴)하다는 왕실에서 사정이 이러하였으므로 왕실 이하 계층에서 오간 언간은 더 말할 나위가 없을 것이다. 실로 조선시대의 언간은 왕에서 하층민에 이르기까지 일상의 곡진한 감정을 전하는 가장 보편적인 수단이었다. 그렇기 때문에 언간은 반드시 산 사람에게만 보내는 것이 아니라 먼저 세상을 떠난 사람에게 절절한 애도의 표시로 관 속에 넣어 보내기도 하였다. 사대부가(士大夫家)의 관중서(棺中書)로서 아래와 같이 이른 시기(16세기 후반)의 것이 전한다.

---

4) <효종대왕 언간[숙명-01](1652~1659년) : 효종(아버지) → 숙명공주(딸)>, 국립청주박물관 소장.

(3a) [자료 5-04] 안민학(安敏學) 언간5) (점선 표시 부분이 인용 부분)

(3) a. 엇흐여 내 모매 죄앙이 사히셔 병 둔 나는 사랏고 병 업던 그디는 빅년회로
홀 언약글 져브리고 엄홀히 일됴애 어드러 가신고 이 말 니르간디는 텬디 무
굼흐고 우둬 곰활홀 쫄롬미로쇠 출할이 주거 가 그디과 넉시나 흔가 둔녀
이 언얄 일오고

〈안민학 언간(1576년) : 안민학(남편) → 아내〉6)

【어찌하여 내 몸에 재앙(災殃)이 쌓여서 병을 지닌 나는 살았고 병이 없던 그대는 백년해
로 할 언약을 저버리고 갑자기 하루아침에 어디로 가셨는가? 이 말 이르자니 천지(天地)
가 무궁(無窮)하고 우주(宇宙)가 공활(空豁, 넓고 텅 빔)할 따름이오. 차라리 죽어 가서 그
대와 넋이나 함께 다녀 이 언약을 이루고】

---

5) 〈안민학 언간(1576년) : 안민학(남편) → 아내〉, 안병석 개인 소장.
6) 언간의 서지 사항과 판독문에 대하여는 具壽榮(1979), 홍윤표(2013 : 권1, 145~163) 참조 내용상 '애
도문'으로 보아 언간과 구별하기도 하나 관중서(棺中書)로서 공통점을 취하여 언간에 넣어 다루었다.

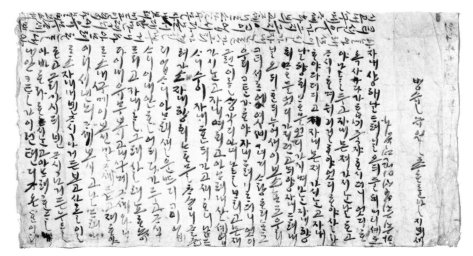

(3b) [자료 5-05] 이응태묘(李應台墓) 출토 언간7)

b. 자내 샹해 날드려 닐오디 둘히 머리 셰도록 사다가 홈끠 죽쟈 ᄒ시더니 엇
디ᄒ야 나룰 두고 자내 몬져 가시는 날ᄒ고 ᄌ식ᄒ며 뉘 긔걸ᄒ야 엇디 ᄒ
야 살라 ᄒ야 다 더디고 자내 몬져 가시는고 자내 날 향ᄒ ᄆᄋ믈 엇디 가
지며 나는 자내 향ᄒ ᄆᄋ믈 엇디 가지던고 미양 자내드려 내 닐오디 훈ᄃ
누어셔 이 보소 눔도 우리ᄀ티 서르 에엿쎄 녀겨 ᄉ랑ᄒ리 눔도 우리 ᄀ툰
가 ᄒ야 자내드려 니르더니 엇디 그런 이룰 싱각디 아녀 나룰 ᄇ리고 몬져
가시는고 자내 여희고 아므려 내 살 셰 업스니 수이 자내훈ᄃ 가고져 ᄒ니
날 드려가소 자내 향ᄒ ᄆᄋ믈 ᄎ셩 니줄 주리 업스니 아므려 셜운 ᄠ디 ᄀ
이 업스니 이 내 안훈 어듸다가 두고 ᄌ식 ᄃ리고 자내룰 그려 살려뇨 ᄒ뇌
이다 이 내 유무 보시고 내 ᄭ메 ᄌ셰 와 니르소 내 ᄭ메 이 보신 말 ᄌ셰
듣고져 ᄒ야 이리 서 년뇌 ᄌ셰 보시고 날드려 니르소

〈이응태묘 출토 언간[이응태묘-1](1586년) : 아내 → 이응태(남편)〉

【자네 평소 나에게 말하기를 둘이 머리가 셰도록 살다가 함께 죽자 하시더니 어찌하여

---

7) 〈이응태묘 출토 언간[이응태묘-1](1586년) : 아내 → 이응태(남편)〉, 국립안동박물관 소장.

나를 두고 자네 먼저 가시오? 나하고 자식하며 누가 분부하여 어찌 하여 살라 하고 다 던지고 자네 먼저 가시오? 자네가 날 향해 마음을 어찌 가졌으며 나는 자네 향해 마음을 어찌 가졌었소? 매양 자네에게 내 말하기를, 함께 누워서, "여보, 남도 우리같이 서로 어여삐 여겨 사랑할까요? 남도 우리 같을까요?" 하고 자네에게 말했는데, 어찌 그런 일을 생각지 않고 나를 버리고 먼저 가시오? 자네 여의고 어떻게도 나는 살아갈 힘이 없으니 쉬(=빨리) 자네한테 가고자 하니 날 데려가오. 자네 향해 마음을 이승에서 잊을 수가 없으니, 어떻게도 서러운 뜻이 한없으니, 이내 마음은 어디다가 두고 자식 데리고 자네를 그리워하며 살겠는가 합니다. 이내 편지 보시고 내 꿈에 자세히 와 이르오. 내 꿈에 이것(=편지) 보신 말 자세히 듣고자 하여 이리 써서 넣소. 자세히 보시고 날더러 이르오.】

위에서 (3a)는 남편[安敏學]이 아내를 위해 넣어 준 관중서이고, (3b)는 아내가 남편[李應台]을 위해 넣어 준 관중서이다. 둘 다 시신을 지키기라도 하듯 시신의 가슴 위를 덮고 있던 것인데, 갑작스레 배우자를 잃고 난 뒤의 안타깝고 막막한 심정을 하소연하듯 쓰고 있다. 특히 아내가 쓴 관중서는 생전의 다정했던 한때를 회상하며 꿈에라도 와 달라는 애틋한 사연을 담아 오랜 시간이 흐른 오늘날에도 읽는 이의 심금을 울린다. 언간이 그만큼 개인의 절절한 심정을 담아내는 수단이었으므로 이 같은 관중서가 존재할 수 있었을 것이다.

언간이 이렇듯 일상의 사적인 감정을 전하는 수단이었기에 언간에는 다른 어느 자료보다 당대의 일상 어휘가 풍부하게 나타난다. 앞서 든 왕실 언간의 경우를 살펴보자.(밑줄 저자)

(4) a. 슉경이는 나가니 그거슬사 두고 쇼일도 ᄒᆞ고 걱정도 ᄒᆞ며 날을 디내더니 므자 내여 보내니 경소로 나가건마는 섭〃 호젓 굿브기롤 어이 다 뎍으리 이리 섭〃고 굿브나 ᄆᆞ음을 모디리 머거 웃고 내여 보내엿노라
〈인선왕후 언간[숙명-46](1664년) : 인선왕후(어머니) → 숙명공주(딸)〉

알폰 디는 죠곰도 낫는 이리 업서 혼가지라 ᄒᆞ니 아마도 민망〃ᄒᆞ기 아므

라타 업서 ᄒ노라

〈인선왕후 언간[숙휘-20]〉(1660년) : 인선왕후(어머니) → 숙명공주(딸)〉

젼년 이 ᄣᅢ예 모다셔 즐거이 디내던 이리 그 더디 네 일이 되여 일마다 아
니 셜운 이리 업스니 ᄒ갓 톡〃ᄒ 눈믈ᄲᅮᆫ이로다

〈인선왕후 언간[숙명-48]〉(1660년) : 인선왕후(어머니) → 숙명공주(딸)〉

b. 병과 죽과는 되여야 됴타 ᄒ니 ᄒ 시ᄀᆨ 부븨수쳐 알코 됴화야 됴흔더 더리
어렴픗ᄒ고 이시니 더옥 겹〃ᄒ여 ᄒ노라

〈인선왕후 언간[숙휘-25]〉(1661~1662년) : 인선왕후(어머니) → 숙명공주(딸)〉

우ᄒ로 부모ᄅᆞᆯ 싱각ᄒ고 싱심도 무익ᄒᆞᆫ 슬ᄭᅮ지 말고 밥이나 힘ᄲᅥ 먹고 병
드러 근심 기티디 말아

〈효종대왕 언간[숙명-06]〉(1654~1658년) : 효종(아버지) → 숙명공주(딸)〉

원상의 싱일의 오손 조각 모화 ᄒ여 준 거시 머어시 이졋ᄒ리 할미 햐암이
그리 흑셕젹이 ᄒ엿닷다

〈인선왕후 언간[숙명-36]〉(1661년) : 인선왕후(어머니) → 숙명공주(딸)〉

위에서 (4a)의 '굿브다', '아ᄆ라타 없다', '톡톡ᄒ다'는 각각 "허전하고 심란하
다", "뭐라고 이를 바가 없다, 그지없다", "가슴이 메이고 답답하다" 정도의 의미
로, 편지 쓴 이의 주관적 심정을 표현하는 데 쓰인 어휘들이다. 이들 어휘는 왕
실 언간을 비롯하여 당시(17세기)의 언간에 빈번히 등장하지만 다른 판본 자료에
서는 거의 볼 수 없는 것들이다. 언간이 개인의 곡진한 감정을 표현하는 데 적합
했던 까닭에 어휘 사용에 이 같은 차이가 났다고 할 것이다. (4b)의 '부븨숫다',
'슬ᄭᅮ지', '이졋ᄒ다', '흑셕젓다' 등은 (4a)만큼 출현 빈도가 높지 않으나 역시 다
른 판본 자료에서는 찾아볼 수 없는 어휘들이다. 종래의 고어사전이 판본 자료
에 기초하여 이루어진 탓에 이들 어휘는 대부분 고어사전에도 누락되어 있다.
언간에는 이같이 고어사전에 올라야 할 어휘가 상당수 등장하는데, 이들 대부분

이 일상생활에서 사용된 실제 어휘라는 점에서 언간은 실로 '일상 어휘의 보고'라 해도 과언이 아니다.[8]

이러한 일상성은 고유어뿐 아니라 한자어의 경우에도 각별한 의미를 지닐 수 있다. 『한국한자어사전(韓國漢字語辭典)』(단국대 동양학연구소, 1992/2002)과 같은 기존 한자어 사전에서는 한자어 표제어와 그 용례를 실록(實錄)이나 문집(文集) 등 주로 한문 문헌에서 찾았다. 따라서 해당 한자어가 그 당시 화자들의 일상생활에서 실제로 사용되었는지 여부는 의심스러운 경우가 적지 않았다. 언간 자료에는 고유어도 풍부하게 나타나지만 일상생활에서 많이 쓰였던 한자어 또한 그 용례가 풍부하게 나타나는 특징이 있다. 이러한 한자어를 추출하여 용법과 의미를 정리한다면 기존 한자어 사전뿐 아니라 현대 국어사전의 한자어 표제어나 용례도 보다 충실하게 보완할 가능성이 있다. 아래 『표준 국어대사전』(국립국어연구원, 1999)의 예를 보기로 하자.

> (5) a. 간정01「명사」소란스럽던 일이나 앓던 병 따위가 가라앉아 진정됨.¶ 이번 사태만 간정이 되면 좋겠다./동생의 열은 새벽이 되어서야 겨우 간정이 된 듯했다./문경이는 하마터면 에구머니 소리를 칠 뻔한 것을 멈칫하며 간신히 간정을 하고 다시 걸었다…….≪염상섭, 무화과≫
>
> a'. 간정-되다「동사」소란스럽던 일이나 앓던 병 따위가 가라앉아 진정되다.¶ 약 기운에 병세가 조금 간정된 듯했다./집안에 난가가 나고 외문이 창피해서 낯을 들고 출입을 하기가 면괴스러웠는데 인제야 겨우 그 일이 간정될락 말락 하다.≪이기영,

---

8) 이러한 점을 감안하여 저자가 속한 연구진에서는 현재 언간 자료의 어휘만을 대상으로 『조선시대 한글편지 어휘사전』 편찬 사업을 진행하고 있다. 2016년(예정)에 사전이 출간되면 비록 어휘 부분에 국한되기는 하지만 기존의 고어사전을 보완하는 데 적잖은 역할을 할 것으로 기대된다.

신개지≫

b. 간정-하다01 (乾淨--) 「형용사」 「1」 매우 깨끗하고 순수하다. 「2」 일 처리
를 잘하여 뒤끝이 깨끗하다.

c. 건정02 (乾淨) '건정하다'의 어근.
건정-하다 (乾淨--) 「형용사」 「1」=정결하다03. 「2」 일의 뒤끝이 깨끗
하다.

위 (5)는 사전에서 한자어 '乾淨'과 관련될 표제어를 찾아 그 설명을 그대로 옮겨 온 것이다. 주목되는 것은 '간정'(5a)과 '간정하다'(5b)가 서로 관련성이 없는 별도의 표제어로 올라 있는 점이다. '간정되다'(5a')의 처리에 비추어 '간정하다' 역시 '간정'의 부표제어(副標題語)로 처리할 법도 하지만 그렇게 하지 않았다. '간정'과 '간정하다'를 서로 다르게 뜻풀이하고 '乾淨'이라는 한자 어원도 '간정하다'에만 제시해 두었다. 그런가 하면 '간정하다'(5b)와 '건정하다'(5c)에 대해서는 뜻풀이만 제시하고 아무런 용례도 제시하지 않았다. 이 사전에서 용례가 제시되지 않는 경우는 대부분 한자어의 사용 빈도가 낮아 일상적인 용례를 확보하기 어려울 때이다. '간정하다, 건정하다'의 경우 '간정, 간정되다'에 비해 일상에서 사용되는 빈도가 그만큼 떨어지는 현실을 반영한다고 하겠다. 그런데 19세기 언간 자료를 보면 한자어 '乾淨'과 관련될 일상 용례가 아래와 같이 다양하게 발견된다.

(6) a. 시긔논 간정이 되엿더니 변촌의 쏘 알논다 ᄒ오니 수란ᄒᆞᆸ
〈여강이씨 언간[김성일가-033] (1847년) : 여강이씨(아내) → 김진화(남편)〉

a'. 너의 집 우환은 거월 초성의 간정되엿다 ᄒᄂ 김진슈 집 우환이 지금 전념
되여 알넌다 ᄒ니
〈송지수 언간[송병필가22] (1869년) : 송지수(시아버지) → 전주이씨(며느리)〉

b. 시긔는 <u>간뎡ᄒᆞ여시나</u> 학질이 ᄯᅩ 성혼다 ᄒᆞ오니 위퓌ᄒᆞ옴 엇디 다 뎍습

〈김노경 언간[추사가-22](1791~1793년) : 김노경(남편) → 기계유씨(아내)〉

c. 한의도 구병 식이노라 즉시 못 보내고 인ᄌᆞ야 보내오며 이 동늬의도 츠〃
죠곰 <u>건뎡ᄒᆞ야</u> 가니 힝이옵

〈김정희 언간[추사-39](1842년) : 김정희(남편) → 예안이씨(아내)〉

아리 것들도 갑쇠 알코 나온 후ᄂᆞᆫ 아직 무양들ᄒᆞ오나 용늬가 죵시 쾌히 <u>건
뎡치</u> 아니ᄒᆞ야 이리 동〃ᄒᆞ옵

〈김정희 언간[추사-29](1842년) : 김정희(남편) → 예안이씨(아내)〉

위 (6)에서는 '간정'(6a), '간정되-'(6a')와 함께 '간뎡ᄒᆞ-'(6b)와 '건뎡ᄒᆞ/건정
ᄒᆞ-'(6c)가 쓰인 용례도 볼 수 있다. 표기상 '간뎡, 간정, 건뎡, 건정' 등 여러 가
지로 나타나지만 이들은 모두 병세와 관련된 문맥에서 "앓던 병 따위가 가라앉
아 진정됨" 정도의 의미로 쓰여 뚜렷한 공통점을 보인다. 이러한 공통점에 주목
하면 기존 사전의 처리를 다시금 검토해 보지 않을 수 없게 된다. '간정'과 '간정
하-'의 관계를 이제는 ('간정되-'와 마찬가지로) 파생 관계에서 파악하지 못할 이유
가 없기 때문이다. 파생 관계에서 보자면 명사로 쓰인 '간정'의 한자 어원을 '간
정하-'에 비추어 '乾淨'으로 파악하는 것도 자연스럽게 된다. 다만 동일한 한자
어원에 대하여 '간정~건정'의 두 형태가 공존하는 것은 '乾'에 대하여 '건'과
'간' 두 한자음이 이전부터 공존한 사실에서 설명을 구해야 할 것이다. 결국 언
간 자료를 참조한다면 용례가 비어 있던 일부 표제어에 일상 용례를 제공하는
동시에 표제어의 상호 관계와 의미 정보를 보다 충실하게 기술하는 효과를 기대
해 볼 수 있다.

5.2. 자연성(自然性)

언간의 어휘상 특징은 언간 자료가 '언해(諺解)'로부터 자유로운 점과 무관하지 않다. 현전하는 판본 자료는 대부분 다른 언어(한문 포함)를 한국어로 번역한 '언해'의 성격을 지니는데, 이러한 언해 자료에서는 번역의 속성상 원문(주로 한문)의 간섭이나 제약이 따르지 않을 수 없다. 언해서 가운데 직역(直譯) 자료로 알려진 『소학언해(小學諺解)』(1588)의 예를 살펴보자.(밑줄 저자)

> (7) a. 믈읫 婚姻 의론호매 반ᄃᆞ시 몬져 그 사회와 다ᄆᆞᆺ 며느리의 텬셩과 힝실과
>   <u>믿</u> 집잇 法이 엇더홈을 솔피고 (凡議婚姻에 當先察其壻與婦之性行及家法何
>   如ㅣ오)
>
> 〈소학언해(1588) 5 : 64a〉
>
>   a'. 믈읫 혼인 의론호매 몬져 그 사회와 며느리의 텬셩과 힝뎍과 가무네 례법
>   이 엇던고 ᄒᆞ야 (凡議婚姻에 當先察其壻與婦之性行과 及家法何如ㅣ오)
>
> 〈번역소학(1518) 7 : 31b~32a〉
>
>   b. <u>믿</u> 죽음애 과연히 그 말 ᄀᆞᆮ트니 (<u>及</u>卒애 果如其言ᄒᆞ니)
>
> 〈소학언해(1588) 5 : 99b〉
>
>   b'. 그 주구매 미처는 과연히 그 말와 ᄀᆞᆮ트니 (<u>及</u>卒ᄒᆞ야는 果如其言ᄒᆞ니)
>
> 〈번역소학(1518) 8 : 20b〉

위에서 (7a), (7b)의 언해문을 보면 원문(한문)이 간섭한 결과를 쉽게 확인할 수 있다. 같은 원문을 번역한 (7a'), (7b')의 『번역소학(飜譯小學)』(1518)과 비교하더라도, (7a)에서는 국어 질서에 필요 없을 듯한 '믿'이 언해문에 더 들어가고 (7b)에서는 언해문이 ('주구매 미처'와 비교할 때) 부자연스러운 어순으로 되어 있는 것을 볼 수 있다. 이는 한문 원문의 '及'을 일일이 '믿'(←믿)으로 대응시키고 원문의 순서에

맞춰 축자역(逐字譯)한 결과로밖에는 달리 설명되기 어렵다. 그러나 언간 자료에서는 위와 같은 원문의 간섭이나 제약이 애초부터 성립되지 않는다. '언해'의 과정이 전제되지 않기 때문에 어순이나 어휘 선택은 자연스러운 한국어의 질서에 따를 수밖에 없는 것이다. 번역의 영향에 관한 한 언간 자료는 언해 자료의 가장 대척점(對蹠點)에 놓일 자료라 하겠다.

　이 같은 특성으로 인하여 언간 자료는 어느 문헌의 언어 질서가 번역의 영향에 따른 것인지 여부를 가리는 데 유용한 비교 자료가 될 수 있다. 문헌의 성격이 번역에 충실하면 할수록(곧 직역에 가까울수록) 언간 자료에 나타나는 질서와 어긋나는 양상이 불가피할 것으로 예상되기 때문이다. 아래에서 밑줄 친 수량(數量) 명사구의 예를 보기를 하자.

(8) a. 이 여슷 모리 미 호나히 <u>콩 닷 되</u> <u>딥 호 뭇곰</u> ᄒ야 통히 혜요니 <u>은 두 돈을</u> 쓰고 (這六箇馬 每一箇<u>五升料一束草</u> 通筭過來 盤纏着<u>二錢銀子</u>)
〈번역노걸대(1510년대) 상 : 11b~12a〉

b. 이 여슷 물이 미 호나헤 <u>닷 되 콩</u>과 <u>호 뭇 딥</u>식 ᄒ여 통ᄒ여 혜오니 <u>은 두 돈을</u> 쓰고 (這六箇馬 每一箇<u>五升料一束草</u> 通筭過來 盤纏着<u>二錢銀子</u>)
〈노걸대언해(1670) 상 : 11b~12a〉

c. 이 여슷 물이 미 호나헤 <u>닷 되 콩</u>과 <u>호 뭇 딥</u>식 ᄒ여 통ᄒ여 혜오니 <u>은 두 돈을</u> 쓰고 (這六箇馬 每一箇<u>五升料一束草</u> 通筭過來 盤纏着<u>二錢銀子</u>)
〈평양감영판 노걸대언해(1745) 상 : 10b~11a〉

d. 이 여슷 물에 <u>每</u> 호나히 <u>닷 되 콩</u>과 <u>호 뭇 집</u>히니 대되 혜니 <u>大槪</u> 盤纏을 <u>두 돈 은</u>을 쓰ᄂ니 (這六箇馬 每一箇<u>五升料 一綑草</u> 共算來 <u>大槪兒</u>用盤纏<u>二錢</u>

銀子)

〈노걸대신석언해(1763) 상 : 14b~15a〉

e. 이 여ᄉᆞᆺ ᄆᆞᆯ에 每 ᄒᆞ나ᄒᆡ 닷 되 콩과 ᄒᆞᆫ 뭇 집히니 대되 헤니 大概 盤纏을 두 돈 은을 쓰ᄂᆞ니 (這六箇馬 每一箇五升料一綑草 共計來 大概用盤纏二錢銀子)

〈중간노걸대언해(1795) 상 : 10b~11a〉

(9) 인마 올 적의 ᄆᆞᆯ콩 엿 되 쥭 여ᄃᆞᆲ 되 냥식 ᄒᆞᆫ 말만 주어 보내ᄋᆞᆸ소

〈송익흠 언간〔선세언독-38〕(1725~1757년) : 송익흠(남편) → 여흥민씨(아내)〉

큰ᄃᆡᆨ의셔 통죠긔 ᄒᆞᆫ 뭇 쳥어 ᄒᆞᆫ 드롬 유무예 아니 ᄉᆞᆫ 것 가ᄋᆞᆸ더니 보ᄋᆞᆸ시닝짜

〈현풍곽씨 언간〔진주하씨묘-158/곽씨-127〕(1620년) : 현풍곽씨(딸) → 진주하씨(어머니)〉

봉믈은 ᄌᆞ시 밧다ᄉᆞ오나 이 하인이 힝지 업셔 돈 닷 돈을 먹엇다 ᄒᆞᄋᆞᆸ

〈여강이씨 언간〔김성일가-058〕(1850년) : 여강이씨(아내) → 김진화(남편)〉

위에서 (8)은 이른바 노걸대류(老乞大類) 문헌에 등장하는 언해문(諺解文)을 간행 순서에 따라 나열한 것이다. 언해문의 밑줄 친 형식은 한어(漢語) 원문의 '五升料', '一束草/一綑草', '二錢銀子'에 각각 대응되는 부분인데 후대로 갈수록 언해문의 수량 명사구 구성 방식이 달라진 것을 관찰할 수 있다. 곧 (8a)의 『번역노걸대(飜譯老乞大)』에서는 '물명+수사+단위명'의 어순(語順)을 보이던 것이 후대 문헌에서는 '물명'의 출현 위치가 바뀌어 점차 '수사+단위명+물명'의 어순으로 옮겨 가는 것이다. 특히 한어 원문이 약간 수정된 『노걸대신석언해(老乞大新釋諺解)』(8d)와 『중간노걸대언해(重刊老乞大諺解)』(8e)에서는 마지막 '二錢銀子'에 대응되는 언해까지도 '수사+단위명+물명'의 어순으로 바뀌어 순서의 변화가 완성된 모습을 보여 준다. 문제는 이러한 변화가 과연 언어 질서의 변화를 반영한 것인가 하는 점이다. 간행 순서대로 일어난 변화를 보면 그렇게 간주할 법도 하지만 언간 자료와 대조하면 전혀 상황이 달라진다. 언간 자료에서는 어느 시기든 (9)와 같이 '물

명+수사+단위명'의 어순 일색으로 나타나고 이러한 어순에서 벗어난 예외적 양상은 거의 보이지 않는다. 예컨대 출현 빈도가 높은 단위명 '되'를 택하여 『판독자료집』에 수록된 언간을 조사해 보면 '물명+수사+단위명'의 어순은 총 37회나 출현하는 데 비해 '수사+단위명+물명'의 어순은 한 예도 나타나지 않는다. 언간 자료의 '자연성'을 감안할 때 위 (8)에서 관찰되는 변화는 결국 언어 질서 자체의 변화로 간주하기 어렵다는 결론에 이른다. 대응되는 한어(漢語) 원문이 한결같이 '수사+단위명+물명'의 순서로 된 점을 주목한다면 원문의 어순이 언해에 영향을 주었을 가능성이 오히려 높다. 중국어 구어(口語)를 대상으로 한 언해서라 할지라도 원문 곧 번역의 영향에 대해 새삼 점검할 필요를 여기서 확인할 수 있다.9)

번역과 무관한 '자연성'을 중시할 때 언간 자료는 언해의 문체와 구별되는 독자적 산문 문체를 형성한 것으로 평가받기도 하였다.10) 문장 종결형의 예를 통하여 그 문체 특징의 일단을 살펴보도록 하자.(밑줄 저자)

---

9) 번역의 영향이 큰 대표적 예를 18세기 문헌인 『오륜전비언해(伍倫全備諺解)』(1721)에서 찾아볼 수 있다. 이 문헌은 노걸대류 문헌과 마찬가지로 사역원에서 간행한 중국어 학습서의 하나에 속한다. 그러나 어느 문헌보다 직역(直譯) 성격이 강하여 앞선 『소학언해』(1588)와 같이 국어 질서에 잘 맞지 않는 '맛'의 예가 수시로 출현하는 것을 볼 수 있다.
예 : 너 左右司郎中과 밋 무릇 大小官吏人等이 (你左右司郎中及一應大小官吏人等) <오륜전비언해(1721) 8 : 5b> 낫낫히 年에 致仕코져 긔약ᄒᆞ다가 밋 引年홀 즈음에 니르러ᄂᆞᆫ (箇箇都期要暮年致仕及到引年之際) <오륜전비언해(1721) 8 : 36a>
10) 이병기(1948 : 1)에서는 종래 한글 문헌의 산문 문체를 크게 '내간체(內簡體)', '담화체(談話體, 역학서의 문체-저자)', '역어체(譯語體, 언해서의 문체-저자)'의 세 가지로 나누고 '내간체'를 "궁정(宮廷) 또는 여염(閭閻)에서 부녀(婦女)를 상대로 한 편지로 써 오던 것"으로 정의한 바 있다.

(10) a. 비록 굴오디 혹문을 몯호엿다 호나 나는 반득시 혹문을 호엿다 닐오리라
<소학언해(1588) 1 : 16a>

道 읻는 디 나아가 질졍호면 피히 비호기롤 즐긴다 닐올디니라
<소학언해(1588) 3 : 7b>

父母ㅣ 굴으샤디 이 날올 잘 셤기느다 호거시든
<소학언해(1588) 2 : 17b>

b. 은지니 신 간다 면화 혼 근 간다 민집과 여뽈 냥식 논화라
<신천강씨 언간〔순천김씨묘-009〕(1550~1592년) : 신천강씨(어머니) → 순천김씨(딸)〉

휘 신발 브리 거슨 진쉬 추려 주엇다 저도 므더니 너긴다
<신천강씨 언간〔순천김씨묘-030〕(1550~1592년) : 신천강씨(어머니) → 순천김씨(딸)〉

네 병은 엇더니 네 오라비도 스월 보름끠 난다 싱원도 여쇄 무거 여게 가니라 옥천 아기도 제 지비 갓다
<신천강씨 언간〔순천김씨묘-032〕(1550~1592년) : 신천강씨(어머니) → 순천김씨(딸)〉

위에서 (10a)는『소학언해』(1588)에서 볼 수 있는 '-엇다', '-ㄴ다/느다'의 예를 예시한 것이다. 이들은 평서형 종결어미 '-다'에 '-엇-'("과거")이나 '-ㄴ/느-'("현재")가 결합한 형식인데『소학언해』와 비슷한 시기의 언해 자료에서는 반드시 내포문에만 등장하는 것이 특징이다.(상위문에 '호-'나 '니르-'와 같은 인용 동사가 함께 쓰인 데 유의) 이에 비해 비슷한 시기의 언간 자료는 (10b)와 같이 내포문이 아닌 환경에서도 '-엇다'나 '-ㄴ다'가 쓰인 예를 빈번히 보여 준다. (10b)의 예는 곧 현대의 산문 문장과 직결되는 것이라 할 수 있는데 이 같은 문체가 어느 자료보다 언간 자료에서 일찍부터 집중적으로 관찰되는 사실이 중요하다. 기존 논의에 의하면 산문 문장에서 종래의 '-더라'가 신문장체(新文章體)인 '-엇다'로 바뀌어 가는 시기는 20세기 들어 1910년 전후부터로 알려져 있다.[11] 이러한 '-엇다'가 언간 자료에서는 이미 16세기부터 등장하는 것을 보면, 언간의 문체가 한국어

산문 문체의 형성에 적극 기여했다는 주장도[12] 다시 한번 음미할 필요가 있을 것이다.

5.3. 구어성(口語性)/문어성(文語性)

언간에서는 편지의 특성상 특정 청자와 대화 상황을 전제하게 된다. 또한 봉투나 사연에는 발신인과 수신인의 신원이 드러나 존비 관계 등 대화 참여자(화자와 청자, 곧 발신자와 수신자)의 상호 관계를 구체적으로 파악할 수 있는 경우가 많다. 이 때문에 언간 자료는 다른 어느 자료보다도 당대 경어법의 실상을 파악하는 데 좋은 조건을 갖추고 있다. 뿐만 아니라 대화 상황을 전제한 탓에 어느 자료보다 구어적 성격이 강하여 언간에서는 구어에 특유한 형태나 현상이 보다 쉽게 발견되는 경향이 있다.(밑줄 저자)

> (11) a. 요亽이는 하 긔벼를 모ᄅ니 병이니 아ᄒᆡ돌ᄒᆞ고 엇디 인ᄂᆞ다
> 〈신천강씨 언간[순천김씨묘-013] (1550~1592년) : 신천강씨(어머니) → 순천김씨(딸)〉
>
> 팔구월 말미ᄒᆞ고 이제야 드러시디 ᄆᆞᆮ그미 존 ᄌᆞ식ᄒᆞ고 아바님 딕녕 ᄀᆞᆺ슬몰 겨오 ᄞᅳ고
> 〈신천강씨 언간[순천김씨묘-037] (1550~1592년) : 신천강씨(어머니) → 순천김씨(딸)〉

---

11) 민현식(1994 : 55)에 의하면, '-엇다'는 '少年', '學之光', '靑春' 등의 일반 논설체에서 '-더라'와 함께 빈번히 쓰이다가 "김동인 등 '창조'파의 의도적 인식하에 소설 문체로 정착되어 간다." 그런데 이지영(2008 : 74~80)에 따르면 "이미 1920년대에 소설의 종결형이 '-엇다'형으로 변화된 것과 달리 신문기사의 종결형은 1930년대 이후에야 '-더라'형을 쓰지 않게 된다."
12) 김일근(1986/1991 : 160)에서는 언간이 일기(日記)・기사(記事)・소설(小說) 등의 산문 문학에 대하여 그 산파적(産婆的) 역할을 한 것은 물론, 언문일치(言文一致)와 문예의식(文藝意識)의 기준에서 볼 때 근대문학(近代文學)의 기점(起點)으로 작용했을 가능성까지 언급하였다.

너 머글 건티 둘호고 반힐 보내다니 츠준다

b. 츈한이 오히려 심호고 브됴호니 지친 근녁이니 요스이 엇디 디내는고 브리

　　디 못호니

　　장스는 어느 쯰로 디내느니 아므려나 넌호여 부디홈 브라노라

b'. 일한의 엇디 디내는디 향념 브리디 못호더니 봉서 보고 든 〃 반가오나 신

　　질노 댱 셩티 못혼가 시브니 답 〃 브리디 못호니

　　누의님도 그리 싱각고 관회호여 몸 부디호여 디내소

c. 청음은 녀리 늘그신닉가 드러와 곤고호시니 그런 일이 업스오이다 힝츠 밧

　　브고 호야 잠 뎍습닉이다

　　병환은 오놀은 아젹이나 다르디 아녀 더 나은 둣호다 호니 그러 구러 졈 〃

　　나으면 죡호랴

c'. 하 닛디 못호니 이제는 아희들흘 츠셩 졍 브터 아니 기르려 호노라 졍은 무

　　궁호되 무옴이 아니쏘와 잠간 뎍노라

　　우리도 계유 대단혼 병은 업시 이시나 날은 덥고 가지 〃 오죡호랴

(11a)는 현대어에서 구어체의 접속 조사로 분류되는 '하고'의 소급형을 예시한

것이다. 접속 조사로 쓰인 '호고'는 같은 시기(16세기 중후반)의 판본 자료에서 거의 발견되지 않는 것인데 언간 자료에서는 그 예를 쉽게 찾아볼 수 있다. (11b)는 구어의 특징으로 꼽히는 이른바 '생략' 현상과 관련한 것이다. 예시된 '브리다', '부디호다'는 (11b')와 같이 각각 "염려"('향념')나 "신체"('몸')를 뜻하는 명사와 어울려 쓰이지만 경우에 따라서는 명사가 생략되어 홀로 쓰이기도 한다. 이는 구어에서 복원 가능성(recoverability)만 있으면 일부 문장 성분이 얼마든지 쉽게 생략되는 현상과 크게 다를 바 없다. (11c)는 문장 성분이 아니라 어휘 형태 중 일부가 줄어든 생략형을 보인 것이다. 예시에서 보듯이 '잠'이나 '죽호-'는 (11c')와 같은 '잠간'("잠깐"), '오죽호-'("오죽하다")의 생략형에 해당하는데 이러한 생략형은 독특한 구성(예: '잠 덕-', '-면 죽호랴')을 이루어 유독 언간 자료에만 집중 출현하는 경향이 있다. 원형에 비해 생략형이 보이는 이러한 특징은 언간 자료가 지니는 구어성과 무관하지 않다고 보아야 할 것이다.

　한편 구어성의 영향으로 언간 자료에는 지역 방언에 특유한 형태나 현상이 그대로 반영되기도 한다. 아래 예를 보기로 하자.(밑줄 저자)

　　(12) a. 이곳은 흔 모양이오느 긱지의 과셰호오니 봉신지감 이루 칭양할 길 읍소오
　　　　며 셰젼의 강화 판관으로 의외 상환호여 이달 슌간 도임호려 호오느 슈란
　　　　견딜 슈 읍습느이듯
　　　　　　　　　　　〈 송병필 언간[송병필가-03](1889년) : 송병필(남편) → 전주이씨(아내)〉

　　　　이 고을 관황은 쌀이 스빅이고 돈이 오륙천 냥이 되느 드려 씨는 물종이 다
　　　　종 시가가 되니 <u>무신</u> 의미ㄱ 잇겟습 심난 〃 호옵
　　　　　　　　　　　〈 송병필 언간[송병필가-04](1889년) : 송병필(남편) → 전주이씨(아내)〉

　　　b. 마님 기체후 일힝 만안호옵신지 벵 복모 구 〃 무님하셩니오며 (…중략…)
　　　　비지호신 <u>말심</u>은 쇼인으 마음에도 합당호옵고 (…중략…) 안의 가 단여온

후은 전인을 허옵던지 쇼인니 가셔 문안ᄒ옵고 자셔한 <u>말심</u>을 살불넌지 하

쵹 허옵시기를 바러옵네다

〈고목(1894년) : 미상(下賤人) → 조병길(수령)〉13)

위에서 (12a)는 충청도 영동(永洞)에 거주한 송병필(宋秉弼, 1854~1903)이 자신의 아내에게 보낸 언간이다. 중앙어의 '없-'에 대해 '읎-'이 대응되고 치음('ㅅ, ㅆ, ㅊ') 아래 'ㅡ'가 'ㅣ'로 실현된 현상(전설모음화)에서 당시의 충청 방언이 반영된 것을 살필 수 있다. (12b)는 조병길(趙秉吉)이 영남 지방의 수령(守令)으로 재임하던 중 하천인(下賤人)으로부터 받은 언간(이른바 '고목'의 일종)의 일부이다. 예의 밑줄 친 형식들은 당시 중앙어의 일반적인 어형 '일향(一向)', '병(竝)', '말슴', '술올런지' 등과 비교할 때 당시의 방언(경상 방언)이 반영된 것으로 추정된다. 고유어는 물론 보수성이 강한 한자어에까지 방언형이 등장하는 데서 언간의 구어적 성격을 엿볼 수 있다.

그러나 언간에 반영된 언어의 성격이 실제 대화에서 사용된 '구어' 그 자체라고 단정하기는 어려운 면이 있다. 언간이 특정 청자와 대화 상황을 전제한다고 하지만 서로 대면한 상황에서 같은 시간과 공간을 공유한 채 화자와 청자의 역할 바꾸기가 부단히 일어나는 일반적 대화 상황과는 거리가 있기 때문이다. 언간이 어차피 문자라는 시각적 매체에 의존하고14) 시공간(時空間)의 공유 여부에서는 오히려 문어적 성격과도 통하는 점을 감안하면, 언간에 반영된 언어는 구어 특유의 형식이 포함되어 구어에 보다 근접한 문어, 곧 '구어체 문어'(송기중 199

---

13) 언간의 서지 사항과 판독문에 대하여는 김일근(1986/1991 : 93~95, 243~244) 참조.

14) 언간에 사용되는 반복 부호나 간자법(間字法), 대두법(擡頭法) 등도 언간의 시각적 매체 의존성을 잘 보여 준다. 이에 대해서는 김주필(2009 : 11) 참조.

3 : 274, 황문환 2002a : 17) 정도로 보아야 무리가 없을 것이다.(물론 그렇다고 하더라도 언간 자료가 어느 자료보다 구어성을 많이 보이는 사실에는 변함이 없다.) 이러한 불완전한 구어성 때문에 언간 자료에는 반드시 구어 질서에 따른 것으로 보기 어려운 생략 표현이 존재하기도 한다.(밑줄 저자)

(13) a. 알외올 말솜 하감ᄒᆞ읍심 <u>지리</u> 이만 알외오며 내 〃 긔후 쾌복 여샹ᄒᆞ읍신 문안 복튝 〃 ᄒᆞ읍ᄂᆞ이다 아모것도 못 섭 〃 ᄒᆞ오이오이다

〈의성김씨 언간[김성일가-115](1849년) : 의성김씨(둘째 딸) → 김진화(아버지)〉

a'. 말솜 ᄀᆞ득 남ᄉᆞ오나 <u>지리ᄒᆞ와</u> 이만이오며 내 〃 직등 긔후 만강ᄒᆞ읍심 츅 슈 〃 ᄒᆞ읍ᄂᆞ이다 아모것도 못 보내오니 답답ᄒᆞ읍

〈여강이씨 언간[김성일가-057](1850년) : 여강이씨(아내) → 김진화(남편)〉

b. 거셔는 엇지 ᄒᆞ시<u>읍</u> 세간은 뉘가 잡고 거긔 모양 등을 보시니 엇더ᄒᆞ<u>읍</u> 실 노 념녀 노히지 아니ᄒᆞ오며 츈복 경각의 문포 두엇 필을 어더스오니 엇지 ᄒᆞ야 입ᄉᆞ오면 죠흘고 게셔는 업고 도라 의논홀 길 업ᄉᆞ오니 엇지면 죠흘 지 답 〃 혼 일 만ᄉᆞ오니 민망ᄒᆞ<u>읍</u> 즉시 긔별ᄒᆞ<u>읍</u> 총 〃 이만 덕<u>읍</u>

〈김정희 언간[추사-02](1818년) : 김정희(남편) → 예안이씨(아내)〉

b'. 이리셔 ᄇᆞ라<u>읍</u>기롤 아ᄆᆞ례나 졔 무ᄉᆞ히 지내<u>읍</u>시고 어린 동싱둘 거느리<u>읍</u> 셔 긔후 평안ᄒᆞ<u>읍</u> 다시곰 ᄇᆞ라<u>읍</u>노이다

〈현풍곽씨 언간[진주하씨묘-084/곽씨-125](17세기 전기) : 현풍곽씨(딸) → 진주하씨(어머니)〉

동닉 온슈의 병 고치니는 업다 ᄒᆞ노이다 커니와 션싱이 가<u>읍</u>시매 밋줍고 아ᄆᆞ려나 오[이하 5~7자 훼손]이나 잇ᄉᆞ와 ᄒᆞ리<u>읍</u> ᄇᆞ라<u>읍</u>노이다

〈현풍곽씨 언간[진주하씨묘-080/곽씨-121](17세기 전기) : 현풍곽씨(딸) → 진주하씨(어머니)〉

다시 긔별 수이 몯 드롤 거시라 글로 답 〃 ᄒᆞ오이다 할믜의 안부ᄒᆞ시고 아 ᄆᆞ려나 됴케 디답ᄒᆞ심 ᄇᆞ라노이다 ᄒᆞ쇼셔 그지 업ᄉᆞ와 이만 ᄒᆞ<u>읍</u> 경신 삼 월 슌삼일

〈현풍곽씨 언간[진주하씨묘-155/곽씨-126](1620년) : 현풍곽씨(딸) → 진주하씨(어머니)〉

완 〃 이 ᄒᆞ여 못ᄒᆞ올 거시니 금월이롤 말고 향월이롤 보내<u>읍</u> 약 머길 줄이

나 즈셰 니르라 ᄒᆞᆸ쇼셔
〈곽의창 언간[진주하씨묘-162/곽씨-107]〉(17세기 전기) : 곽의창(아들) → 진주하씨(어머니)〉

(13)은 언간에 자주 보이는 생략 표현을 예시한 것이다. (13a)에서 '지리', '못'은 (13a')의 예에 비추어 볼 때 각각 '지리ᄒᆞ와', '못 보내오니' 정도에서 일부 형태가 생략된 것으로 추정된다. 이러한 생략은 언간 외에서는 쉽게 보기 어려워 일반 언어 질서에 따른 생략이라고는 하기 어렵다. 언간마다 으레 반복되기 쉬운 표현이므로 반복을 줄이기 위한 투식 표현으로 등장하였다고 보아야 본질에 가까울 것이다. (13b)와 같이 언간 자료에 특유한 종결형 '-ᄉᆞᆸ' 역시 일반 언어 질서 외에 언간 자료의 투식적 특성이 간여한 생략형으로 보아야 할 가능성이 크다. 이 '-ᄉᆞᆸ'은 처음에는 (13b')와 같이 일부 'ᄒᆞᆸ쇼셔'체 편지에서 간헐적으로 사용되던 생략 표현이었다. 그런데 생략형으로서 '-ᄉᆞᆸ'은 'ᄒᆞᆸ쇼셔'체에서 기원한 다른 생략형과 비교할 때 다소 특이한 존재라 할 수 있다. 다른 생략형들은 주로 특정 서법의 'ᄒᆞᆸ쇼셔'체 종결형에서 특정 형태만이 생략된 반면 '-ᄉᆞᆸ'은 서법에 관계없이 비종결형을 포함하여[15] '-ᄉᆞᆸ-'을 포함한 모든 형식에서 '-ᄉᆞᆸ-' 뒤 임의의 형태가 생략된 것으로 해석되기 때문이다.(황문환 2010b : 32) 더욱이 종결형 '-ᄉᆞᆸ'은 개화기 이후 언간 자료를 넘어서도 사용 범위가 확산되는데 그 확산 영역이 바로 저술문(著述文)이나 광고문(廣告文) 같이 불특정 다수의 청자를 대상으로

---

15) (13b')의 첫 두 예문을 아래 예문과 비교하면 '-심(을)' 내지 '-샴(을)' 정도가 생략된 것으로 이해될 수 있다.

근심 ᄀᆞ업스오디 모옥 효옴이나 잇스와 ᄒᆞ리ᄋᆞᆸ시믈 다시곰 ᄇᆞ라ᄋᆞᆸ거니와
〈현풍곽씨 언간[진주하씨묘-080/곽씨-121]〉(17세기 전기) : 현풍곽씨(딸) → 진주하씨(어머니)〉

이리셔 ᄇᆞ라ᄋᆞᆸ기롤 아바님 수이 편ᄒᆞᄋᆞᆸ시고 동성돌 거느리ᄋᆞᆸ시고 긔운 편ᄒᆞᄋᆞᆸ샴과 수이 뵈ᄋᆞ오믈 다시곰 ᄇᆞ라ᄋᆞᆸ노이다
〈현풍곽씨 언간[진주하씨묘-153/곽씨-124]〉(1617년) : 현풍곽씨(딸) → 진주하씨(어머니)〉

한 글이라는[16] 점도 유의할 필요가 있을 것이다.(황문환 2010b : 38~39)

5.4. 개인성(個人性)

언간은 특정 개인 사이에 주고받는 것이기 때문에 발수신자가 불특정(不特定) 다수(多數)나 개인(個人)이 되는 경우란 거의 없다. 이러한 특성 때문에 언간 자료에서는 개인간의 독특한 공통점이나 차이점이 어느 자료보다 쉽고 정밀하게 포착될 수 있다. 추사(秋史) 집안에 전하는 언간 가운데 김노경(金魯敬, 1766~1837)과 김정희(金正喜, 1786~1856) 부자(父子)의 예를 살펴보기로 하자.(밑줄 저자)

(14) a. 쟝모 병환이 더ᄒᆞ오시고 게셔도 〃로 더ᄒᆞ시다 ᄒᆞ오니 더고나 됴셥을 못ᄒᆞ시기 그러ᄒᆞ신가 시브니 민망ᄒᆞᄋᆞᆸ 밤ᄉᆞ이는 엇더ᄒᆞ오시고 게셔도 엇더ᄒᆞᄋᆞᆸ

〈김노경 언간[추사가-24](1771~1793년) : 김노경(남편) → 기계유씨(아내)〉

야간 어마님 환후 엇더ᄒᆞ오시고 게셔 알흐시는 듸는 엇더ᄒᆞ시ᄋᆞᆸ

〈김노경 언간[추사가-25](1791~1793년) : 김노경(남편) → 기계유씨(아내)〉

b. 쳔안셔 게셔 모양을 보오니 그러치 아니홀 것 아니오나 게셔가 그리ᄒᆞ야 큰 병이 나시면 말이 되개습 즉금으로 오니 〃 만ᄉᆞ가 집샤롬이 편안들 ᄒᆞ고 게셔도 더욱 몸을 도라보와 젼보다 더 보젼ᄒᆞ야야 (…중략…) 집안일이 즉금은 더고 게셔끠 다 달여시니 응당 그런 도리은 알으시려니와 동〃ᄒᆞᆫ ᄆᆞᄋᆞᆷ은 별노 간절ᄒᆞᄋᆞᆸ

〈김정희 언간[추사-20](1840년) : 김정희(남편) → 예안이씨(아내)〉(총 31회 출현)

16) 오늘날 '별지를 참고하시압'에 보이는 '-시압'의 '압'이 바로 이러한 성격의 종결형 '-ᄉᆞᆸ'을 계승한 것이라 할 수 있다. '-시압'에 대하여 『표준 국어대사전』에서는 "다수의 사람에게 어떤 일을 청하거나 정중한 명령의 뜻을 나타내는 종결 어미. 주로 알리는 글 따위에 쓰인다."고 풀이하고 있다.

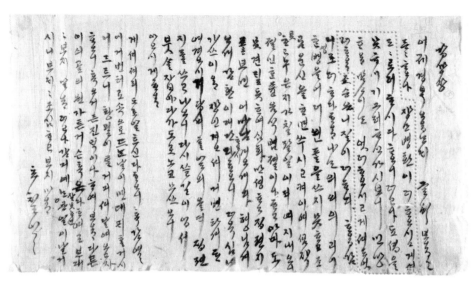

(14a) [자료 5-06] 김노경(金魯敬) 언간[17] (점선 표시 부분이 인용 부분)

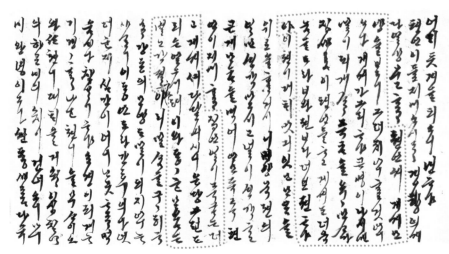

(14b) [자료 5-07] 김정희(金正喜) 언간[18] (점선 표시 부분이 인용 부분)

---

17) <김노경 언간[추사가-24](1771~1793년): 김노경(남편) → 기계유씨(아내)>, 국립중앙박물관 소장.

위 (14)는 모두 남편이 아내에게 쓴 언간을 예시한 것이다. 이들 언간에서 아버지 김노경(14a)이나 아들 김정희(14b)는 모두 자신의 아내를 '게셔'로 호칭하면서 'ᄒᆞᄋᆞᆸ'체로 대우하는 공통점을 보인다.(황문환 2004b : 367~368, 황문환 2007 : 129~130) 'ᄒᆞᄋᆞᆸ'체는 18세기 이후 [남편→아내]의 언간에 정착하여(황문환 2010b : 38) 다른 언간에서도 흔히 접할 수 있으나 '게셔'라는 호칭은 그렇지 못하다. 16~17세기에 일반적으로 쓰였던 '자내'를 대체한 것은 분명하지만 이 호칭이 현재까지는 유독 추사 집안의 두 부자(父子)가 쓴 언간에서 드물게 발견되는 까닭에 어떠한 사회적 변인과 관련된 호칭인지 해석이 필요한 형편이다.

그런데 김노경과 김정희 부자 사이에는 반드시 위와 같은 공통점만 관찰되는 것은 아니다. 아래에서 보는 바와 같이 부자간에 미묘한 차이점을 보이는 경우도 발견된다.(밑줄 저자)

(15) a. 오리 맛슬 잇게 되엿더니 온 거슬 먹으니 개위가 <u>쾌히</u> 되니

〈김노경 언간[추사가-33](1831년) : 김노경(시아버지) → 미상(며느리, 손녀, 서녀)〉

이 동안 대되 무양들 ᄒᆞ고 홍역 여증은 다 <u>쾌복ᄒᆞ여</u> 태평 지내ᄂᆞ냐

〈김노경 언간[추사가-29](1822년) : 김노경(시아버지) → 미상(며느리, 질녀, 서녀)〉

요통이 죵ᄉᆞ <u>쾌치</u> 못ᄒᆞ니 괴롭기 측냥 업다

〈김노경 언간[추사가-39](1832년) : 김노경(시아버지) → 미상(며느리, 손녀, 서녀)〉

b. 게셔 <u>쾌히</u> 나으신 쇼식 일야로 기다리ᄋᆞᆸ

〈김정희 언간[추사-30](1842년) : 김정희(남편) → 예안이씨(아내)〉(총 11회 출현)

아ᄌᆞ마님겨오셔 학졈으로 미령ᄒᆞ오시다 ᄒᆞ오니 엇더ᄒᆞ오시ᄋᆞᆸ 즉시 <u>쾌복ᄒᆞ와</u> 겨오신가 복녀 ᄀᆞ이업ᄉᆞᆸ

〈김정희 언간[추사-03](1818년) : 김정희(남편) → 예안이씨(아내)〉(총 3회 출현)

---

18) <김정희 언간[추사-20](1840년) : 김정희(남편) → 예안이씨(아내)>, 국립중앙박물관 소장.

나는 비통가 담체로 먹지 못ᄒᆞ기 종시 **쾌치** 아니ᄒᆞ니 민망ᄒᆞ다

〈김정희 언간[추사-33](1843년) : 김정희(시아버지) → 풍천임씨(며느리)〉

(16) a. **사ᄅᆞᆷ** 오와ᄂᆞᆯ 하셔 밧ᄌᆞ와 보ᄋᆞᆸ고 든 〃 ᄒᆞ오되

〈김노경 언간[추사가-21](1766~1788년) : 김노경(손녀사위) → 광산김씨(장조모)〉 (총 12회 출현)

큰 항 ᄒᆞ나만 조흔 거스로 **사셔** 이 압 비길이 〃실 거시니 부쳐라

〈김노경 언간[추사가-33](1831년) : 김노경(손녀사위) → 미상(며느리, 손녀, 서녀)〉

올혼 져 흉년을 당ᄒᆞ여 아마도 **살아날** 길 업슬 거시니 져를 엇지ᄒᆞ며

〈김노경 언간[추사가-42](1832년) : 김노경(시아버지) → 죽산박씨(며느리, 서녀)〉

b. 셔울 인는 **샤ᄅᆞᆷ**은 더욱 ᄉᆡᆼ각이 아니 나오시개습

〈김정희 언간[추사-03](1818년) : 김정희(남편) → 예안이씨(아내)〉 (총 14회 출현)

그러나마 급〃ᄒᆞ노라면 금명 ᄶᅩ 인편 잇스오니 **샤** 보내 올이다

〈김정희 언간[추사-09](1818년) : 김정희(남편) → 예안이씨(아내)〉

민어을 연ᄒᆞ고 므롬ᄒᆞᆫ 거스로 갈의여 **샤셔** 보내개 ᄒᆞᆸ

〈김정희 언간[추사-24](1841년) : 김정희(남편) → 예안이씨(아내)〉

나는 **샤라** 잇다 ᄒᆞ올 길이 업습

〈김정희 언간[추사-21](1841년) : 김정희(남편) → 예안이씨(아내)〉

위 (15)의 밑줄 친 형식들은 모두 어두(語頭)가 '快'로 시작되는 어휘들이다. 중세 문헌 이래 '快'의 한자 두음(頭音)은 유기음을 표시하는 'ㅋ'으로 표기되는 것이 일반적이었다.(예 : ㅋ는 엄쏘리니 快쾡ᅙ 字ᄍᆞᆼ 처엄 펴아 나는 소리 ᄀᆞᆮᄐᆞ니라 <훈민정음언해(1447) 4a>, 快 쇠훤 쾌 <신증유합(1576) 하 : 15b>) 그런데 아버지 김노경의 언간(15a)에서는 '快'의 두음(頭音)이 종래와 같이 'ㅋ'으로 표기된 반면 아들 김정희의 언간(15b)에서는 일관되게 'ㅅ'으로 표기된 것을 볼 수 있다. 그런가 하면 (16)에서도 부자간의 독특한 차이가 발견된다. 아버지 김노경의 언간(16a)에서 '사ᄅᆞᆷ[ㅅ], 사[買]-, 살[生]-'로 나타난 것이 아들 김정희의 언간(16b)에서는 일관되게 '샤ᄅᆞᆷ,

샤-, 샬-'로 나타나고 있는 것이다.(황문환 2004b : 364~365, 김한별 2014 : 343~344)

　이상과 같은 부자간(父子間)의 개인 차이는 언간 자료이기 때문에 포착 가능한 것이라 할 수 있다. 판본 자료에서는 아무리 면밀한 서지 정보에 의거하더라도 간행 시기나 지역 정도를 알 수 있을 뿐이어서 판본 간에 나타나는 차이가 특정 개인의 차이로 파악될 수 있는 경우를 거의 찾아볼 수 없다. 이에 비해 언간 자료에서는 위에 든 추사 집안의 경우처럼 발수신자 개인의 신원이 족보(族譜)에 의한 가계 분석 등을 통하여 소상히 밝혀지는 경우가 적지 않다. 일단 신원이 밝혀지면 언간 속의 언어 표현은 성별, 연령, 지위 등 다양한 사회적 변인(社會的 變因, social variable)에 비추어 검토할 여지가 많아진다. 특히 추사 집안의 언간과 같이 여러 대에 걸쳐 다양한 친족 구성원 사이에 오가며 누적된 문중 언간은 자료 밀집도가 높아 개인차를 정밀하게 관찰하는 데 특히 적합하다고 할 수 있다. 이러한 점에서 본다면 언간 자료는 다른 어느 자료보다도 국어사 연구에 사회언어학적(社會言語學的, sociolinguistic) 접근 가능성을 열어 줄 자료로 평가받을 수 있을 것이다.19)

　물론 언간 자료는 단순히 언어 자료에 그치는 것이 아니라 붓글씨를 대상으로 한 서체(書體) 자료의 성격도 아울러 지닌다. 언간 자료는 사람마다 서체가 달라 필사 자료 중 가장 난해한 자료로 꼽히지만 그 점이 바로 흥미로운 연구 주제를 제공할 수도 있다. 앞서 언어 표현에 적용했던 것과 마찬가지로 이번에는 서체

---

19) 언간 자료를 활용한 연구가 그동안 경어법에 집중된 것도 이러한 평가를 반증한다. 이승희(2005 : 254)에서 지적하였듯이 언간 자료가 "발신자와 수신자의 친족 관계, 계층, 나이, 성별을 확인할 수 있을 뿐만 아니라 친밀감의 정도까지도 가늠할 수 있는 흥미로운 자료"이기 때문에 그러한 연구 경향이 자연스레 정착하였을 것이다. 최근에는 경어법을 넘어 음운변화(예 : 구개음화) 확산의 개인차를 점검하는 데도 언간 자료가 활용되기 시작하였는데(김주필 2009, 김주필 2011b) 사회언어학적 접근 가능성을 보다 구체화한 연구로서 주목된다.

의 차이를 성별, 연령, 지위 등 다양한 사회적 변인에 비추어 검토해 볼 수 있기 때문이다. 다시 추사 집안 언간의 예로 돌아가 보자.

앞서 (14)에 소개된 두 부자(父子)의 서체를 비교하면 서로 닮아 보이면서도 여러 가지 차이가 드러난다.[20] 우선 김노경 언간의 'ㅎ오니, ㅎ읍' 등에서는 초성 'ㅇ'의 내부 공간이 쉽게 확인되지만 김정희 언간에서는 그렇지 않은 경우가 많다. 김정희 언간의 '보-'에서는 중성 'ㅗ'를 'ㅂ'에 바싹 붙여 'ㅗ'의 세로획이 거의 보이지 않을 정도로 쓴 경우가 자주 보인다. 그런데 여러 차이 중에서도 특히 '궁'과 같은 글자를 쓸 때 나타나는 중성 'ㅜ'의 차이는 아래에서 보듯 자못 인상적이다.

(17) 김노경과 김정희 두 부자(父子)의 서체 차이

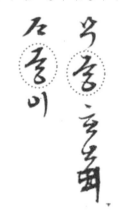

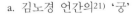

| a. 김노경 언간의[21] '궁' | b. 김정희 언간의[22] '궁' |

---

20) 이하의 내용은 『조선시대 한글편지 서체자전』의 공동 편자이신 정복동(鄭福童) 선생님으로부터 조언을 받은 것이다. 귀중한 시간을 할애하여 아낌없이 조언을 해 주신 데 대해 지면을 빌려 감사 말씀을 드린다.

김노경 언간에서는 'ㅜ'의 아래 부분을 점(17a)에 가깝게 표현한 반면 김정희 언간에서는 세로획(17b)으로 표현한 차이가 뚜렷하다. 이러한 차이는 '궁'을 쓸 때마다 반복적으로 나타나 단순히 우연으로 돌릴 수 없는 성격의 것이다. 다음에 소개된 『조선시대 한글편지 서체자전』(2012, 다운샘)을 참조하면 언간 자료에서 '궁'의 'ㅜ'를 김노경과 같이 쓴 사례가 의외로 적지 않다는 사실을 접하게 된다. 결국 위 (17)과 같은 서체 차이가 단순한 개인적 차이가 아니라는 것인데 그렇다면 어떠한 사회적 변인과 관련될 수 있을지 궁금해진다. 비교 자료에 나타나는 사례로 보아 발신자가 궁중 인물인 언간(곧 궁중 언간)과 관련될 가능성을 생각해볼 수 있으나 서체자전에 수록된 사례가 선별적 성격을[23] 지니기 때문에 가능성 이상으로 논의를 진전시키기 어렵다. 서체 차이를 통계적으로 유의미한 수준까지 객관화시킬 방법론이 개발된다면 앞으로 서체 연구에서도 사회적 변인을 도입한 연구가 활성화될 가능성이 충분하다고 하겠다.

---

21) 'ᄌ궁이', '무궁ᄒ오되' <김노경 언간[추사가-26](1791년) : 김노경(아들) → 해평윤씨(어머니)>, 국립중앙박물관 소장.
22) '무궁ᄒ오며' <김정희 언간[추사-26](1841년) : 김정희(남편) → 예안이씨(아내)>, 국립중앙박물관 소장.
'궁박히' <김정희 언간[추사-27](1842년) : 김정희(남편) → 예안이씨(아내)>, 국립중앙박물관 소장.
23) '일러두기'에 따르면 발신자 87명, 총 400여 건을 대상으로 한 것이다. 여기서도 언간에 나타나는 모든 글자를 대상으로 한 것이 아니기 때문에 임의로 선별 수록한 성격을 벗어나기는 어렵다.

궁					
기계유씨 추사가/17	송병필 송병필가/01	서희순 봉서/12	정순왕후 정순왕후/01	명성황후 명성황후/074	현종 명안어필/01
밀양박씨 송준길가/038	송병필 송병필가/02	서희순 봉서/13	철인왕후(?) 봉서/27	순명효황후 순명효황후/03	효종 숙명신한첩/06
신천강씨 순천김씨묘/013	송병필 송병필가/03	신상궁 봉서/16	김상궁 봉서/17	순명효황후 순명효황후/04	경의왕후 추사가/01
완산이씨 자손보전/05	송병필 송병필가/06	신정왕후 궁녀 봉서/24	명성 궁녀 명성궁녀/09	순명효황후 순명효황후/03	명성왕후 명안어필/08
은진송씨 선세언독/27	이하응 흥선대원군/01	김노경 추사가/39	명성황후 궁녀 명성황후/128	인선왕후 숙명신한첩/23	명성왕후 명안어필/10
임천조씨 송병필가/33	허목 허목/01	김노경 추사가/41	명성황후 궁녀 명성황후/129	인현왕후 숙휘신한첩/33	명성황후 명성황후/094
진성이씨 의성김씨가/049	권씨 선세언독/14	김주국 의성김씨가/001	명성황후 궁녀 명성황후/125	장렬왕후 숙명신한첩/12	명성황후 명성황후/117

『조선시대 한글편지 서체자전』(2012)에 수록된 '궁'의 서체 비교

5.5. 사실성(事實性)

언간으로 일상의 생활 감정을 전했기 때문에 언간의 사연 속에는 당시 개인이나 사회의 생생한 모습이 담겨 있다.(밑줄 저자)

(18) a. 이휘 댱가 아니 드러신 적브터 녜미 계후 니완을 ᄒ고쟈 밧바 ᄒ오디 ᄌ식 업슨 사름이 양ᄌ ᄒᆞᆸ기도 서로 인연이 잇ᄉ와야 부지 무폐히 보전ᄒᆞᆸᄂ 거시오니 인연 이시며 업슴을 아ᄋᆞᆸ디 못홀 거시라 미양 니르오디 미양 허티 아니ᄒᆞᆸ고 명쥰의 어미 빅년골 가올 제도 녜미 집의 방을 ᄭ미고 기둘 온다 ᄒᆞ오디 그러 가디 말고 큰집의 가 이시라 ᄒᆞ엿ᄉᆞᆫ던 거시오니 형데 이 신 적의도 그리 앗기와 온갓 샤외롤 ᄒᆞᆸ거든 이제 블힝ᄒᆞ와 제 형을 일허 시니 제 아븨 골육이 저만 잇ᄉᆞᆸ거든 더옥 므슴 샤외롤 아니ᄒᆞ오리잇가 (… 중략…) 셰샹의 녜브터 ᄌ손이 거포 주그면 그 훗 ᄌ식을 ᄌ식이라 아니ᄒᆞ 야 일홈을 손이라 커나 나그내라 커나 짓줍고 ᄂᆞᆷ의 집의 가 길러 내ᄂᆞ니 만ᄒᆞ니이다

〈윤선도 언간(1657년) : 윤선도(시동생) → 원주원씨(형수)〉24)

【이후(爾厚)가 장가 아니 들었을 때부터 예미(禮美)가 계후(繼後) 입안(立案)을 하고자 조급해했는데 자식 없는 사람이 양자(養子) 하는 것도 서로 인연(因緣)이 있어야 부자(父子)가 무폐(無弊)히 보전(保全)하는 것인데 인연 있으며 없음을 알지 못하는 것이라(=까닭에) 매양 이르되 매양 허(許)치 아니하고, 명준의 어미가 백년골[白蓮洞] 갈 때도 예미(禮美)가 집에 방을 꾸미고 기다린다 하되 그리 가지 말고 큰집에 가 있으라 하였던 것이오니 형제가 (살아) 있었던 때도 그리 아껴 온갖 사위를 하였거든 이제 불행하게 되어 제 형을 잃었으니 제 아비의 골육이 저만 남았거든 더욱 무슨 사위를 아니하겠습니까? (…중략…) 세상에 예부터 자손이 거푸 죽으면 그 후의 자식을 자식이라 아니하여 이름을 손이라 하거나 나그내라 하거나 짓고 남의 집에 가 길러 내는 사람이 많습니다.】

---

24) 언간의 서지 사항과 판독문에 대하여는 박요순(1974) 및 김일근(1986/1991 : 66~67, 206~209) 참조.

b. 일것 ᄒ야 보낸 춘물은 마른 것 외의난 다 샹ᄒ야 먹을 길이 업ᄉ 약식 인
절미가 앗갑ᄉ <u>슈이 와도 셩히 오기 어려온디 일곱 달 만의도 오고 쉬워야</u>
<u>두어 달 만의 오ᄋᆸᄂ 거시 엇지 셩히 올가 보ᄋᆸ</u> 셔울셔 보낸 침치ᄂ 원악
염을 과히 훈 거시라 변미ᄂ ᄒ야시나 그려도 침치의 쥬린 입이라 견디어
먹어ᄉ 시오졋ᄂ 변미ᄒ고 조긔졋과 장복기가 변미 그리 아니 ᄒ오니 이샹
ᄒᆸ 미어와 산포ᄂ 관겨치 아니ᄒᆸ 어란 갓튼 거시나 그 즈음셔 엇기 쉽
거든 어더 보내ᄋᆸ <u>산치ᄂ 더러 잇나 보딘 여긔 샤롬은 슌젼 먹지 아니ᄒ오</u>
<u>니 고이훈 풍속이ᄋᆸ</u> 고ᄉ리 쇼로장이와 두룹은 잇기 혹 어더 먹ᄉ <u>도모지</u>
<u>져지와 쟝이 업ᄉ오니 범 거시 미미가 업ᄉ오니 이셔도 모로고 어더 먹기</u>
<u>어렵ᄉ</u>

〈김정희 언간[추사-21](1841년) : 김정희(남편) → 예안이씨(아내)〉

【일껏(=애써) 하여 보낸 찬물(饌物, 반찬)은 마른 것 외에는 다 상하여 먹을 길이 없소.
약식(藥食)과 인절미가 아깝소. 쉬(=빨리) 와도 성히 오기 어려운데 일곱 달 만에도 오
고 쉬워야 여러 달 만에 오는 것이 어찌 성히 올까 보오? 서울에서 보낸 침채(沈菜, 김
치)는 워낙 소금을 과(過)히 한 것이라 변미(變味, 맛이 변함)는 하였으나 그래도 침채
에 주린 입이라 견디어 먹었소. 새우젓은 변미하고 조기젓과 장볶이(=볶은 고추장)가
그다지 변미하지 않으니 이상하오. 미어(?)와 산포(散脯, 쇠고기 포의 한 가지)는 괜찮
소. 어란(魚卵) 같은 것이나 그 부근에서 구하기 쉽거든 구하여 보내오. 산채(山菜, 산
나물)는 더러 있나 보되 여기 사람들은 전혀 먹지 않으니 괴이한 풍속이오. 고사리, 소
루쟁이와 두룹은 있기에 간혹 구하여 먹소. 도무지 저자와 장(場)이 없고 모든 것이 매
매(賣買)가 없으니 있어도 모르고 구하여 먹기 어렵소.】

위에서 (18a)는 고산(孤山) 윤선도(尹善道)가 형수에게 보낸 언간이다. 양손(養孫)
문제로 형수와 시비를 다투는 내용인데, 일일이 논리를 세워 형수를 곡진하게
설득하는 고산(孤山)의 개인적 면모도 새롭지만 사연 중에 당시의 풍습을 증언하
는 내용이 있어 더욱 주목된다. 곧 자손이 거푸 죽어 가문의 대를 잇기 어려울
경우 계후(繼後)할 자손은 '손'(손님)이나 '나그네'로 이름을 짓고 남의 집에 보내
길러 낸다는 것이다. 당시 사대부가의 '사위'(좋지 않은 일이 생길까 두려워 어떤 사물
이나 언행을 꺼림, =터부) 풍습을 이해하는 데 도움이 될 수 있을 것이다. (18b)는

(18a) [자료 5-08] 윤선도(尹善道) 언간[25] (점선 표시 부분이 밑줄 부분)

뒷면   앞면

(18b) [자료 5-09] 김정희(金正喜) 언간[26] (점선 표시 부분이 인용 부분)

25) <윤선도 언간(1657년) : 윤선도(시동생) → 원주원씨(형수)>.

추사(秋史)가 제주도에 귀양을 가 있을 때의 언간이다. 귀양살이에서 먹을 것에 어려움을 겪는 상황이 소소하게 서술되고 있다. 서울 집에서 음식을 보내 왔지만 뱃길이 어려워 일곱 달 만에도 오고 빨라야 여러 달 만에 오는데 어찌 음식이 성하겠느냐 하고 반문하면서 받은 찬물(饌物)을 하나하나 소개하고 있다. 이 과정에서 당시 제주도 사람이 산나물을 먹지 않는 풍습을 괴이하다고 보고 있으며, 저자와 장이 없어 매매가 없는 사정도 알려 주고 있다. 절박한 귀양살이를 겪는 추사의 면모와 함께 당시 제주도의 풍습과 사정이 가감 없이 드러나 있음을 보게 된다.

이같이 개인이나 사회의 생생한 실상이 투영되기 때문에 언간 자료는 다른 어느 자료보다 '사실성(事實性)'이 두드러진 특징을 보인다. 언간 속에서 간혹 특정한 역사적 사건이나 인물을 생생하게 접할 수 있는 것도 이러한 '사실성'에 기인한다. 이때 언간 자료는 역사적 사건이나 인물에 대하여 그동안 알려지지 않은 이면(裏面)의 모습을 제공하기도 한다.(밑줄 저자)

(19) a. <u>庚申條 公木錢을 僕이 맛다 구쳐ᄒᆞ엿더니 그 돈을 僕이 미앙게 밧고 公幹의</u>
<u>춈예ᄒᆞ엿다 의심들 ᄒᆞ오니 그다이 말을 뭇거든 그ᄂᆞᆫ 그 ᄴᅥ의 江戶의셔 生</u>
<u>蔘 上品 五六斤을 구ᄒᆞ기로 그 돈을 맛져 구ᄒᆞ여 왓노라 ᄒᆞ읍 僕이 公幹의</u>
<u>춈예 아니 ᄒᆞᆫ 줄만 발명ᄒᆞ면 즉금 귀향 풀녀 斂中의 首任이 되게시니 萬事</u>
<u>太平ᄒᆞ오려니와 이 긔별디로 못 되면 華彦과 僕의 일이 ᄯᅩ 엇지 될지 모로</u>
<u>고 公幹도 엇지 거츨어 갈지 모로오니 公幹 말ᄉᆞᆷ을 긔별ᄒᆞᆫ 디로만 ᄒᆞ고 馬</u>
<u>州 興凶이 여긔 이스니 生死를 밧비 판단ᄒᆞ여 달나 ᄒᆞ고 苦爭ᄒᆞ면 自然 順</u>
<u>成ᄒᆞ올이다 (…중략…) 內外의 同生 갓흔 스이라도 알게 마오시고 此札卽爲</u>
<u>付丙ᄒᆞ오쇼셔 (…하략…)</u>
〈최경 언간(1805년) : 최경(조선 통사) → 오다 이쿠고로(일본 통사)〉27)

---

26) <김정희 언간[추사-21](1841년) : 김정희(남편) → 예안이씨(아내)>, 국립중앙박물관 소장.

【경신년(庚申年) 공목전(公木錢)을 제가 맡아 처리하였는데 그 돈을 제가 미양계[뇌물-저자] 받고 공무에 참여하였다 의심들 하오니 그처럼 묻거든 그것은 그 때에 강호(江戶)에서 생삼(生蔘) 상품(上品) 5~6근을 구하기에 그 돈을 (제게) 맡겨 (제가 생삼을) 구하여 왔다고 하십시오. 제가 공무에 참여하지 않은 것만 밝히면 즉시 귀양에서 풀려 여럿 중에 수임(首任)이 되겠으니 만사태평하려니와 이 기별대로 못 되면 화언(華彦)과 저의 일이 또 어찌될지 모르고 공무도 어찌 잘못되어 갈지 모릅니다. (그러니) 공무와 관련된 말씀을 기별한 대로만 하고 대마도의 흥흡(興洽, 흥하고 쇠함)이 여기 있으니 생사(生死)를 바삐 판단하여 달라 하고 간곡히 요청하면 자연히 순조롭게 일이 이루어질 것입니다. (…중략…) 내외(內外)의 동생 같은 사이라도 알게 하지 마시고 이 편지는 바로 불태워 버리십시오. (…하략…)】

b. 기간 망극지스을 엇지 만니 외예 안전 셔즈로 흐올잇가 마누라계셔은 상천이 도으셔 환위을 흐셧건이와 닉야 엇지 성환흐기을 바라올잇가 날이 오리오니 옥도 쇠시고 틱평〃흐시고 상후 제절과 즈뎐 문안 틱평흐시고 동궁마마 닉외가 안슌흐기을 츅슈〃흐옵니다 나은 다시 성환은 못흐고 만니 밧 고혼이 되오니 우리 집 후스야 양뎐의셔 얼연니 보아 쥬시옵눈잇가 다시 뵈옵도 못흐고 세상이 올익지 안니흐기신이 지필을 더흐야 한심흐오니다 닉〃 틱평이 지닉옵시기을 발아옵니다 보뎡부 안치 죄 니 상장 십월 십이일

〈흥선대원군 언간[흥선대원군-1] (1882년) : 이하응(시아버지) → 명성황후(며느리)〉

【그사이 망극(罔極)한 일을 어찌 만리(萬里) 밖에서 눈앞의 짧은 편지로 말하겠습니까? 마누라[명성황후-저자]께서는 하늘이 도우셔서 환위(還位)를 하셨거니와 나야 어찌 살아서 돌아가기를 바라겠습니까? (…중략…) 나는 다시 살아 돌아가지는 못하고 만리 밖 고혼(孤魂)이 되니 우리 집안 대(代) 잇는 일이야 양전(兩殿, 임금과 왕비)에서 어련히 보아 주지 않으시겠습니까? (…중략…) 보정부(保定府)에서 안치(安置) 죄(罪) 이(李) 상장(上狀) 10월 12일】

27) 언간의 서지 사항과 판독문에 대하여는 長崎縣敎育委員會(2015 : 25, 66~68, 323~324) 참조.

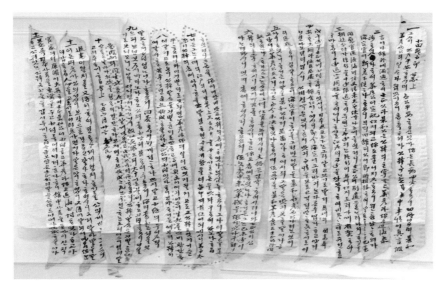

(19a) [자료 5-11] 최경(崔璟) 언간[28] (점선 부분이 인용 부분)

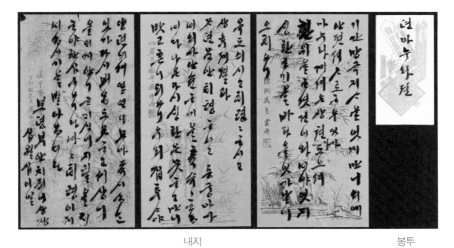

| 내지 | | 봉투 |

(19b) [자료 5-12] 흥선대원군(興宣大院君) 언간[29]

---

28) <최경 언간(1805년) : 최경(조선 통사) → 오다 이쿠고로(일본 통사)>, 일본 대마역사민속자료관 소장.

위에서 (19a)는 1805년 6월 조선의 역관 최경(崔璥)이 일본의 역관 오다 이쿠고로(小田幾五郎)에게 비밀리에 보낸 언간이다. 최경은 당시 조선과 일본 사이의 이른바 '역지통신(易地通信)'을[30] 교섭하는 과정에서 외교 문서인 서계(書契)를 위조한 혐의로 그해 9월 처형을 당한 인물이다. 얼마 뒤 처형될 자신의 운명도 모른 채 최경은 언간 속에서 자신이 뇌물을 받았다는 오해를 풀고 귀양에서 풀려나기 위하여 일본 역관에게 세세한 진술 방안을 제시하고 협조해 줄 것을 간곡히 당부하고 있다. 그런데 이 언간은 [자료 5-11]에서 보듯이 모습부터가 특이하다. 언간 전체가 12 부분으로 나뉘어 각각 가늘고 긴 쪽지 모양을 하고 있는데 쪽지마다 다시 여러 차례 접힌 흔적을 지니고 있다. 이러한 독특한 모습은 발신자[최경]가 당시 유배 생활을 하던 상황에서 수신자[오다]에게 자신의 언간을 비밀리에 전달해야 했던 정황과 관련된다. 사연 말미에 발신자 자신을 굳이 '무명시(無名氏)'로 표시하고 "내외의 동생 같은 사이라도 알게 하지 마시고 이 편지는 바로 불태워 버리십시오"라고 당부한 것도 그만큼 비밀 유지가 절실했던 당시 사정을 알려 준다. 이러한 비밀 언간에서 자신은 뇌물이 아니라 생삼(生蔘) 대금을 받았다고 하는 해명 등은 기존의 관찬(官撰) 자료에서 찾아볼 수 없는 내용이다. 언간 내용과 수수(授受) 정황을 통해서 당시 외교 교섭 과정의 이면을 짐작케 해 주는 귀중한 자료라 하겠다.

(19b)는 1882년 흥선대원군 이하응(李昰應, 1820~1898)이 청나라 보정부(保定府)에 유폐되었을 당시 명성황후(明成皇后)에게 전달하고자 한 언간이다. 흥선대원군은 1882년 6월에 일어난 임오군란(壬午軍亂) 이후 잠시 정권을 장악했다가 다음 달인

---

29) <흥선대원군 언간[흥선대원군-1](1882년) : 이하응(시아버지) → 명성황후(며느리)>, 박주환 개인 소장.
30) 통신사(通信使) 여정(旅程)에서 국서(國書) 교환 장소를 에도[江戶]에서 다른 곳으로 변경하는 것을 이른다. 1811년 신미(辛未) 통신에서는 '역지통신'의 합의에 따라 국서 교환이 대마도(對馬島)에서 이루어진 바 있다.

7월 청나라에 납치되어 4년 동안 유폐(幽閉) 생활을 하였다. 이 언간은 납치된 그해 10월 보정부에서 쓴 것인데 그동안 있었던 일을 "망극지사(罔極之事)"로 표현하면서 현재 자신의 외로운 처지를 "나는 다시 살아 돌아가지는 못하고 만리 밖 고혼(孤魂)이 되니"라는 말로 요약하고 있다. 이때 명성황후는 정권을 되찾아 중전(中殿)의 자리로 돌아와 있었기 때문에 언간에는 "마누라[명성황후]께서는 하늘이 도우셔서 환위(還位)를 하셨거니와"라는 표현이 보인다. 그러나 홍선대원군은 "나야 어찌 살아서 돌아가기를 바라겠습니까?" 하는 자포자기의 심정을 피력하면서 한때 권력을 두고 다투었던 며느리에게 "우리 집 후사(後嗣)야 임금과 왕비께서 어련히 돌보아 주지 않으시겠습니까?"라고 하여 집안의 대(代)를 이을 후사(後嗣) 문제를 애원하듯 부탁하고 있다. 기존 자료와 달리 청나라 유폐 시절 홍선대원군의 자포자기한 내면(內面)을 가감 없이 보여 주는 점에서 독특한 가치를 지닌다고 하겠다.

이상에서 보듯이 언간에 두드러진 '사실성'은 언간 자료가 조선시대 연구를 위한 사료(史料)로 활용될 가능성을 열어 준다. 물론 실록(實錄)과 같은 대표적 관찬(官撰) 사료와 비교할 때 언간은 단편적이고 주관적인 사실을 반영하는 데 그쳐 사료(史料)로 활용하기에는 부적합하다는 평가를 받을 수도 있다. 그러나 실록과 같은 자료가 "특정한 목적을 가지고 편찬된 2차 사료"라 한다면 언간 자료는 "그러한 편찬 과정을 전혀 거치지 않은" 특징에 유의할 필요가 있다. 관점에 따라서는 이러한 언간 자료야말로 "조선시대 우리 조상들의 생각이나 생활 모습 또는 어느 특정한 제도 아래에서 겪는 당시인들의 경험 등을 정확하게 파악할 수 있는 1차 사료"(전경목 2011 : 29)가 될 수 있기 때문이다. 이러한 자료적 성격을 잘 활용한다면 언간 자료의 폭넓은 '일상성'에 비추어 민속, 사회, 경제, 여성[31] 등 조선시대 다양한 분야의 생활사(生活史)를 보다 풍부하고 정밀하게 기술하는 데 언간 자료가 크게 기여할 할 것으로 기대된다.

5.6. 요약

조선시대에 언간은 일상의 사적인 감정을 전하는 가장 보편적인 수단이었다. 위로는 왕으로부터 아래로는 하층민에 이르기까지 폭넓게 실용된 까닭에 언간은 국어를 지키고 가꾸어 온 귀중한 토양이 되었다. 언간은 자료 성격상 언해의 성격을 지니지 않아 당시의 자연스러운 한국어 질서에 따르고 고유의 일상 어휘도 풍부하게 보여 주는 특징이 있다. 또한 대화 상황을 전제한 구어체 자료의 성격 때문에 경어법을 비롯하여 구어나 방언에 나타나는 형식을 다른 자료보다 쉽게 반영하는 특징도 있다. 뿐만 아니라 개인차를 정밀하게 관찰할 수 있게 하는 특징으로 인하여 국어사 연구에 사회언어학적 접근 가능성을 열어 주기도 한다. 따라서 언간 자료의 특성을 잘 살린다면 앞으로 언해 위주의 판본 자료를 보완하여 국어사 연구의 폭과 깊이를 더하는 데 크게 기여할 수 있을 것으로 기대된다.[32]

나아가 언간의 사연 속에는 당시의 실생활이 그대로 녹아 있어 다양한 분야의 생활사 연구에서 살아 있는 자료로 이용될 수 있다. 또한 언간 자료는 필사 자료

---

31) 특히 '여성' 분야를 강조할 만하다. 언간 자료는 발신자나 수신자 어느 한쪽으로 반드시 여성이 관여할 뿐 아니라 여성이 자신의 생활 감정을 육성(肉聲)으로 전하는 드문 자료에 속한다. 앞으로 언간 자료를 활용한다면 조선시대의 여성사(女性史) 내지 여성 생활사가 보다 생생한 모습으로 드러날 가능성이 높다.

32) 그러나 국어사 자료로서 한계가 없는 것은 아니다. 경어법만 하더라도 언간은 주로 친족간(親族間)에 수수(授受)되어 비친족간(非親族間)의 경어법 사용 양상을 살필 수 없는 단점이 있다. 상하 관계를 특징으로 하는 친족간과는 달리 비친족간에는 이른바 평교간(平交間)과 같이 대등한 관계도 존재할 수 있으므로 비친족간의 경어법 사용 양상은 다른 문헌 자료를 통하여 보완되어야 할 것이다.

가운데 개인의 다양하고 독특한 서체를 가장 잘 반영하여 한글 서체의 변천을 구명할 서예사 자료로도 좋은 여건을 갖추고 있다. 이는 언간 자료가 비단 국어학 분야뿐만 아니라 다양한 분야의 연구 자료로 활용될 수 있음을 의미하는 것이다. 앞으로 언간 자료가 적극 발굴, 소개되는 한편 이에 따른 학제간(學際間) 연구가 더욱 활성화될 필요가 있다 하겠다.

제6장

결론(結論)

제6장 결론(結論)

　2000년대 이후 대규모 역주 사업과 이를 바탕으로 한 데이터 베이스(Data Base) 구축 작업까지 진행되면서 언간 자료는 이제 방대한 자료 결집과 함께 다방면의 연구로 활성화될 시점을 바로 눈앞에 두고 있다. 본서는 바로 이러한 시점에 맞추어 김일근(1986/1991)을 계승하는 입문서(入門書)로서 언간 자료 전반에 대한 이해와 조망을 돕기 위해 기획되었다. 기획 의도에 충실하고자 본서에서는 논의 범위를 적극적으로 확대하여 기존에 거의 논의되지 못했던 사항, 예컨대 언간의 구성(構成)이나 격식(格式), 자료 현황까지 폭넓게 다루고자 애썼다. 그럼에도 불구하고 본서의 내용에 충분히 포함될 만하지만 집필 시간이나 능력의 제약으로 본서에서 아쉽게도 다루지 못한 부분이 적지 않다.

　첫째, 언간에 사용되는 특수한 용어(用語) 문제를 다루지 못하였다. 본서의 3장에서 언간의 격식(格式) 문제를 다루기는 하였으나 그것은 주로 내용보다는 위치나 부호 등 형식과 관련된 것이었다. 봉투나 사연에 등장하는 특수한 용어(用語)는 일종의 투식어(套式語)로서 언간을 다른 자료와 구별되게 해 주는 특징적인 요소이기도 한데 이에 대해 기술할 기회를 갖지 못하였다. 언간에 사용된 투식어를 체계적으로 정리하려면 『한훤차록(寒喧箚錄)』과 같은 한문 간찰 서식집(書式集)에서 자주 등장하는 투식어를 범주별(範疇別)로 분류 수록한 방식도 적극 참조할 필요가 있을 것으로 생각된다.

　둘째, 4장에서 언간 자료의 명명(命名)과 소개에 대한 내용을 다루면서 정작 그 이전의 기초 작업에 해당하는 언간 자료의 조사·정리·판독 과정에 대한 내용을 논의에 포함시키지 못하였다. 조사·정리 과정에 대한 서술이 누락되면서 고문서에 준한 언간 자료의 표준화(標準化) 방안도 자연히 논의에서 배제되었다. 뿐만 아니라 자소(字素)나 음절(音節)을 대상으로 판독상(判讀上)의 난점과 해결 방안을 모색하는 내용 또한 입문서에 포함될 중요한 내용이지만 앞으로의 과제로 삼고 이번 집필에서는 배제되었다.

셋째, 언간과 한문 간찰의 상호 관계를 깊이 있게 다루지 못하였다. 3장에서 언간의 격식(格式)을 한문 간찰과 대비하여 간간이 언급하기는 하였지만 언간과 한문 간찰이 역사적으로 어떻게 연결되는지는 논의하지 못하였다. 이와 관련하여 주목되는 것은 언간이 실용되기 이전에 여성 발신자가 한문 간찰을 실용한 사례가 발견된다는 사실이다.[1] 마치 훈민정음 창제 이전에 이두문(吏讀文)이 사용된 양상을 연상시킨다고 하겠는데 앞으로 여성 발신자가 실용한 한문 간찰의 사례가 본격적으로 수집·소개된다면 언간이 한문 간찰의 형식과 내용을 어떻게 계승하고 있는지 구체적으로 드러날 가능성이 있다.

본서에서는 줄곧 김일근(1986/1991)에서 이루어진 성과를 계승하고 보완하는 입장을 취하였다. 그러나 '계승'과 '보완'을 표방하면서도 본서에서 얼마나 성과를 거두었는지는 자신있게 말하기 어렵다. 김일근(1986/1991)에서는 언간 자료 하나하나에 대하여 당시로서는 연구자 개인이 감당하기 어려운 고증 작업을 최대한 엄밀히 수행하였다. 본서에서도 노력을 기울인다고는 하였지만 그러한 고증 노

---

1) 안승준(1998)에 따르면 1468년 점필재(佔畢齋) 김종직(金宗直)이 어머니와 아내로부터 받은 한문 간찰이 전하는데 이들 간찰은 다음과 같은 특징을 지니는 것으로 보고된 바 있다. "첫째, 한문식(漢文式) 문장과 고유의 우리말 어순(語順)을 함께 사용하였다. 둘째, 이두(吏讀)와 함께, 波池(바지), 甫羅(보라) 등과 같은 순수 우리말이 차자(借字)로 표기되어 있다."(p.42)

력을 얼마나 계승하였는지는 의문이다. '보완'의 입장에서도 실제 기존의 성과에서 나아간 부분보다는 나중의 과제로 기약한 부분이 더 많아 보이는 것이 솔직한 심정이다. 몇 걸음 나아가지도 못한 채 제자리걸음만 하면서 기존의 훌륭한 업적에 오히려 누를 끼치지나 않았을까 하는 우려의 마음이 들기도 한다. 본서는 바야흐로 방대한 자료 결집이 이루어지는 시점을 염두에 두고 집필되었다. 우선은 본서의 출판으로 적절한 시점에 맞추어 실기(失機)하지 않는 데 초점을 두었지만 입문서(入門書)로서 부족한 여러 부분은 향후 독자와 지속적인 대화를 통해 보완할 것을 기약해 본다.

참고문헌

■ 언간의 특성, 현황 등에 대한 주요 논저(연도순)

金一根(1986/1991), 『三訂版 諺簡의 硏究』, 건국대학교출판부.
黃文煥(2002), 「조선시대 언간과 국어 생활」, 『새국어생활』 12권 2호, 133~145쪽.
黃文煥(2004), 「조선시대 諺簡 資料의 연구 현황과 전망」, 『語文研究』 122, 韓國語文教育研究會,
        69~94쪽.
Hwang, Mun-hwan(2004), "Eon'gan(諺簡) : Vernacular Letters of Korea during the Joseon
        Period," *Review of Korean Studies* Vol.7 No.2, the Academy of Korean
        Studies, pp.137~154.
허원기(2004), 「한글간찰 연구사」, 『국제어문』 32, 국제어문학회, 297~324쪽.
허재영(2005), 「한글 간찰(언간)에 대한 기초 연구-연구의 흐름과 간찰 양식의 변화를 중심으로」,
        『사회언어학』 13-2, 한국사회언어학회, 257~270쪽.
황문환(2010), 「조선시대 언간 자료의 현황과 특성」, 『국어사 연구』 10, 국어사학회, 73~131쪽.
황문환(2013), 「조선시대 언간 자료의 종합화와 활용 방안」, 『한국어학』 59, 한국어학회, 9~74쪽.
박부자(2014), 「제2장 쉽게 익혀서 편히 쓰니 2. 삶 속에 자리 잡다」, 『한글이 걸어온 길』, 국립한
        글박물관 전시도록, 69~101쪽.
이래호(2015), 「조선시대 언간 자료의 현황 및 그 특성과 가치」, 『국어사 연구』 20, 국어사학회,
        65~126쪽.

■ 언간의 판독, 역주와 관련한 주요 논저(연도순)

李秉岐 編註(1948), 『近朝內簡選』, 國際文化館.
金一根(1959), 『解說・校註 李朝御筆諺簡集』, 新興出版社.
金一根(1974), 『親筆諺簡總攬』, 國學資料 第三輯, 景仁文化社.
金一根(1986/1991), 『三訂版 諺簡의 研究』, 건국대학교출판부.
예술의전당(1991), 『한글서예변천전』, 우신인쇄.
조용선 편저(1997), 『역주본 봉서』, 다운샘.

趙恒範(1998), 『註解 순천김씨묘출토간찰』, 태학사.

예술의전당 서울서예박물관(2002), 『朝鮮王朝御筆』, 한국서예사특별전 22.

백두현(2003), 『현풍곽씨언간 주해』, 태학사.

김일근・이종덕・황문환(2004), 『秋史의 한글편지』, 예술의전당 서울서예박물관.

한국학중앙연구원 편(2005), 『조선 후기 한글 간찰(언간)의 역주 연구』1~3, 태학사.

국립국어원(2007), 「옛 한글 편지전」, 디지털 한글박물관 특별기획전. www.hangeulmuseum.org

이기대 편저(2007), 『명성왕후 편지글』, 다운샘.

한국학중앙연구원 편(2009), 『조선 후기 한글 간찰(언간)의 역주 연구』4~10, 태학사.

이승희(2010), 『순원왕후의 한글편지』, 푸른역사.

국립고궁박물관(2010), 『명성황후 한글편지와 조선 왕실의 시전지』.

국립한글박물관(2015), 『한글편지, 시대를 읽다』.

■ 종합 연구논저 목록*(조선시대 언간 자료와 관련한 연구논저 포함)

강릉시립박물관(1996), 『寶物第1220號 明安公主關聯遺物圖錄』.

강릉시오죽헌・시립박물관(2003), 『조선왕실의 그림과 글씨』.

姜秉倫(1989), 「順天金氏簡札의 語彙 硏究－語彙計量論의 側面에서」, 『語文論叢』6・7, 淸州大學校,
　　　　　　77~97쪽.

강혜자(2009), 「조선조 왕비의 한글 어찰 서체미 연구」, 대전대 대학원 석사학위 논문.

강희숙(2010), 「나주임씨 언간의 구개음화 교정 현상 연구」, 『한글』289, 한글학회, 79~106쪽.

건들바우박물관(1991), 『晉州河氏墓出土文獻과 服飾調査報告書』, 건들바우박물관 출판부.

고려대학교박물관(2003), 『坡平尹氏 母子 미라 종합 연구 논문집』.

高永根(1983), 「'한글'의 유래에 대하여」, 『白石 趙文濟 敎授 華甲紀念論文集』, 刊行委員會, 31~42
　　　　　　쪽.

고홍희(2013), 「〈순원왕후 한글편지〉 한자어에 대한 고찰－'한자 어기＋ㅎ다' 구성의 한자어를 중심
　　　　　　으로」, 『한중인문학연구』38, 한중인문학회, 45~74쪽.

管錫華(2002), 『中國古代標點符號發展史』, 巴蜀書社.

具壽榮(1979), 「安敏學의 哀悼文攷」, 『百濟硏究』10, 忠南大 百濟硏究所, 169~190쪽.

국립고궁박물관(2010), 『명성황후의 한글편지와 조선왕실의 시전지』, 예맥.

국립고궁박물관(2010), 「상궁 한글편지」, 『명성황후의 한글편지와 조선왕실의 시전지』, 예맥, 93~
　　　　　　138쪽.

국립국어원(2007), 「옛 한글 편지전」, 디지털 한글박물관 특별기획전, www.hangeulmuseum.org

국립대구박물관(2011), 『4백년 전 편지로 보는 일상－곽주 부부와 가족 이야기』.

국립중앙박물관(2000), 『겨레의 한글』.

국립청주박물관 편(2007), 『우암 송시열』, 국립청주박물관 개관 20주년 우암 탄신 400주년 기념
　　　　　　특별전 도록, 통천문화사.

국립청주박물관(2011), 『조선 왕실의 한글 편지, 숙명신한첩(淑明宸翰帖)』, 통천문화사.

국립한글박물관(2014a), 『세종대왕, 한글문화 시대를 읽다』.

국립한글박물관(2014b), 『한글이 걸어온 길』.

국립한글박물관(2014c), 「정조어필한글편지첩」, 『소장자료총서』1.

국립한글박물관(2015), 『한글편지, 시대를 읽다』.

기혜경(2010), 「松江 鄭澈 한글 遺墨 硏究」, 경기대학교 석사학위 논문.

金京順(2002), 「秋史 金正喜의 한글 簡札 書風 硏究」, 원광대 대학원 석사학위 논문.

김경순(2003), 「추사 김정희의 한글편지 해독과 의미」, 『語文硏究』제75권, 語文硏究學會, 5~32쪽.

* 이 목록은 황문환(2010a)을 바탕으로 이래호(2015)를 참조하여 수정 보완한 것이다.

김경순(2013), 「추사 김정희의 한글편지 연구」, 충남대학교 대학원 박사학위 논문.

金基鉉(1988), 「秋史 散文에 나타난 夫婦像－한글편지 33통을 중심으로 살핌」, 『고전문학연구』 4, 한국고전문학회, 31~45쪽.

金東哲・趙墑熙・梁興淑・金京美(2015), 「對馬島 易地通信과 譯官 : 그 '의례적' 관계와 '은밀한'교류의 간극」, 『對馬宗家文庫史料 朝鮮譯官發給ハングル書簡調査報告書』, 長崎縣教育委員會, 417~430쪽.

김무식(1997), 「順天金氏墓 출토 언간자료의 국어학적 연구－주로 음운현상과 표기를 중심으로」, 『문학과 언어』 19, 문학과언어학회, 1~28쪽.

김무식(2006), 「동래정씨 소장 "便紙及祭文集"의 자료적 성격과 특징」, 『어문론총』 45, 한국문학언어학회, 183~210쪽.

김무식(2007), 「16,7세기 국어 한자어의 비중과 그 특징－순천김씨 및 현풍곽씨 한글편지를 대상으로」, 『어문논총』 47, 한국문학언어학회, 251~276쪽.

김무식(2009), 「조선조 여성의 문자생활과 한글편지－한글편짓글에 반영된 조선조 여성의식과 문화(1)」, 『인문학논총』 14권 2호, 경성대학교 인문과학연구소, 1~25쪽.

김무식(2010), 「한글편지 자료를 통한 한국어의 한자어 비중과 그 특징」, 『동북아시아문화학회 국제학술대회 발표자료집』, 45~50쪽.

김남경(2001), 「≪언간독≫과 ≪증보언간독≫ 비교연구」, 『民族文化論叢』 24, 영남대 민족문화연구소, 29~56쪽.

金奉佐(2004), 「朝鮮時代 坊刻本 諺簡牘 研究」, 한국정신문화연구원 한국학대학원 석사학위 논문.

金思燁(1957), 「鶴峰 金誠一寄內書」, 朝鮮日報 1957년 8월 26~28일자.

金思燁(1959), 「松江의 國文遺墨」, 동아일보 1959년 8월 8~9일자.

김성주(2009), 「사토본 『화엄문의요결문답』의 부호」, 『한국어문학연구』 53, 동악어문학회, 123~148쪽.

김슬옹(2004), 「언문의 비칭성과 통칭성」, 『겨레어문학』 33, 겨레어문학회, 5~29쪽.

김슬옹(2005), 『조선시대 언문의 제도적 사용 연구』, 한국문화사.

金完鎭(1972), 「「先世諺蹟」에 對하여」, 『국어국문학』 55・56・57 합집, 국어국문학회, 129~142쪽.

김용경(2001a), 「평해황씨가 완산이씨의 유언 및 소지」, 『문헌과해석』 14, 문헌과해석사, 76~88쪽.

김용경(2001b), 「명안어서첩(明安御書帖) 소재 언간에 대하여」, 『한말연구』 9, 한말연구학회, 53~75쪽.

金用淑(1987), 『朝鮮朝 宮中風俗 研究』, 一志社.

김은성(2004), 「『閨閤寒喧』을 통해 본 格式的 便紙文化의 전통－國語生活史의 관점에서」, 『語文研究』 121, 韓國語文教育研究會, 127~151쪽.

金一根(1959a), 「李朝御筆諺簡의 紹介와 研究」, 『學術誌』 2-1, 건국대학교, 351~395쪽.

金一根(1959b), 「「宸翰帖」의 文獻的 價値」, 『국어국문학』 21, 국어국문학회, 174~176쪽.

金一根(1959c), 『解說・校註 李朝御筆諺簡集』, 新興出版社.

金一根(1960), 「한글書体의 史的變遷」, 『국어국문학』 22, 국어국문학회, 303~307쪽.

金一根(1961), 「仁穆大妃述懷文의 紹介와 몇 가지 問題」, 『국어국문학』 23, 국어국문학회, 560~563쪽.

金一根(1965), 「諺簡의 資料的 價値」, 『국어국문학』 28, 국어국문학회, 246~248쪽.

金一根(1965), 「外國에서 씌어진 한글」, 중앙일보 1965년 10월 10일자.

金一根(1969), 「孝宗大王 在瀋陽諺簡의 問題點－主格助詞 〈가〉의 最初記錄」, 『文湖』 5, 건국대학교 국어국문학회, 19~27쪽.

金一根(1970), 「明星大妃의 諺札에 對하여－宋時烈에게 보낸 手筆傳諭」, 『국어국문학』 49・50, 국어국문학회, 77~86쪽.

金一根(1972), 「諺簡의 國文學上 考察－諺簡의 諸學的 考察의 一環으로」, 『국어국문학』 58・59・60, 국어국문학회, 57~82쪽.

金一根(1972), 「諺簡의 研究－資料의 考證・分析과 學的 價値를 中心으로」, 『學術誌』 13, 건국대학교, 21~78쪽.

金一根(1973), 「諺簡의 研究(續)－諺簡의 諸學的 考察」, 『學術誌』 16-2, 건국대학교, 39~93쪽.

金一根(1974a), 『親筆諺簡總攬』, 國學資料 第三輯, 景仁文化社.

金一根(1974b), 「한글서체변천사」, 『書藝』 7, 월간서예사.

金一根(1974c), 「新發掘의 諺簡」, 『學術誌』 18-1, 건국대학교, 109~137쪽.

金一根(1979d), 「秋史의 한글 편지 10통」, 『文學思想』 76, 文學思想社, 322~340쪽.

金一根(1982a), 「秋史家의 한글 편지들(上)」, 『文學思想』 114, 文學思想社, 396~416쪽.

金一根(1982b), 「秋史家의 한글 편지들(下)」, 『文學思想』 115, 文學思想社, 363~382쪽.

金一根(1983a), 「秋史 金正喜의 親筆諺簡(上)」, 『文湖』 8, 建國大學校 國語國文學會, 417~428쪽.

金一根(1983b), 「秋史 金正喜의 人間面의 考察－그의 親筆 諺簡을 通하여」, 『省谷論叢』 제14집, 省谷學術文化財團, 87~128쪽.

金一根(1986a), 『諺簡의 研究』, 건국대학교 출판부.

金一根(1986b), 「秋史의 한글 편지 12통」, 『文學思想』 165, 文學思想社, 352~368쪽.

金一根(1986c), 「諺簡으로 본 秋史의 人間論」, 『전국문화원』 10・11 합집, 한국문화원연합회, 30~40쪽.

金一根(1986/1991), 『三訂版 諺簡의 研究』, 건국대학교 출판부.

金一根(1987), 「諺簡에 投映된 秋史의 人間論」, 『耽羅文化』 6, 濟州大學校 耽羅文化研究所, 11~32쪽.

金一根(1988a), 「秋史 金正喜의 書簡文 研究」, 『仁山金圓卿博士華甲紀念論文集』, 刊行委員會 編, 1~20쪽.

金一根(1988b), 「秋史 諺簡 補遺 6篇」, 『韓國學報』 14권 3호, 一志社, 219~222쪽.

金一根(1991a), 「秋史 金正喜의 諺簡資料 總攬」, 『建國語文學』 15・16 합집, 건국대학교, 245~275쪽.

金一根(1991b), 「忘憂堂 從姪 郭澍의 再室 晋州河氏墓 出土文獻의 槪觀」, 『晉州河氏墓出土文獻과 服飾調査報告書』, 건들바우박물관, 9~22쪽.

金一根(1992), 「秋史 金正喜의 親筆諺簡(下)」, 『白石 趙文濟 敎授 華甲紀念論文集』, 刊行委員會, 593~608쪽.

김일근(2000), 「一等尙宮 河尙宮의 宮體글씨−高宗皇帝의 提調尙宮」, 『月刊 書藝』 3월호, 90~91쪽.

金一根(2004), 「秋史家 한글 文獻의 總括과 學的 價値(槪要)」, 『秋史한글편지展 세미나 논문집』, 예술의전당 서울서예박물관, 4~8쪽.

김일근・이종덕(2000a), 「17세기 궁중언간−淑徽宸翰帖①」, 『문헌과해석』 11, 문헌과해석사, 74~82쪽.

김일근・이종덕(2000b), 「17세기 궁중언간−淑徽宸翰帖②」, 『문헌과해석』 12, 문헌과해석사, 134~149쪽.

김일근・이종덕(2000c), 「17세기 궁중언간−淑徽宸翰帖③」, 『문헌과해석』 13, 문헌과해석사, 40~55쪽.

김일근・이종덕(2001a), 「17세기 궁중언간−淑徽宸翰帖④」, 『문헌과해석』 14, 문헌과해석사, 60~75쪽.

김일근・이종덕(2001b), 「숙명공주의 한글편지첩①」, 『문헌과해석』 15, 문헌과해석사, 84~98쪽.

김일근・이종덕(2001c), 「숙명공주의 한글편지첩②」, 『문헌과해석』 16, 문헌과해석사, 187~202쪽.

김일근・이종덕(2001d), 「숙명공주의 한글편지첩③」, 『문헌과해석』 17, 문헌과해석사, 148~162쪽.

김일근・이종덕・황문환(2004), 『秋史 한글편지』, 예술의전당 서울서예박물관.

김일근・황문환(1998), 「金魯敬(秋史 父親)이 아내와 어머니에게 보내는 편지(1791년)」, 『문헌과해석』 5, 문헌과해석사, 64~71쪽.

김일근・황문환(1999a), 「어머니 海平尹氏(秋史 祖母)가 아들 金魯敬(秋史 父親)에게 보내는 편지」, 『문헌과해석』 6, 문헌과해석사, 61~68쪽.

김일근・황문환(1999b), 「金相喜(秋史 季弟)가 아내와 누이에게 보내는 편지(1831년)」, 『문헌과해석』 7, 문헌과해석사, 75~83쪽.

김일근・황문환(1999c), 「庶弟 金寬濟가 嫡兄 金翰濟(秋史 孫)에게 보내는 편지(1897년)」, 『문헌과해석』 9, 문헌과해석사, 58~64쪽.

김일근・황문환(2000), 「아내 杞溪愈氏(秋史 母)가 남편 金魯敬(秋史 父)에게 보내는 편지」, 『문헌과해석』 10, 문헌과해석사, 80~90쪽.

金宗澤(1979), 「諺簡을 通해 본 近代前期語의 斷面−李東標先生의 諺簡을 中心으로」, 『語文研究』 4, 경북대학교, 1~12쪽.

金周弼(1993), 「晉州河氏 墓 出土 한글 筆寫 資料의 表記와 音韻現象」, 『震檀學報』 75, 震檀學會, 129~148쪽.

김주필(2009), 「조선시대 한글편지의 구어성과 문어성」, 『조선시대 한글편지의 언어와 서체』, 한국학중앙연구원 어문생활사연구소 2009년 제1차 학술대회 발표집, 3~25쪽.

김주필(2011a), 「조선시대 한글편지의 구어성과 문어성」, 『한국학논총』 35, 국민대 한국학연구소, 223~257쪽.

김주필(2011b), 「송준길가 한글편지에 나타나는 구개음화의 양상과 특징 : 발신자의 '세대', '성', '수신자의 관계'를 중심으로」, 『國語學』 61, 61~92쪽.

金周弼(2012), 「'訓民正音'의 性格과 '轉換'의 의미」, 『어문학 연구』 31, 국민대 어문학연구소, 1~30쪽.

金周弼(2013), 「'한글'(명칭) 사용의 역사적 배경과 특징」, 『泮橋語文研究』 35, 반교어문학회, 35~63쪽.

金周弼・岸田文隆(2012), 「對馬島宗家文庫所藏ハングル書簡類の性格と特徴」, 第63回朝鮮學會發表資料.

김주필(2015), 「대마도 宗家文庫 소장 한글 書簡類에 대한 기초적 연구」, 『한국학 논총』 43, 127~160쪽.

김한별(2014), 「국어의 음운 변화 'syV>…sV'에 대한 재고찰」, 『國語學』 72, 323~366쪽.

김향금(1994), 「언간의 문체론적 연구」, 서울대 대학원 석사학위 논문.

김효경(2003a), 「『寒暄箚錄』에 나타난 조선후기의 간찰 양식」, 『書誌學報』 27, 121~146쪽.

김효경(2003b), 「18세기 간찰 교본 〈간식유편〉 연구」, 『藏書閣』 9, 한국정신문화연구원, 134~154쪽.

김효경(2005), 「朝鮮時代 簡札 書式 研究」, 한국학중앙연구원 한국학대학원 고문헌관리학 전공 박사학위 논문.

남풍현(1996), 「언어와 문자」, 『조선 시대 생활사』, 한국고문서학회 엮음, 역사비평사, 19~31쪽.

노경미(2005), 「朝鮮時代 士大夫의 한글簡札研究」, 경기대학교 전통예술대학원 석사학위 논문.

다산학술문화재단(2012), 『≪여유당전서≫ 미수록 다산간찰집』, 도서출판 사암.

단국대학교 동양학연구소(1992/2002), 『韓國漢字語辭典』 (개정 초판), 단국대학교 출판부.

對馬歷史民俗資料館 編(2009), 『對馬宗家文庫史料一紙物目錄』 (1)~(3), 長崎縣教育委員會.

도수희(1995), 「哀悼文에 나타난 16세기 국어」, 『한국어 음운사 연구』, 탑출판사, 237~243쪽.

문영희(2004), 「서간체의 조형 연구-서사상궁의 편지글을 중심으로」, 경기대학교 석사학위 논문.

문화재관리국(1993), 『重要民俗資料 指定報告書(晉州 河氏墓 出土 遺物)』.

문화재청(2009), 「宸翰帖 乾」, 『한국의 옛글씨-조선왕조 어필』, 29~99쪽.

문희순(2011), 「한글편지에 반영된 옛 대전의 생활문화 1-송준길・송규렴가 편지를 중심으로」, 『어문연구』 제70권, 어문연구학회, 129~157쪽.

문희순(2012), 「동춘당 송준길가 소장 한글편지에 반영된 생활문화」, 『인문학연구』 통권 89호,

33~62쪽.

閔德植(2003), 「明成皇后의 墨蹟에 대한 基礎硏究」, 『年報』 12, 충북대학교 박물관, 65~115쪽.

민현식(1994), 「개화기 국어 문체 연구」, 『국어국문학』 111, 국어국문학회, 37~61쪽.

閔賢植(2003), 「국어문화사의 내용 체계화에 대한 연구」, 『국어교육』 110, 한국국어교육연구회, 201~267쪽.

박대현(2010), 『한문 서찰의 격식과 용어』, 아세아문화사.

박병천(1983), 『한글 궁체 연구』, 일지사.

박병천(1992), 「추사 언간글씨의 서체미 분석과 작품화 응용방안－30~50대 시기의 한글 편지 글씨를 중심으로」, 『論文集』 26집 2호, 인천교육대학교, 535~581쪽.

박병천(2000), 「한글서체의 유형적 역동성에 대한 탐색－조선시대 추사 김정희 언간 서체를 중심으로」, 『동양예술』 2, 한국동양예술학회, 1~46쪽.

박병천(2003), 「조선시대 언간 서체의 조형성과 작품화 경향 고찰」, 『조선시대 한글 서간의 서예적 재조명』, 세종한글서예큰뜻모임·세종대왕기념사업회·한글학회, 103~152쪽.

박병천(2004), 「청주 순천김씨묘 출토 언간의 서체적 조형성 고찰」, 『제2회 세종대왕과 초정약수 축제기념 학술대회』(발표 논문집), 충북대 인문연구소, 46~69쪽.

박병천(2004), 「추사가의 언간서체 형성과 조형성 비교 고찰」, 『秋史한글편지展 세미나 논문집』, 예술의전당 서울서예박물관, 25~48쪽.

박병천(2007), 『조선시대 한글 서간체 연구』, 다운샘.

박병천(2009), 「한글편지 서체자전의 편찬방법에 대한 연구」, 『조선시대 한글편지의 언어와 서체』, 한국학중앙연구원 어문생활사연구소 2009년 제1차 학술대회 발표집, 27~56쪽.

박병천(2010), 「명성황후 한글편지의 서예적 위상과 가치성」, 『명성황후의 한글편지와 조선 왕실의 시전지』, 국립고궁박물관, 예맥, 168~189쪽.

박병천(2014), 『한글 서체학 연구』, 사회평론.

박병천·정복동·황문환(2012), 『조선시대 한글편지 서체자전』 1~2, 한국학중앙연구원 어문생활사연구소, 다운샘.

박부자(2008a), 「은진송씨 송준길 후손가 언간의 서지－정리자 및 정리 시기에 대한 검증」, 『돈암어문학』 20, 돈암어문학회, 128~156쪽.

박부자(2008b), 「송준길(宋浚吉) 후손가의 언간첩 『선세언독(先世諺牘)』에 대한 고찰」, 『한국고전여성문학연구』 17, 한국고전여성문학회, 157~200쪽.

朴富子(2011a), 「安東金氏 諺簡에 나타난 한글흘림체 이어쓰기 樣相과 文法單位의 關係에 대한 試論」, 『語文硏究』 39-3, 韓國語文敎育硏究會, 121~148쪽.

박부자(2011b), 「『숙명신한첩』의 국어학적 특징」, 『조선 왕실의 한글 편지, 숙명신한첩』, 통천문화사, 16~27쪽.

박부자·황문환(2013), 「對淸 使行과 諺文 使用」, 『18세기 연행록의 다면성』, 한국학중앙연구원 전통한국학연구센터·성균관대학교 대동문화연구원(2013.12.13 학술회의 발표 요지).

박부자(2014a), 「언간 자료의 어휘사적 가치에 대한 연구」, 『국어사 연구』 18, 국어사학회, 45~78
　　　　쪽.

박부자(2014b), 「언간에 나타난 친족 내에서의 택호 사용에 대한 연구」, 『국어사 연구』 19, 국어사
　　　　학회, 203~232쪽.

박부자(2014c), 「제2장 쉽게 익혀서 편히 쓰니 2. 삶 속에 자리 잡다」, 『한글이 걸어온 길』, 국립한
　　　　글박물관 전시도록, 69~101쪽.

박부자(2015), 「甁窩 李衡祥家 諺簡」, 2015년 5월 9일 국립한글박물관 강독회 발표문.

박순임(2004), 「恩津 宋氏 諺簡에 대하여」, 『懷德 恩津宋氏 同春堂 宋浚吉後孫家篇 Ⅰ』, 韓國簡札資
　　　　料選集 Ⅵ, 한국정신문화연구원, 282~300쪽.

박승원(2007), 「〈順天 金氏 諺簡〉의 텍스트성 연구」, 가톨릭대학교 박사학위 논문.

朴堯順(1974), 「尹孤山 諺簡札에 對하여」, 『崇田語文學』 3, 숭전대학교, 281~289쪽.

朴堯順(1982), 「明成皇后御札攷」, 『韓南語文學』 7・8, 韓南大學 國語國文學會, 13~16쪽, 274~281
　　　　쪽.

朴堯順(1992), 「明成皇后 諺簡札」, 『韓國古典文學 新資料研究』, 韓南大出版部, 597~611쪽.

박재연(2006), 「진주유씨가 묘 출토 언간의 어휘론적 고찰」, 『京畿 동부지역 古文獻을 통해 본 言語
　　　　와 文化』, 강남대 인문과학연구소 제36차 국내학술대회, 231~270쪽.

박재연(2012), 「진주 유씨가 묘 출토 언간의 어휘론적 고찰」, 『한글필사문헌과 사전편찬』, 역락,
　　　　13~47쪽.

박재연(2014), 「정순왕후 한글편지」, 『문헌과해석』 69, 문헌과해석사, 155~178쪽.

박재연・황문환(2005), 『충북 영동 송병필가 한글 편지』, 중한번역문헌연구소・미도민속관.

朴貞淑(2007), 「秋史와 石坡 諺簡의 書體美 比較研究」, 성균관대학교 석사학위 논문.

박정숙(2008), 「明成皇后 諺簡體의 書體美 研究－親筆・代筆諺簡의 書體美 比較分析」, 『동양예술』
　　　　13, 한국동양예술학회, 73~118쪽.

박정숙(2010a), 「秋史 金正喜 書簡의 書藝美學的 研究－한글・한문서간을 대상으로」, 성균관대학교
　　　　박사학위 논문.

박정숙(2010b), 「명성황후 한글편지의 서체미 고찰」, 『명성황후의 한글편지와 조선 왕실의 시전지』,
　　　　국립고궁박물관, 예맥, 190~207쪽.

박정숙(2011), 「호연재 안동김씨의 생애와 글씨세계」, 『月刊 書藝』 통권 364호, 70~73쪽.

박정숙(2012a), 「수렴청정의 여 군주 정순왕후 김씨의 생애와 글씨세계」, 『月刊 書藝』 통권 365호,
　　　　102~105쪽.

박정숙(2012b), 「추사의 모친 기계유씨의 생애와 글씨세계」, 『月刊 書藝』 통권 366호, 127~131쪽.

박정숙(2012c), 「역대 왕후 최고의 명필 순원왕후 김씨의 생애와 글씨세계」, 『月刊 書藝』 통권 367
　　　　호, 131~135쪽.

박정숙(2012d), 「조선조 왕비 중 최다의 한글편지를 남긴 명성황후 민씨의 생애와 글씨세계」, 『月

刊 書藝』통권 369호, 153~157쪽.

박정숙(2012e), 「조선의 거유(巨儒) 우암 송시열의 생애와 글씨세계」, 『月刊 書藝』통권 374호, 128~133쪽.

박정숙(2012f), 「송강(松江) 정철의 생애와 글씨세계」, 『月刊 書藝』통권 376호, 142~146쪽.

박정숙(2012g), 「秋史 한글 書簡 文章의 造形的 審美 構造 考察」, 『秋史研究』제10호, 秋史學會, 151~190쪽.

박정숙(2012h), 「조선시대 마지막 정비(正妃) 순명효황후의 생애와 글씨세계」, 『月刊 書藝』통권 371호, 120~125쪽.

박정숙(2012i), 「조선시대 서사상궁의 생애와 글씨세계」, 『月刊 書藝』통권 372호, 108~113쪽.

박정숙(2012j), 「곽주의 생애와 글씨세계」, 『月刊 書藝』통권 373호, 142~147쪽.

박정숙(2012k), 「나은(懶隱) 이동표의 생애와 글씨세계」, 『月刊 書藝』통권 375호, 158~162쪽.

박정숙(2013a), 「학봉 김성일의 생애와 글씨세계」, 『月刊 書藝』통권 378호, 117~121쪽.

박정숙(2013b), 「실천의 지식을 지향한 창계 임영의 생애와 글씨 세계」, 『月刊書藝』3월호, 미술문화원, 118~121쪽.

박정숙(2013c), 「우복 정경세의 생애와 글씨세계」, 『月刊 書藝』통권 380호, 106~110쪽.

박정숙(2013d), 「인현왕후의 외조부 동춘당 송준길의 생애와 글씨세계」, 『月刊 書藝』통권 381호, 128~132쪽.

박정숙(2013e), 「선조의 생애와 글씨세계」, 『月刊 書藝』통권 382호, 116~120쪽.

박정숙(2013f), 「'조선의 명필가'로 손꼽히는 효종대왕의 생애와 글씨세계」, 『月刊 書藝』통권 383호, 101~105쪽.

박정숙(2013g), 「어찰에서 드러난 정조의 생애와 글씨세계」, 『月刊 書藝』통권 387호, 130~134쪽.

박준석(1996), 「16세기 〈청주 북일면 김씨묘 간찰〉의 선어말 어미」, 동국대 대학원 석사학위 논문.

박준호(2002), 「手決(花押)의 개념에 대한 연구 : 禮式으로서의 署名과 着押」, 『고문서학연구』20, 한국고문서학회, 93~122쪽.

박준호(2003), 「韓國 古文書의 署名 形式에 관한 연구」, 한국학중앙연구원 한국학대학원 고문헌관리학 전공 박사학위 논문.

박준호(2009), 『예(禮)의 패턴 : 조선시대 문서 행정의 역사』, 고문서연구총서 3, 소와당.

朴赫南(2005), 「朝鮮 後期 王室 封書의 書風 研究」, 대전대 대학원 석사학위 논문.

박현숙(2009), 「17세기 국어의 파생법 연구―「현풍곽씨언간」을 중심으로」, 단국대학교 교육대학원 석사학위 논문.

裵美貞(2003), 「朝鮮 後期 尺牘文學의 流行과 그 背景 : 申靖夏를 중심으로」, 한국정신문화연구원 한국학대학원 석사학위 논문.

배영환(2009), 「顯宗의 한글편지에 나타난 자기 지칭어 '신'에 대하여」, 『조선시대 한글편지의 언어와 서체』, 한국학중앙연구원 어문생활사연구소 2009년 제1차 학술대회 발표집, 79~93쪽.

배영환(2011), 「조선시대 언간의 어휘 성격과 특수 어휘에 대한 고찰 -용언 어휘를 중심으로」, 『한국어학』 51, 한국어학회, 57~92쪽.

배영환(2012), 「현존 最古의 한글편지 '신창맹씨묘출토언간'에 대한 국어학적 연구」, 『국어사 연구』 15, 국어사학회, 211~239쪽.

배영환·신성철·이래호(2013), 「〈진성이씨 이동표가 언간〉의 국어학적 연구」, 『藏書閣』 30, 한국학중앙연구원 장서각, 222~254쪽.

백낙천(2004), 「언간에 나타난 통합형 접속어미의 형태와 의미」, 『국어국문학』 138, 국어국문학회, 153~81쪽.

백낙천(2006a), 「조선 후기 한글 간찰의 형식과 내용」, 『한말연구』 18, 한말연구학회, 161~195쪽.

백낙천(2006b), 「언간의 종결어미 형태─〈순흥 안씨 언간〉을 중심으로」, 『한국 사상과 문화』 32, 한국사상문화학회, 357~362쪽.

백낙천(2007), 「국어 생활사 자료로서의 언간의 특징」, 『한국언어문화』 34, 한국언어문화학회, 183~198쪽.

백낙천(2008), 「창원 황씨 한글 간찰의 국어학적 특징」, 『한국어문학연구』 51, 한국어문학연구학회, 211~233쪽.

백두현(1997a), 「晉州 河氏墓 出土 〈玄風 郭氏 諺簡〉 判讀文」, 『어문론총』 31, 경북어문학회, 19~88쪽.

백두현(1997b), 「17세기초의 한글 편지에 나타난 생활상」, 『문헌과해석』 1, 태학사, 73~83쪽.

백두현(1998), 「〈현풍 곽씨 언간〉에 나타난 17세기의 習俗과 儀禮」, 『문헌과해석』 3호, 태학사, 72~91쪽.

백두현(1999), 「17세기의 〈현풍 곽씨 언간〉에 나타난 민간 신앙」, 『문헌과해석』 6, 문헌과해석사, 47~60쪽.

백두현(2000), 「〈현풍 곽씨 언간〉의 音韻史的 연구」, 『국어사자료연구』 창간호, 국어사자료학회, 97~130쪽.

白斗鉉(2001), 「조선 시대의 한글 보급과 실용에 관한 연구」, 『震檀學報』 92, 震檀學會, 193~218쪽.

백두현(2002), 「『현풍 곽씨 언간』의 종합적 고찰」, 『어문론총』 36, 한국문학언어학회, 1~30쪽.

백두현(2003a), 「조선시대 여성의 문자생활 연구 : 조선왕조실록과 한글 필사본을 중심으로」, 제28회 구결학회 전국학술대회 발표문.

백두현(2003b), 「현풍 곽씨 언간을 통해서 본 언간의 세계」, 『조선시대 한글 서간의 서예적 재조명』, 세종한글서예큰뜻모임·세종대왕기념사업회·한글학회, 65~88쪽.

백두현(2003c), 『현풍곽씨언간 주해』, 태학사.

백두현(2004a), 「보물 1220호로 지정된 '명안공주(明安公主) 친필 언간'의 언어 분석과 진위(眞僞) 고찰」, 『어문론총』 41, 한국문학언어학회, 1~19쪽.

백두현(2004b), 「언간을 통해서 보는 선비문화 : 옛 한글 편지에 담긴 선비문화─그 시작을 위한 앞

풀이」,『선비문화』2, 남명학연구원, 71~77쪽.

백두현(2004c), 「언간을 통해서 보는 선비문화 : 옛 한글 편지에 나타난 선비의 인품」,『선비문화』
　　　　　　3, 남명학연구원, 62~68쪽.

백두현(2004d), 「언간을 통해서 보는 선비문화 : 옛 한글 편지를 통해 본 경상도 선비의 과거 길」,
　　　　　　『선비문화』4, 남명학연구원, 57~63쪽.

백두현(2005a), 「언간을 통해 본 역사 : 한글 편지에 나타난 조선통신사의 노정(路程)」,『선비문화』
　　　　　　5, 남명학연구원, 65~72쪽.

백두현(2005b), 「언간을 통해서 보는 선비문화 : 한글 편지에 나타난 접빈객(接賓客)의 모습」,『선
　　　　　　비문화』6, 남명학연구원, 63~69쪽.

백두현(2005c), 「언간으로 세상보기 : 옛 한글 편지에 나타난 아기의 출산과 성장 모습」,『선비문화』
　　　　　　7, 남명학연구원, 62~69쪽.

백두현(2005d), 「언간을 통해서 보는 선비문화 : 조선시대 한글 편지에 나타난 제례와 상례」,『선비
　　　　　　문화』8, 남명학연구원, 67~73쪽.

백두현(2005e), 「조선시대 여성의 문자생활 연구－한글 편지와 한글 고문서를 중심으로」,『어문론
　　　　　　총』42, 한국문학언어학회, 39~85쪽.

백두현(2006a), 「조선시대 한글편지 : 한글 편지에 나타난 관례와 혼례」,『선비문화』9, 남명학연구
　　　　　　원, 57~64쪽.

백두현(2006b), 「한글 편지에 나타난 "날받이"(擇日) 이야기」,『선비문화』10, 남명학연구원,
　　　　　　66~74쪽.

백두현(2009), 「옛 한글 편지에 나타난 질병과 그 치료(2)」,『선비문화』15, 남명학연구원, 52~59
　　　　　　쪽.

백두현(2011a), 「옛 한글 편지에 그려진 양반가의 의생활 문화」,『선비문화』17, 남명학연구원,
　　　　　　53~62쪽.

백두현(2011b),『한글편지로 본 조선 시대 선비의 삶』, 경북대 인문교양총서 1, 역락.

백두현(2015a),『한글문헌학』, 태학사.

백두현(2015b), 「소통의 관점에서 본 조선 시대의 한글편지」,『한글편지, 시대를 읽다』, 국립한글
　　　　　　박물관, 138~149쪽.

변원림(2012),『순원왕후 독재와 19세기 조선사회의 동요』, 일지사.

서울大學校奎章閣(2001), 「純元王后御筆封書」,『奎章閣所藏語文學資料 語學篇 解說』, 210~211쪽.

서울서예박물관(2002),『朝鮮王朝御筆』, 한국서예사특별전 22, 예술의전당.

서울서예박물관(2004a),『秋史한글편지』, 예술의 전당.

서울서예박물관(2004b),『秋史한글편지展 세미나 논문집』, 예술의 전당.

서울서예박물관(2007),『2006 · 2007 同春堂 · 尤庵선생 탄생 400주년 기념, 宋浚吉 · 宋時烈』, 한국
　　　　　　서예사특별전 26, 예술의전당.

徐炳沛(1993), 「文獻篇」,『重要民俗資料 指定報告書(晋州 河氏墓 出土 遺物)』, 문화재관리국.

서종남(1998), 「추사 언간(諺簡)에 나타난 작가의식」, 『새국어교육』 55, 한국국어교육학회, 211~237쪽.

徐泰龍(1996), 「16세기 淸州 簡札의 종결어미 형태」, 『정신문화연구』 64, 한국정신문화연구원, 57~93쪽.

선화자(2006), 「眉叟 許穆의 書藝 研究」, 경기대학교 전통예술대학원 석사학위 논문.

성균관대학교 대동문화연구원(1964), 『松江全集』.

성균관대학교 대동문화연구원(1972), 『鶴峯全集』.

成均館大學校 大東文化研究院(1994), 『滄溪集』, 成均館大學校 出版部.

成炳禧(1986), 「內簡文學研究」, 효성여대 대학원 박사학위 논문.

宋至蕙(1999), 「〈현풍 곽씨 언간〉의 경어법 선어말어미 연구」, 경북대 대학원 석사학위 논문.

宋基中(1993), 「蒙學書」, 『國語史 資料와 國語學의 研究』, 서울대대학원 國語研究會 편, 文學과知性社, 271~296쪽.

宋基中(2014), 「訓民正音 解例의 音素—音 聲學」, 『한국어사연구』 1, 국어사연구회, 59~94쪽.

宋至蕙(1999), 「〈현풍 곽씨 언간〉의 경어법 선어말어미 연구」, 경북대 대학원 석사학위 논문.

송지혜·여찬영(1999), 「17세기 구어체 자료의 '-습-'에 대하여—〈현풍곽씨언간〉을 중심으로」, 구결학회 공동연구 발표논문집, 139~158쪽.

숙명여대박물관(1996), 『한양 여인의 향취전 자료집 : 조선조 여인의 삶과 생각』.

淑明女子大學校 博物館(1996), 「子孫寶傳」, 『朝鮮朝女人의 삶과 생각』, 207~245쪽.

신성철(2009), 「조선시대 한글편지 어휘 사전의 체재 연구」, 『조선시대 한글편지의 언어와 서체』, 한국학중앙연구원 어문생활사연구소 2009년 제1차 학술대회 발표집, 115~131쪽.

신성철(2010), 「언간 자료와 사전의 표제어」, 『언어학연구』 18, 101~128쪽.

신성철(2012), 「'먹다'류 어휘적 대우의 통시적 연구」, 『국어학』 63, 159~194쪽.

申貞淑(1967), 「韓國 傳統社會의 內簡에 對하여—士大夫家의 一內簡集(寫本)을 中心으로」, 『국어국문학』 37·38 합집, 국어국문학회, 111~152쪽.

심경호(2006), 『간찰, 선비의 마음을 읽다』, 한얼미디어.

심영환(2004), 「同春堂 宋浚吉 筆帖의 性格」, 『懷德 恩津宋氏 同春堂 宋浚吉後孫家篇 Ⅰ』, 韓國簡札資料選集 Ⅵ, 한국정신문화연구원, 301~318쪽.

심재기(1975), 「내간체 문장에 대한 고찰(1)」, 『東洋學』 5, 단국대학교 동양학연구소, 71~84쪽.

亞細亞女性研究所(1968), 「〈影印〉純元王后 御筆 附 傳 仁穆大妃 御筆」, 『亞細亞女性研究』 6, 淑明女子大學校 亞細亞女性研究所, 350~368쪽.

安貴男(1996), 「諺簡의 敬語法 研究—16~20세기 諺簡 資料를 중심으로」, 경북대 대학원 박사학위 논문.

안귀남(1999a), 「固城李氏 李應台墓 出土 편지」, 『문헌과해석』 6, 문헌과해석사, 40~46쪽.

안귀남(1999b), 「이응태 부인이 쓴 언간의 국어학적 의의」, 『인문과학연구』 1, 안동대학교 인문과학연구소, 213~239쪽.

안동대학교 박물관(2000), 『안동 정상동 일선 문씨와 이응태묘 발굴조사보고서』, 제4회 안동대학교 박물관 전시회 "450년만의 외출" 도록.

安秉禧(1982), 「國語史資料의 書名과 卷冊에 대하여」, 『冠岳語文研究』 7, 269~292쪽.

安秉禧(1985), 「訓民正音 使用에 관한 歷史的 研究－창제로부터 19세기까지」, 『東方學志』 46·47·48, 延世大 國學研究院, 793~821쪽.

안승준(1998), 「佔畢齋 金宗直이 어머니와 아내로부터 받은 편지」, 『문헌과해석』 5, 문헌과해석사, 42~49쪽.

岸田文隆(2014), 「對馬宗家文書朝鮮語ハングル書簡類의 解讀作業について」, 『국어사연구』 18, 국어사학회, 161~191쪽.

梁淳珌(1979), 「秋史의 濟州流配書翰攷」, 『아카데미論叢』 7, 세계평화교수협의회, 123~141쪽.

梁淳珌(1980), 「秋史 金正喜의 濟州 流配 諺簡 攷」, 『語文研究』 27, 韓國語文教育研究會, 347~361쪽.

梁淳珌(1983), 「秋史의 濟州流配諺簡研究－그 年紀의 再構와 內容分析을 중심으로」, 『論文集』 15, 제주대학교, 11~27쪽.

梁淳珌·金奉玉(1991), 「秋史 金正喜의 濟州流配文學 研究」, 『論文集』 32, 제주대학교, 57~104쪽.

양승민(2006), 「진주유씨가 묘 출토 언간에 대하여」, 『京畿 동부지역 古文獻을 통해 본 言語와 文化』, 강남대 인문과학연구소 제36차 국내학술대회, 13~28쪽.

梁仁實(1989), 「諺簡에 나타난 鮮朝女人의 實像攷」, 『建國語文學』 9·10合輯, 金一根博士華甲紀念論叢, 253~268쪽.

양철순(2011), 「한국과 일본 서예계의 혼서체 비교 연구」, 원광대 대학원 석사학위 논문.

魚江石(2007), 「藏書閣 所藏 '純明孝皇后 관련 한글 簡札'의 內容과 價値」, 『藏書閣』 17, 한국학중앙연구원, 163~183쪽.

오석란(1988), 「추사 한글편지의 국어학적 고찰」, 『성신어문학』 창간호, 성신어문학연구회, 127~144쪽.

예술의전당(1991), 『한글서예변천전』, 우신인쇄.

예진순(2005), 「정조 서예의 연구」, 대전대 대학원 서예학 석사학위 논문.

오석란(1988), 「추사 한글편지의 국어학적 고찰」, 『돈암어문학』 창간호, 돈암어문학회, 127~144쪽.

柳鐸一(1989), 「Ⅱ 記寫樣態論的 接近 4. 古文獻의 文章符號와 尊待 謙讓方式」, 『韓國文獻學研究』, 亞細亞文化社.

尹敬洙(1987), 「淑徽宸翰帖의 연구－價値와 書式을 中心하여」, 『外大語文論集』 3, 釜山外國語大學 語學研究所, 157~184쪽.

윤선태(2008), 「新羅의 文字資料에 보이는 符號와 空白」, 『口訣研究』 21, 277~308쪽.

윤양희·김세호·박병천(1994), 『조선시대의 한글서예』, 미진사.

윤치부(2001), 「추사의 제주 유배시 한글편지 쓰기와 읽기」, 『論文集』 30, 濟州敎育大學校, 65~88

쪽.

윤효진(2009), 「〈현풍곽씨 언간〉의 서사성과 서술 담론」, 인제대학교 교육대학원 석사학위 논문.

윤희선(2009), 「'추사 한글편지'의 표기와 음운현상」, 『조선시대 한글편지의 언어와 서체』, 한국학 중앙연구원 어문생활사연구소 2009년 제1차 학술대회 발표집, 57~76쪽.

이건식(2011), 「한국 古代・中世 文書와 중국 敦煌 文書의 標點 符號 비교 연구」, 2010년도 겨울 국 어사학회 전국학술대회 발표논문집, 35~57쪽.

李珖鎬(1996), 「諺文簡札의 形式과 表記法」, 『정신문화연구』 64, 한국정신문화연구원, 95~131쪽.

이기대(2004), 「明成皇后 국문 편지의 文獻學的 硏究」, 『한국학연구』 20, 고려대 한국학연구소, 293~337쪽.

이기대 편저(2007), 『명성왕후 편지글』, 다운샘.

이기대(2007), 「궁녀의 편지글」, 『명성황후 편지글』, 다운샘, 333~419쪽.

이기대(2009a), 「한글편지에 나타난 순원왕후의 수렴청정과 정치적 지향」, 『국제어문』 47, 국제어 문학회, 199~229쪽.

이기대(2009b), 「한글편지에 나타난 순원왕후의 일상과 가족」, 『한국고전여성문학연구』 18, 한국 고전여성문학회, 315~349쪽.

이기대(2010), 「명성황후 관련 한글편지의 문헌 고찰과 내용 분석」, 『명성황후의 한글편지와 조선 왕실의 시전지』, 국립고궁박물관, 예맥, 140~153쪽.

이기대(2011), 「19세기 왕실 여성의 한글 편지에 나타난 공적(公的)인 성격과 그 문화적 기반」, 『語 文論集』 48, 중앙어문학회, 259~280쪽.

李來壕(2004), 「宋奎濂家 典籍 『先札』 所載 諺簡에 대하여」, 『語文研究』 123 (32-3), 韓國語文教育 研究會, 113~136쪽.

이래호(2012), 「언간에 나타난 지명의 용법 고찰―지명의 인물 지칭과 한정 양상을 중심으로」, 『한 국언어문학』 83, 한국언어문학회, 37~68쪽.

이래호(2014), 「조선시대 한글편지에 나타난 청자경어법의 특이례 고찰―상하관계를 어기는 청자 경어법을 중심으로」, 『한국언어문학』 91, 한국언어문학회, 59~87쪽.

이래호(2015), 「조선시대 언간 자료의 현황 및 그 특성과 가치」, 『국어사 연구』 20, 국어사학회, 65~126쪽.

이래호・황문환(2003), 「〈先札〉 所載 諺簡에 대하여」, 『恩津宋氏 霽月堂篇―『先札』 所載 諺簡』, 韓國 簡札資料選集 Ⅲ, 한국정신문화연구원, 255~262쪽.

李秉根(1996), 「16・17세기 諺簡의 表記에 대한 音韻論的 理解」, 『정신문화연구』 64, 한국정신문화 연구원, 3~27쪽.

李秉岐 編註(1948), 『近朝內簡選』, 國際文化館.

이병기(2013), 「추사가 한글편지의 국어학적 고찰」, 『國語學』 66, 國語學會, 197~231쪽.

李秉岐・李丙燾(1950), 「朝鮮女流文學序論」, 『朝鮮歷代女流文集』, 553~577쪽.

李炳道(2004), 「秋史 金正喜 한글 書簡에 나타난 造形性 연구」, 대전대학교 대학원 석사학위 논문.

이복규(1995), 「근대 이전의 우리 문장부호」, 『國際語文』 16, 國際語文學研究會, 61~75쪽.

李福揆(1996), 「우리의 옛 문장부호와 교정부호」, 『古文書硏究』 9·10집, 457~482쪽.

李相揆(2009), 「17世紀 黃汝一의 淑夫人 完山 李氏 한글 遺書와 所志」, 『동아인문학』 16, 동아인문학회, 65~102쪽.

이상규(2011), 『한글 고문서 연구』, 도서출판 경진.

이상호(2003), 「국어생활사의 관점에서 본 언간의 특성에 대한 연구」, 서울대 대학원 국어교육과 석사학위 논문.

이상훈·백채원(2014), 「제3장 문자관」, 『근대 한국어 시기의 언어관·문자관 연구』, 소명출판, 197~274쪽.

李樹鳳(1971), 「閨房文學에서 본 李朝女人像」, 『女性問題研究』 1, 효성여대 女性問題研究所, 1~33쪽.

李承宰(2002), 「옛 文獻의 각종 符號를 찾아서」, 『새국어생활』 12-4, 국립국어원, 21~43쪽.

이승희(2000), 「奎章閣 所藏本 '純元王后 한글 편지'의 고찰」, 『奎章閣』 23, 서울대 규장각 한국학연구원, 113~140쪽.

이승희(2005), 「조선시대 한글편지에 나타난 친족 간의 청자높임법 사용 양상」, 『국어국문학』 140, 국어국문학회, 253~276쪽.

이승희(2008), 「'순원왕후 한글편지'의 資料的 特性에 대한 一考察」, 『韓國文化』 44, 서울대 규장각 한국학연구원, 31~47쪽.

이승희(2010), 『순원왕후의 한글편지』, 푸른역사.

이승희(2011), 「조선시대 한글편지를 활용한 국어사 교육」, 『정신문화연구』 34, 한국학중앙연구원, 219~246쪽.

이양순(2000a), 「〈순천김씨언간〉에 나타나는 인칭대명사 연구」, 『언어학』 4, 한국중원언어학회, 315~345쪽.

이양순(2000b), 「「순천김씨묘출토언간」에 나타난 親族間의 指稱表現」, 『開新語文硏究』 17, 開新語文學會, 139~178쪽.

李良順(2001), 「〈順天金氏墓簡札〉의 語彙 分布 硏究」, 충북대 대학원 박사학위 논문.

이양순(2002), 「〈順天金氏墓簡札〉에 나타나는 服飾 關聯語 硏究」, 『泮橋語文』 14, 반교어문학회, 125~151쪽.

이영경(2014), 「제4장 다중 문자 사용의 양상」, 『근대 한국어 시기의 언어관·문자관 연구』, 소명출판, 275~344쪽.

李玉連(1989), 「諺簡의 親戚 및 夫婦 呼稱考」, 『亞細亞女性硏究』 28, 淑明女大 亞細亞女性硏究所, 101~121쪽.

이 용(2005), 「修德寺 스님 諺簡에 對하여」, 국아사학회 제19차 전국학술대회 발표논문집.

이은주(1995), 「〈淸州 北一面 順天 金氏墓 出土 簡札〉의 연구」, 숙명여대 대학원 석사학위 논문.

이은주(2001), 「17세기 전기 현풍 곽씨 집안의 의생활에 대한 소고」, 『服飾』 51-8, 한국복식학회,

25~41쪽.

이은주(2002), 「李應台(1556~1586) 묘 출토 상의류의 분류와 구성법」, 『韓服文化』 5권 3호, 한복문화학회, 7~20쪽.

이이숙(2011), 「純元王后 諺簡의 書藝美學的 研究」, 성균관대학교 유학대학원 석사학위 논문.

李長根(2009), 「명성황후 편지글의 서예미 연구」, 성균관대학교 유학대학원 석사학위 논문.

이재옥(2001), 「純元王后의 한글御札의 美學的 分析」, 『동양예술』 4, 한국동양예술학회, 255~276쪽.

이정옥(1982), 「完山李氏 遺言考」, 『문학과 언어』 3, 문학과언어학회, 165~167쪽.

李正宇(1988), 「敦煌遺書中的標點符號」, 『文史知識』 8, 中華書局, 98~101쪽.

이종덕(2004), 「언간을 중심으로 본 필사 격식과 표지에 대하여」, 『秋史한글편지세미나 논문집』, 예술의전당 서울서예박물관, 15~24쪽.

이종덕(2005), 「17세기 왕실 언간의 국어학적 연구」, 서울시립대 대학원 박사학위 논문.

이종덕(2007), 「추사가(秋史家) 한글편지」, 『추사선생서거 150주기 특별전(2007.1.20) 學藝講話 자료집』, 예술의전당 서울서예박물관.

이종덕(2010), 「조선시대 한글편지의 특성과 필사 형식」, 『명성황후의 한글편지와 조선 왕실의 시전지』, 국립고궁박물관, 예맥, 154~167쪽.

이종덕(2011), 「『숙명신한첩』에 대한 몇 가지 고찰」, 『조선 왕실의 한글 편지, 숙명신한첩』, 국립청주박물관, 통천문화사, 7~13쪽.

이종덕(2013), 「추사 한글편지의 판독과 해석」, 『추사의 삶과 교유』, 2013 추사박물관 개관기념 학술대회 자료집, 79~112쪽.

이종덕(2014), 「흥선대원군이 아들에게 보낸 한글 편지」, 『문헌과해석』 66, 문헌과해석사, 37~54쪽.

이종덕·황문환(2011), 「숙명신한첩 판독문」, 『조선 왕실의 한글 편지 숙명신한첩(淑明宸翰帖)』, 국립청주박물관, 통천문화사, 57~193쪽.

이종덕·황문환(2012), 「흥선 대원군이 명성황후에게 보낸 한글 편지」, 『문헌과해석』 60호, 문헌과해석사, 36~47쪽.

이지영(2008), 「문법사적 관점에서 본 일제 시기 언어의 몇 문제」, 『한국어학』 40, 한국어학회, 57~92쪽.

이현희(2014), 「제1장 새로 스물여덟 자를 만드니 3. 한글의 원리와 특징」, 『한글이 걸어온 길』, 국립한글박물관 전시도록, 30~37쪽.

任榮蘭(2006), 「朝鮮時代 御筆 研究－英·正祖를 중심으로」, 경기대학교 전통예술대학원 석사학위 논문.

임홍빈(1996), 「필사본 한글 간찰의 해독과 문장 분절」, 『정신문화연구』 64, 한국정신문화연구원, 29~56쪽.

資料調査研究室(1973), 「大院君 親筆 한글 密書」(畵報), 『文學思想』 14호, 문학사상사.

長崎縣敎育委員會(2015), 『對馬宗家文庫史料 朝鮮譯官發給ハングル書簡調査報告書』.

장영길(1999), 「'이응태공 부인의 언간'에 대한 음운사적 고찰」, 『東岳語文論集』 35, 東岳語文學會, 51～68쪽.

長正統(1978), 「倭學譯官書簡よりみた易地行聘交涉」, 『史淵』 115, 九州大學文學部, 95～131쪽.

전경목(2011), 「한글편지를 통해 본 조선후기 과거제 운용의 한 단면-'진성이씨 이동표가 언간'을 중심으로」, 『정신문화연구』 34-3, 한국학중앙연구원, 27～57쪽.

전병용(2008), 「玄風 郭氏 諺簡의 格助詞 省略에 대한 考察」, 『東洋古典研究』 33, 東洋古典學會, 412～435쪽.

전병용(2009), 「한글 簡札의 常套的 表現 考察」, 『東洋古典研究』 37, 東洋古典學會, 279～306쪽.

全哲雄(1994), 「〈淸州北一面順天金氏墓出土簡札〉의 자료적 성격에 관하여」, 『文兼 全英雨 博士 華甲 紀念 國語國文學 論叢』, 749～758쪽.

全哲雄(1995), 「〈淸州北一面順天金氏墓出土簡札〉의 判讀文」, 『湖西文化研究』 13, 충북대학교 중원문 화연구소, 225～281쪽.

全哲雄(2002), 「順天金氏墓 出土 簡札의 判讀과 註解」, 『順天金氏墓 出土 簡札』, 忠北大學校博物館, 187～338쪽.

정 광(2003), 「坡平尹氏 母子 미라 副葬 諺簡」, 『坡平尹氏 母子 미라 종합 연구 논문집』 1, 고려대 학교 박물관, 89～98쪽.

鄭求福(1986), 「解說」, 『古文書集成 3 : 海南尹氏篇 正書本』, 한국정신문화연구원, 3～17쪽.

鄭明子(2008), 「諺簡의 樣式과 書體 考察」, 경기대학교 전통예술대학원 석사학위 논문.

鄭炳昱(1974), 「충청도 暗行御史 신귀조에게」, 『文學思想』 23호, 문학사상사, 356～359쪽.

鄭炳昱 校註(1974), 「明成皇后 閔妃 親筆 密書-언제면 君臣이 한자리에」, 『文學思想』 10월호, 문학 사상사, 413～421쪽.

정복동(2008), 「이응태묘 출토 한글 편지의 서체미 탐구」, 『서예학연구』 13, 한국서예학회, 263～295쪽.

정복동(2009), 「16～17세기 한글편지에 나타난 서체의 특징 고찰-여성 편지의 虛實 장법을 중심 으로」, 『조선시대 한글편지의 언어와 서체』, 한국학중앙연구원 어문생활사연구소 2009년 제1차 학술대회 발표집, 97～114쪽.

정복동(2011a), 「『숙명신한첩』의 한글 서예적 가치-국립청주박물관 소장 한글편지를 중심으로」, 『조선 왕실의 한글 편지, 숙명신한첩』, 통천문화사, 29～41쪽.

정복동(2011b), 「진성이씨 이동표가의 언간 현황과 서제적 특징-이동표가 친모와 서모에게 보낸 언간을 중심으로」, 『書藝學研究』 21-1, 한국서예학회, 189～213쪽.

정복동(2011c), 「조선시대 사대부 언간 서예의 미적 특징 고찰-16～19세기 자음자의 서체를 중심 으로」, 『정신문화연구』 34-2, 한국학중앙연구원, 37～70쪽.

정복동(2013a), 「寐宿齋 宋益欽 언간 서체의 형성과 조형성 고찰」, 『書藝學研究』 22, 한국서예학회, 135～168쪽.

정복동(2013b), 「『신한첩』서의 심미 양식 고찰－『숙명신한첩』·『숙휘신한첩』을 중심으로 」, 『書藝
　　學研究』 23, 한국서예학회, 205~234쪽.

정복동(2014), 「조선시대 한글 편지 서체에 나타난 '韻'의 미학적 토대 연구－계층별·시기별로 나
　　타난 흘림체 이어쓰기를 중심으로」, 『동양예술』 26, 한국동양예술학회, 433~478
　　쪽.

정승혜(1999), 「朝鮮時代 土地賣買에 사용된 한글 牌旨」, 『문헌과해석』 9, 문헌과해석사, 74~85쪽.

鄭丞惠(2012a), 「對馬島 宗家文庫所藏 朝鮮通事의 諺簡에 대하여」, 제43회 구결학회 전국학술대회
　　발표집, 103~124쪽.

鄭丞惠(2012b), 「朝鮮通事가 남긴 對馬島의 한글편지에 대하여」, 『어문론집』 65, 민족어문학회,
　　219~250쪽.

鄭丞惠(2012c), 「한글 簡札을 통해 본 近世 譯官의 對日外交에 대하여」, 『大東漢文學』 37, 大東漢文
　　學會, 89~124쪽.

정양완 외(1973), 「다시 살아 돌아가지 못하리라」, 『文學思想』 14호, 문학사상사, 359~367쪽.

정재영·문무경·안대현·박부자 외(2012), 『한글나들이』, 文理閣, 태학사.

趙健相(1978), 「淸州出土遺物 諺簡에 대하여」, 『국어국문학』 78, 국어국문학회, 163~165쪽.

趙健相(1979), 「淸州出土遺物 諺簡에 對한 연구 1」, 『논문집』 17, 충북대학교, 5~14쪽.

趙健相(1980), 「淸州出土遺物 諺簡에 對한 연구 2」, 『논문집』 20, 충북대학교, 5~20쪽.

趙健相(1981a), 「解題 및 槪說, 判讀文」, 『淸州北一面順天金氏墓出土簡札』, 忠北大學校 博物館,
　　17~33쪽, 179~260쪽.

趙健相(1981b), 「淸州出土遺物諺簡中의 男簡二札」, 『先淸語文』 11, 서울대학교 국어교육과, 481~
　　488쪽.

趙健相(1982), 『順天金氏墓出土簡札考』, 修書院.

조용림(2005), 「16세기 국문편지의 표기 연구－'순천김씨묘간찰'을 중심으로」, 『한어문교육』 13,
　　한국언어문학교육학회, 161~184쪽.

조용선 편저(1997), 『역주본 봉서』, 다운샘.

조정아(2014), 「의성김씨 학봉 종가 언간에 나타난 복식명 연구」, 『藏書閣』 32, 한국학중앙연구원
　　장서각, 136~166쪽.

조정아(2015), 「왕실 언간의 물명과 단위명사 연구」, 『정신문화연구』 38-2, 한국학중앙연구원,
　　61~94쪽.

조평환(2007), 「秋史 金正喜의 流配書簡에 나타난 濟州의 生活情緒」, 『東方學』 13, 韓瑞大學校 東洋
　　古典硏究所, 183~205쪽.

趙恒範(1981), 「諺簡 國語 硏究－표기법을 중심으로」, 『國語國文學 論文集』 11, 동국대학교 국어국
　　문학부, 95~118쪽.

趙恒範(1998a), 『註解 순천김씨묘출토간찰』, 태학사.

조항범(1998b), 「〈順天金氏墓 出土 簡札〉에 대한 몇 가지 문제」, 『開新語文硏究』 15, 개신어문학회,

　　　　　105~133쪽.

조항범(2002), 「해제」, 『順天金氏墓 出土 簡札』, 忠北大學校 博物館, 167~184쪽.

조항범(2004), 「청원군 북일면 순천김씨묘 출토 간찰에 대하여」, 『제2회 세종대왕과 초정약수 축제 기념 학술대회』, 충북대 인문연구소 주관 학술발표대회 논문집.

조항범(2011), 「〈순천김씨묘출토간찰〉에 대한 재검토」, 『조선시대 한글편지의 학제간 연구와 사전 편찬』(발표 논문집), 조선시대 한글편지 사업단, 61~82쪽.

주영하(2013), 「안동의 아내가 전라도 남편에게 보낸 장류」, 『인문학자, 조선시대 민간의 음식상을 차리다』, 한식세계화를 위한 조선시대민간음식고문헌 심포지엄 발표논문집, 89~104쪽.

崔明玉(1997), 「16世紀 韓國語의 尊卑法 硏究-〈淸州北一面順天金氏墓出土簡札〉 자료를 중심으로」, 『朝鮮學報』 164, 朝鮮學會, 1~32쪽.

崔文煥(1987), 「秋史 金正喜의 諺簡 硏究」, 건국대 대학원 석사학위 논문.

최웅환(1999a), 「16세기 '안민학 애도문'의 판독과 구문 분석」, 『국어교육연구』 31, 국어교육학회, 263~288쪽.

최웅환(1999b), 「〈이응태 부인 언간〉 판독과 형태·통사적 분석」, 『선주논총』 2, 금오공과대학교 선주문화연구소, 59~80쪽.

최윤희(2002), 「16세기 한글편지에 나타난 여성의 자의식-신천강씨의 한글편지를 중심으로」, 『여성문학연구』 8, 한국여성문학회, 86~106쪽.

최전승(2012), 「19세기 전기 경북 사회방언 발달 과정에서 개별성과 보편성에 대한 일고찰-『의성 김씨 김성일파 종택 한글간찰』을 중심으로」, 『교과 교육 연구』 6, 전북대학교 교과 교육 연구소, 277~375쪽.

최지녀(2003), 「조선시대 여성 書簡과 書簡體 문학」, 서울대 대학원 석사학위 논문.

崔泰榮(1990), 「初期飜譯聖經의 擡頭法表記」, 『崇實語文』 7, 崇實語文學會, 5~14쪽.

추사박물관 편저(2013), 『추사박물관 개관도록』, 과천시 추사박물관.

忠北大學校博物館(1981), 『淸州北一面順天金氏墓出土簡札』.

忠北大學校博物館(2002), 『順天金氏墓 出土 簡札』.

학봉선생기념사업회(1997/2003), 『雲章閣』.

韓國古文書學會(2002), 『고문서 정리 표준화안』 공청회.

한국어세계화재단(2004), 「100대 한글 문화유산 정비 사업」, 결과보고서.

한국정신문화연구원(1986), 『古文書集成 3 : 海南尹氏篇 正書本』.

한국정신문화연구원(1990), 『古文書集成』 8, 한국정신문화연구원.

한국정신문화연구원 장서각(2003), 『고문서에 담긴 옛 사람들의 생활과 문화-한국정신문화연구원 개원 5주년 기념 고문서 특별전』, 한국정신문화연구원.

한국정신문화연구원(2003), 『恩津宋氏 霽月堂篇-『先札』 所載 諺簡』, 韓國簡札資料選集 Ⅲ.

한국정신문화연구원(2004), 『懷德 恩津宋氏 同春堂 宋浚吉後孫家篇 Ⅰ』, 韓國簡札資料選集 Ⅵ, 한국

정신문화연구원.

한국학중앙연구원 편(2005a), 『조선 후기 한글 간찰(언간)의 역주 연구 1』, 태학사.

한국학중앙연구원 편(2005b), 『조선 후기 한글 간찰(언간)의 역주 연구 2』, 태학사.

한국학중앙연구원 편(2005c), 『조선 후기 한글 간찰(언간)의 역주 연구 3』, 태학사.

한국학중앙연구원 편(2005d), 『조선 후기 한글 간찰(언간) 영인본 1』, 태학사.

한국학중앙연구원 편(2009a), 『조선 후기 한글 간찰(언간)의 역주 연구 4, 은진송씨 송준길 가문 한글 간찰』, 태학사.

한국학중앙연구원 편(2009b), 『조선 후기 한글 간찰(언간)의 역주 연구 5, 은진송씨 송규렴 가문 한글 간찰』, 태학사.

한국학중앙연구원 편(2009c), 『조선 후기 한글 간찰(언간)의 역주 연구 6, 의성김씨 김성일파 종택 한글 간찰』, 태학사.

한국학중앙연구원 편(2009d), 『조선 후기 한글 간찰(언간)의 역주 연구 7, 전주이씨 덕천군파 종택 한글 간찰』, 태학사.

한국학중앙연구원 편(2009e), 『조선 후기 한글 간찰(언간)의 역주 연구 8, 대전 안동권씨 유회당가 한글 간찰 외』, 태학사.

한국학중앙연구원 편(2009f), 『조선 후기 한글 간찰(언간)의 역주 연구 9, 광산김씨 가문 한글 간찰』, 태학사.

한국학중앙연구원 편(2009g), 『조선 후기 한글 간찰(언간)의 역주 연구 10, 의성김씨 천전파·초계정씨 한글 간찰』, 태학사.

한국학중앙연구원 편(2009h), 『조선 후기 한글 간찰(언간) 영인본 2, 은진송씨 송준길·송규렴 가문 한글 간찰』, 태학사.

한국학중앙연구원 편(2009i), 『조선 후기 한글 간찰(언간) 영인본 3, 의성김씨 김성일파 종택·전주이씨 덕천군파 종택 한글 간찰』, 태학사.

한국학중앙연구원 편(2009j), 『조선 후기 한글 간찰(언간) 영인본 4, 대전 안동권씨 유회당가 한글 간찰 외』, 태학사.

한국한글서예연구회(2006), 『조선시대 문인들과 한글서예』, 다운샘.

한글학회(1952), 「부록 2 부호」, 『개정한 한글 맞춤법 통일안』, 61~68쪽.

韓小尹(2003), 「純元王后 封書의 書體 研究」, 원광대 대학원 서예학과 석사학위 논문.

한창훈(2000), 「秋史 金正喜의 濟州 流配期 諺簡과 그 文學的 性格」, 『濟州島研究』 18, 제주도연구회, 1~15쪽.

허경진(2003), 『사대부 소대헌·호연재 부부의 한평생』, 푸른역사.

허 웅(1989), 『16세기 우리 옛말본』, 샘문화사.

허원기(2004), 「한글간찰 연구사」, 『국제어문』 32, 국제어문학회, 297~324쪽.

허재영(2005), 「한글 간찰(언간)에 대한 기초 연구―연구의 흐름과 간찰 양식의 변화를 중심으로」, 『사회언어학』 13-2, 한국사회언어학회, 257~277쪽.

허재영(2005), 「한글 편지에 쓰인 어휘 변천에 대한 연구」, 『한글』 268, 한글학회, 87~121쪽.

洪起文(1946), 『正音發達史』, 서울신문사 출판국.

홍윤표(2003), 「조선시대 언간과 한글 서예로의 효용성」, 『조선시대 한글 서간의 서예적 재조명』, 세종한글서예큰뜻모임 · 세종대왕기념사업회 · 한글학회, 1~64쪽.

홍윤표(2010), 「한글 고문서 연구 의의와 연구 방법」, 『국어사 연구』 10, 국어사학회, 7~40쪽.

홍윤표(2013), 『한글 이야기』 1~2, 태학사.

홍은진(1997), 「방각본 언간독에 대하여」, 『문헌과해석』 1, 태학사, 84~97쪽.

홍은진(1998a), 「일가 친척중 남성간의 언간 규식 1」, 『문헌과해석』 2, 태학사, 56~71쪽.

홍은진(1998b), 「歲時風俗에 어울리기를 請하는 諺簡 規式」, 『문헌과해석』 3, 태학사, 92~104쪽.

홍은진(1998c), 「喪禮에 보내는 弔慰의 諺簡 規式」, 『문헌과해석』 4, 태학사, 85~104쪽.

홍은진(1998d), 「며느리와 시댁 식구간의 언간 규식」, 『문헌과해석』 5, 문헌과해석사, 72~94쪽.

홍은진(1999a), 「祝賀 · 人事 · 商賈간의 언간 규식」, 『문헌과해석』 6, 문헌과해석사, 69~86쪽.

홍은진(1999b), 「남성간의 왕복 언간 규식 2」, 『문헌과해석』 7, 문헌과해석사, 84~100쪽.

홍학희(2010), 「17~18세기 한글편지에 나타난 송준길(宋浚吉) 가문 여성의 삶」, 『한국고전여성문학연구』 20, 한국고전여성문학회, 67~103쪽.

황문환(1993), 「晉州河氏墓 한글편지에 나타난 敬語法」, 『成均語文研究』 29, 성균관대 국어국문과, 99~123쪽.

황문환(1997), 「월성이씨가 아들에게 보내는 한글 편지 1 (1716년)」, 『문헌과해석』 1, 태학사, 61~72쪽.

황문환(1998a), 「월성이씨가 아들에게 보내는 한글 편지 2 (1716년)」, 『문헌과해석』 2, 태학사, 46~55쪽.

황문환(1998b), 「남편 郭澍가 아내 晉州河氏에게 보내는 편지」, 『문헌과해석』 4, 태학사, 76~83쪽.

黃文煥(1999), 「근대국어 문헌 자료의 'ᄒᆞᆸ'류 종결형에 대하여」, 『배달말』 25, 배달말학회, 113~129쪽.

黃文煥(2002a), 『16, 17世紀 諺簡의 相對敬語法』, 國語學叢書 35, 國語學會, 太學社.

황문환(2002b), 「조선시대 언간과 국어생활」, 『새국어생활』 12권 2호, 국립국어연구원, 133~145쪽.

황문환(2004a), 「조선시대 諺簡 資料의 연구 현황과 전망」, 『語文研究』 122, 韓國語文教育研究會, 69~94쪽.

黃文煥(2004b), 「추사(秋史) 한글 편지의 국어학적 특징에 대한 일고찰」, 『한국어의 역사』, 보고사, 363~382쪽.

황문환(2005), 「忠北 永同 宋秉弼家 한글 편지에 대하여」, 『조선시대 번역 소설과 탄사에 대한 원전 정리 및 주석 연구(朝鮮時期朝譯淸代小說與彈詞硏究)』, 학술진흥재단 기초학문육성 국학고전연구 지원 과제 국제학술대회, 75~88쪽.

황문환(2006), 「진주유씨가 묘 출토 언간의 문법론적 고찰」, 『京畿 동부지역 古文獻을 통해 본 言語
　　　와 文化』, 강남대 인문과학연구소 제36차 국내학술대회, 65~79쪽.
황문환(2007), 「조선시대 언간 자료의 부부간 호칭과 화계」, 『藏書閣』 17, 한국학중앙연구원,
　　　121~139쪽.
황문환(2010a), 「조선시대 언간 자료의 현황과 특성」, 『국어사 연구』 10호, 국어사학회, 73~131
　　　쪽.
황문환(2010b), 「근대국어 'ᄒᆞᆸ'체의 형성 과정과 대우 성격」, 『國語學』 58, 國語學會, 29~60쪽.
황문환(2012a), 「조선시대 왕실의 한글편지」, 『조선 왕실의 문예』, 장서각 ACADEMY 왕실문화강
　　　좌, 한국학중앙연구원 藏書閣, 73~85쪽.
황문환(2012b), 「덕온공주 유물 중 한글 자료에 대하여」, 『韓國服飾』 30호, 단국대학교 석주선기념
　　　박물관, 170~189쪽.
황문환(2012c), 「조선시대〔남편→아내〕언간의 종결형 변화와 그 해석」, 『제39회 전국학술대회
　　　발표자료집』, 국어학회, 328~345쪽.
황문환(2013a), 「조선시대 언간 자료의 종합화와 활용 방안」, 『한국어학』 59, 한국어학회, 9~74
　　　쪽.
黃文煥(2013b), 「(韓中間) 對外機密 維持를 위한 諺簡 實用의 한 事例 : 冬至副使 李亨元이 義州府尹
　　　沈晉賢에게 부친 諺簡」, 『근세 동아시아의 외국어 교육과 그 배경』, 제5회 譯學書學
　　　會 國際學術會議 발표 논문집, 131~145쪽.
황문환·임치균·전경목·조정아·황은영(2013), 『조선시대 한글편지 판독자료집』 1~3, 한국학중
　　　앙연구원 어문생활사연구소, 역락.
황문환·김주필·배영환·신성철·이래호·조정아·조항범(근간), 『조선시대 한글편지 어휘사전』,
　　　역락.
황은영(2011), 「조선시대 언간 자료의 명칭 고찰」, 『정신문화연구』 123, 한국학중앙연구원, 305~
　　　331쪽.

찾아보기

저자 황문환

부산 출생, 경북 울진과 서울에서 성장
성균관대학교 국어국문학과 졸업(1986)
한국정신문화연구원 한국학대학원 문학석사(1989)
한국정신문화연구원 한국학대학원 문학박사(1997)
서울대학교 한국문화연구소 선임연구원 역임
현재 한국학중앙연구원 한국학대학원 교수

주요 논저
『16, 17世紀 諺簡의 相對敬語法』(2002)
「조선시대 언간과 국어생활」(2002)
「조선시대 諺簡 資料의 연구 현황과 전망」(2004)
「조선시대 언간 자료의 현황과 특성」(2010)
「조선시대 언간 자료의 종합화와 활용 방안」(2013)
『조선시대 한글편지 판독자료집 1~3』(5인 공편, 2013) 등이 있음

조선시대의 한글 편지, 언간諺簡

초판 1쇄 발행 2015년 12월 15일
초판 2쇄 발행 2016년 8월 30일
저 자 황문환
펴낸이 이대현
편 집 권분옥
디자인 이홍주
펴낸곳 도서출판 역락
　　　　서울시 서초구 동광로 46길 6-6(문창빌딩 2F)
　　　　전화 02-3409-2058(영업부), 3409-2060(편집부)
　　　　팩시밀리 02-3409-2059
　　　　이메일 youkrack@hanmail.net
　　　　역락블로그 http://blog.naver.com/youkrack3888
　　　　등록 1999년 4월 19일 제303-2002-000014호
ISBN 979-11-5686-250-5 93710

정 가 20,000원